Wandern auf dem Rheinsteig und dem Rheinburgenweg

Manfred Böckling

DUMONT aktiv

Inhalt

Am Rheinburgenweg

Bitte schreiben Sie uns, wenn sich etwas geändert hat!
Alle in diesem Buch enthaltenen Angaben wurden vom Autor nach bestem Wissen erstellt und von ihm und dem Verlag mit größtmöglicher Sorgfalt überprüft. Gleichwohl sind – wie wir im Sinne des Produkthaftungsrechts betonen müssen – inhaltliche Fehler nicht vollständig auszuschließen. Daher erfolgen die Angaben ohne jegliche Verpflichtung oder Garantie des Verlages oder des Autors. Beide übernehmen keinerlei Verantwortung und Haftung für etwaige inhaltliche Unstimmigkeiten. Wir bitten dafür um Verständnis und werden Korrekturhinweise gerne aufgreifen:

DuMont Reiseverlag, Postfach 3151, 73751 Ostfildern
E-Mail: info@dumontreise.de

Wandern auf dem Rheinsteig und dem Rheinburgenweg

Wandersaison

Wegen des eher milden Klimas und der meist nicht allzu strengen Winter kann man am Mittelrhein das ganze Jahr über wandern, bevorzugt von März bis Oktober. Bei Nässe und Schnee sollte man aber aufpassen.

Anspruch

In der Rubrik »Die Wanderung in Kürze« wird jeweils darauf hingewiesen, ob es sich um eine einfache (+), eine mittelschwere (++) oder eine anspruchsvolle (+++) Tour handelt.

Gehzeiten

Alle in diesem Wanderführer aufgeführten Zeiten verstehen sich als reine Gehzeiten. Rechnen Sie also bei der Planung für die Rast, Besichtigungen oder zum Fotografieren entsprechend Zeit hinzu.

Wege und Markierungen

Der 2005 eröffnete Rheinsteig auf der rechten Rheinseite und der 2006 auf beiden Rheinseiten fertiggestellte Rheinburgenweg bevorzugen naturbelassene bis felsige Wege und Pfade. Das Mittelrheintal und seine Seitentäler sind reich an Steigungen.

Der Rheinsteig (RS) ist dicht und einheitlich mit dem geschwungenen weißen R auf blauem Grund markiert. Das Signet des Rheinburgenwegs (RBW), ein zinnenbekröntes geschwungenes rotes R auf weißem Grund, ist rechtsrheinisch oft mit dem des Rheinsteigs kombiniert; linksrheinisch ist die Markierung unterschiedlich und oft etwas versteckt angebracht. Zuwege und Alternativen dieser Wanderwege sind gelb markiert. Wo Wegstücke der hier beschriebenen Touren den RS und den RBW verlassen, sind ggf. vorhandene andere Markierungen genannt.

In den Wäldern von Rheinland-Pfalz und Hessen sind Anfahrpunkte für Rettungsfahrzeuge markiert (Notruf über Fest- und Mobilnetz: 112).

Ausrüstung

Feste Wanderschuhe sind zwingend erforderlich, Teleskop-Wanderstöcke leisten gute Dienste. Die Kleidung sollte nach dem Zwiebelschalenprinzip beschaffen sein; Regen- und Windschutz sind zu empfehlen, im Sommer eine Kopfbedeckung. Stets ausreichend Flüssigkeit mitnehmen und Proviant, da einige Touren wenig Einkehrmöglichkeiten bieten.

Wanderkarten

Für die Orientierung auf allen Touren genügt die Karte »Rheinsteig. Topographische Freizeitkarte 1 : 50 000«, Landesamt für Vermessung und Geo-basisinformation Rheinland-Pfalz u.a., 2. Aufl. 2006. Eine hilfreiche Ergänzung ist die Karte »UNESCO-Welterbe Oberes Mittelrheintal, Topographische Freizeitkarte 1:25 000«, 3 Teile, Landesamt für Vermessung und Geobasisinformation Rheinland-Pfalz u. a., 2. Aufl. 2005.

Mit Bus und Bahn

Das Mittelrheintal ist gut mit der Bahn erschlossen: Die Linien Köln–Koblenz, Koblenz–Mainz sowie Koblenz–Wiesbaden bedienen die meisten Orte mindestens stündlich. Die Touren sind bevorzugt an die Bahnlinien angebunden, da die Busverbindungen unterschiedlich und an Wochenenden stark ausgedünnt sind.

Informationen

Das **Rheinsteig®-Büro,** c/o Rheinland-Pfalz Tourismus GmbH, Löhrstr. 103-105, 56068 Koblenz, Tel. 018 05/ 64 83 28 (14 ct. pro Min.), info@rheinsteig.de, www.rheinsteig.de, bietet Informationen – auch zu Weg-Umleitungen –, einen Wanderreisen-Service sowie ein Unterkunftsverzeichnis an.

Rhein Touristik Im Tal der Loreley, Bahnhof Str. 8, 56346 St. Goarshausen, Tel. 067 71/91 020, Fax 067 71/91 019, info@tal-der-loreley.de, www.tal-der-loreley.de ist Ansprechpartner zum Rheinburgenweg.

SYMBOLE IN DEN KARTEN

- Gasthaus
- Schutzhütte, Unterstand (unbewirtschaftet)
- Kirche
- Kapelle
- Kloster
- Burg, Schloß
- Burgruine
- Aussichtsturm
- Archäologische Stätte
- Denkmal, Monument
- Bergwerk (in Betrieb)
- Bergwerk (aufgelassen)
- Mühle
- t Wegkreuz
- Quelle, Brunnen
- Hervorragender Laubbaum
- Sendemast

Zwischen Bonn und Wiesbaden

»Der berühmteste und am meisten bewunderte Teil des Flusses, der reichste für den Geologen, der interessanteste für den Historiker, der wichtigste für die Politik, der schönste für den Dichter« – so sah der französische Schriftsteller Victor Hugo 1842 den Mittelrhein.

Der Mittelrhein durchfließt zwischen Mainz und Köln Erd- und Menschheitsgeschichte. Vor 20 Millionen Jahren schnitt er sich immer tiefer in den Felsen. Als sich das Land vor 800 000 Jahren noch schneller hob, schuf der Rhein das canyonartige Engtal zwischen Koblenz und Bingen. An seinen Ufern zeigen sich im nördlichen Teil die Schichten des Schiefers und im südlichen die des Quarzits. Schon vor mehr als 300 Millionen Jahren zusammengeschoben, stehen die Schieferplatten zum Teil fast senkrecht.

Der Mensch kam vor 600 000 Jahren an den Mittelrhein und wurde vor etwa 30 000 Jahren an seinen Ufern sesshaft. Um 1000 v. Chr. gründete er auch befestigte Höhensiedlungen. Auf den Rheinterrassen, ehemaligen Flussbetten des Rheins, von Eifel, Hunsrück, Westerwald und Taunus begann er mit der Landwirtschaft.

Die Römer brachten der Region ab dem 1. Jh. v. Chr. einen kulturellen und wirtschaftlichen Aufschwung. Der Weinbau, der Abbau von Schiefer, Basalt und Tuffstein sowie der Erzbergbau und die Schifffahrt ließen das Mittelrheingebiet auch im Mittelalter blühen. Prächtige Kirchen und starke Stadtmauern zeugen davon.

Nicht umsonst suchten viele Herren, ihre Macht am Rhein mit Burgen zu festigen und Zoll einzunehmen. Vier der sieben Kurfürsten, die den deutschen König wählten, hatten ihre Gebiete am Mittelrhein: die Erzbischöfe von Köln, Trier und Mainz und der Pfalzgraf bei Rhein. Die Könige zeigten sich seit dem 14. Jh. auf dem Weg zur Krönung auf dem Rhenser Königsstuhl, um vom Reich Besitz zu nehmen.

Kriegszüge spiegeln die Bedeutung des Rheins im Negativen. Der Dreißigjährige Krieg (1618–48) verheerte auch seine Ufer. Ludwig XIV. versuchte im Pfälzischen Erbfolgekrieg (1688–97) vergeblich, das linksrheinische Gebiet für Frankreich zu gewinnen. Mit der Französischen Revolution von 1789 endete die starke Zersplitterung des Rheinlandes in zahlreiche Territorien; das linksrheinische Gebiet gehörte ab 1794 zu Frankreich.

Preußen übernahm 1815 mit dem Wiener Kongress weite Teile des Rheinlandes. 1866 gewann es mit der Annexion des Herzogtums Nassau auch den Südteil der rechten Seite des Mittelrheins.

Zuletzt war der Rhein im März 1945 umkämpft, als die amerikanischen Truppen seine zerbombten Städte erreichten. Dass sie ihn dank der Brücke von Remagen überqueren konnten, beschleunigte das Ende des Zweiten Weltkrieges.

Die Rückkehr Deutschlands zu seinen föderalen und demokratischen Traditionen fand am Mittelrhein ihren besonderen Ausdruck, als Bonn von 1949 bis 1999 provisorische Bundeshauptstadt war.

Seit 2002 ist das Obere Mittelrheintal zwischen Koblenz und Bingen/Rüdesheim UNESCO-Welterbe.

Das von Künstlern wie Touristen vor mehr als 200 Jahren entdeckte Engtal des Rheins ist eine Kulturlandschaft im Wandel. Der Mensch prägte die Landschaft mit seinen Siedlungen am oft schmalen Ufer und in den Seitentälern, den Burgen auf den Höhen, den terrassierten Weinbergen, dem Bergbau, der Schifffahrt und der Eisenbahn.

Der Bergbau ist heute fast völlig verschwunden. Der Weinbau konzentriert sich auf immer weniger Flächen. Zur Erhaltung der Landschaft und der Lebensräume für Tiere und Pflanzen, die das trockene und warme Klima der Weinberge brauchen, werden Brachen freigelegt oder rekultiviert. Der Lärm der Eisenbahn bricht – wie im Rheingau die Einflugschneise des Flughafens Frankfurt – zuweilen in die Romantik ein, Bauprojekte wie das einer Brücke bei St. Goar bedrohen das Gleichgewicht der Landschaft.

Wer sich aber Zeit nimmt, spürt die Romantik des Mittelrheins, sei es bei einer Schiffsfahrt oder besonders intensiv beim Wandern, oft auf Wegen, die seit Jahrhunderten begangen werden.

Victor Hugo, der 1840 Geschichte und Sagen des Mittelrheins erlebte, pries 1842 in »Der Rhein« das Wandern: »Nichts ist so bezaubernd – nach meiner Meinung – wie diese Art zu reisen. – Zu Fuß! – Man gehört sich selbst, man ist frei, man ist glücklich; man gehört ganz und ungeteilt den Ereignissen auf dem Weg, dem Bauernhof, in dem man zu Mittag isst, dem Baum, unter dem man Schatten sucht, der Kirche, in der man sich sammelt. Man bricht auf, man hält an, man bricht wieder auf; nichts stört, nichts hält zurück. Man geht, und man träumt vor sich hin.«

Die Wacht am Rhein

Max Schneckenburger beschwor 1840 in seinem waffenklirrenden Gedicht »Die Wacht am Rhein« den – zuletzt zwischen Franzosen und Deutschen – umkämpften Strom. 3000 Jahre Militärgeschichte und Geschichte des Wehr- und Schutzbaus prägen den Mittelrhein, von der Wallanlage auf dem Ehrenbreitstein um 1000 v. Chr. über den bei Rheinbrohl beginnenden römischen Limes, die Burgen des Mittelalters und Festungen wie Rheinfels und Koblenz bis hin zu Relikten des Kalten Krieges im 20. Jh.

Die meisten der für den Mittelrhein typischen Höhenburgen wurden vom 12. bis 14. Jahrhundert errichtet. Sie sicherten zusammen mit Talburgen wie jenen in Koblenz, Oberlahnstein und Boppard die Territorien der Landesherren oder dokumentierten das Streben der kleineren Herren nach Selbstständigkeit. Die stolzesten Burgen waren die seit dem 12. Jh. kurtrierische Burg Ehrenbreitstein und die 1245 erbaute katzenelnbogische Burg Rheinfels, die stets Residenzcharakter hatten. Die markantesten Bauten zum Schutz der zahlreichen Zollstationen sind der 1327 begründete Pfalzgrafenstein im Rhein vor Kaub und der Binger Mäuseturm.

Nie zerstört, macht die um 1239 begonnene Marksburg über Braubach, die ab 1283 den Grafen von Katzenelnbogen und ab 1479 den Landgrafen von Hessen gehörte, Gestalt und Entwicklung einer rheinischen Höhenburg erlebbar. Saal, Wohnräume, Rüstkammer und Ställe liegen an einem engen Hof. Starke Mauern, später von Ringmauern umschlossen, und der Kapellenturm decken das Innere. Der zentrale Bergfried war Rückzugsstellung im Kampf und zugleich ein Statussymbol.

Der erste Einsatz von Feuerwaffen am Mittelrhein bei der Belagerung von Oberwesel 1390/91 leitete den Wandel von der Burg zur Festung ein. Am konsequentesten wurden ab dem 16. Jh. die Burgen Rheinfels und Ehrenbreitstein zu Festungen ausgebaut. Andere Burgen wie die Marksburg wurden bloß durch den Zubau weniger Geschützstellungen und Kasematten verstärkt.

Schloss Philippsburg in Braubach spiegelt die gleichzeitig einsetzende Trennung von Wehrbau und bewohnbarem Schloss. Im 18. Jh. folgten reine Schlossbauten, so in Bonn, Koblenz und Biebrich. Im Dreißigjährigen Krieg (1618–48) und 1688/89 im Pfälzischen Erbfolgekrieg Ludwigs XIV. von Frankreich kam das Ende vieler Burgen.

Der Auftakt zum Ersten Koalitionskrieg gegen das revolutionäre Frankreich 1792 in Koblenz, Rheinübergänge der Franzosen bei Weißenthurm, die Schlacht bei Neuwied 1797 und Blüchers Rheinübergang bei Kaub an Neujahr 1814 rückten den Mittelrhein immer wieder ins Zentrum der Koalitions- und Freiheitskriege. 1796/97 wurde die Festung Rheinfels gesprengt; 1801 folgte die bei der vierten Belagerung 1799 ausgehungerte Festung Ehrenbreitstein.

1817–28 baute Preußen die Feste Ehrenbreitstein als Zitadelle der Festung Koblenz (1815–34) wieder auf, die bis 1918 mit den Festungen Mainz und Köln den Mittelrhein gegen Frankreich sicherte. Zwei Wälle mit Gräben zum Plateau im Norden und die Ostfront bildeten mit ihren beschussfesten Kasematten eine starke Verteidigungsstellung für 1500 Mann und 80 Geschütze. Die Festung Koblenz, achtmal, zum letzten Mal im Ersten Weltkrieg, verteidigungsbereit gemacht, wäre mit ca. 12000 Soldaten verteidigt worden und hätte der im Felde operierenden preußischen Armee als Basis gedient.

Gemäß dem Versailler Vertrag wurden Köln, Koblenz und Mainz in den 1920er Jahren entfestigt. Der Rhein aber blieb eine strategische Linie. Im März 1945 bremste er den Vormarsch der alliierten Truppen. Artilleriegefechte fügten den zerbombten Städten und Orten weitere Schäden zu. Dank der Brücke von Remagen gelang der US-Armee ab dem 7. März der den Zweiten Weltkrieg verkürzende Vorstoß auf die rechte Rheinseite.

Im Kalten Krieg war der Rhein eine Basis der Verteidigung der NATO gegen den Warschauer Pakt. Der Regierungsbunker in Marienthal/Ahr (1961–72) hätte im Kriegsfall die Verfassungsorgane des Bundes arbeitsfähig erhalten. Zahlreiche Übersetzstellen sicherten Verbindungen über den Rhein. Die Panzerbrigaden 15 und 34 der Bundeswehr wären von Koblenz aus marschiert, Depots wie das unterirdische bei Lorch stützten die Logistik.

Soldatengräber am Rhein erinnern an die Grausamkeit der Kriege, Bunker erwecken leisen Schauder. Vor allem die ab 1825 zum größten Teil im Geist der Romantik wieder aufgebauten Burgen mit ihrer malerischen Wirkung und die Festungen prägen das Bild des in vielen Kriegen umkämpften Rheins, der heute die Völker verbindet.

Der romantische Strom

»Das ist der heil'ge Rhein,/Ein Herrscher, reich begabt,/Deß Name schon, wie Wein,/Die treue Seele labt.« So dichtete der 1817 in Koblenz verstorbene Max von Schenkendorf 1814. Zur Zeit der Freiheitskriege war der zur Grenze zwischen Frankreich und den deutschen Staaten gewordene Rhein ein Sehnsuchtsziel der Patrioten, wie es am 20. Januar 1814 auch Wilhelm Alberti, Leutnant in Blüchers Schlesischer Armee, ausdrückte: »Heute erblickte ich den so längst ersehnten Rhein mit seinen herrlichen Rebenufern; rechts im Vordergrund Ehrenbreitstein und grade vor mir präsentierte sich Coblenz sehr herrlich; o! welche Gefühle durchströmten meine Brust, als ich diesen alten Vater Rhein dahinfließen sah.«

1802 hatten die Romantiker den Rhein entdeckt: Der 1778 in Ehrenbreitstein geborene Clemens Brentano bereiste ihn mit Achim von Arnim; auch Friedrich Schlegel kam an den Rhein. Dieser schrieb: »Überall belebt durch die geschäftigen Ufer, immer neu durch die Wirkungen des Stroms, und bedeutend verziert durch die kühnen, am Abhange hervorragenden Bruchstücke alter Burgen, scheint diese Gegend mehr ein in sich geschlossenes Gemälde und überlegtes Kunstwerk eines bildenden Geistes zu sein, als einer Hervorbringung des Zufalls zu gleichen.«

Brentano romantisierte den Rhein ab 1810 in den »Rheinmärchen«. Besonders aber die Loreley-Sage prägt das Bild vom Rhein. »Ein Märchen aus uralten Zeiten« nennt Heinrich Heine 1824 in seinem Gedicht »Ich weiß nicht was soll es bedeuten« die Erinnerung an Loreley, die auf dem Felsen ihr goldenes Haar kämmt und Schiffer das Leben kostet.

Der schroffe Schieferfelsen »Loreley« ist der »lauernde Fels«. Felsen und Stromschnellen gefährdeten hier bis ins 19. Jh. die Schifffahrt. Der hl. Goar rettete hier um das Jahr 500 so manchen Schiffbrüchigen. Der Marner, ein schwäbischer Spruchdichter, vermutete hier im 13. Jh. den Nibelungenhort. Im 19. Jh. führte man Touristen das Echo des Felsens mit Schüssen vor.

Die Loreley-Sage aber geht auf die Ballade »Zu Bacharach am Rheine/Wohnt eine Zauberin« zurück, die Brentano 1802 im Roman »Godwi« publizierte. In Joseph von Eichendorffs »Waldgespräch« (1812) ist Loreley eine Hexe, deren Schloss hoch über dem Rhein steht und die dem Verirrten Verderben bringt.

Der schrecklich-erhabene Fels, die Rückbesinnung auf das Mittelalter und das lockende Düster-Geheimnisvolle gehören zu jener Mischung von Erfahrungen und Vorstellungen, die die Romantiker schätzten. Wer allerdings auf der Loreley selbst mehr als die schöne Aussicht erwartet, wird enttäuscht. Die Romantiker wie der Maler William Turner schätzten eher den Blick auf den bedrohlichen Felsen und die damit verbundenen Vorstellungen.

Das Mittelalter am Rhein führte schon vor der Romantik Goethe in die Literatur ein, als er 1774 vor Burg Lahneck den »Geistesgruß« dichtete. Doch die Burgruinen, in deren zerborstenen, von der Natur zurück eroberten Mauern Romantiker über Verfall und vergangenen Glanz sinnierten und durch zerbrochene Fenster auf den Rhein blickten, sind fast alle rekonstruiert.

Mit dem Wiederaufbau der Burgen begannen preußische Prinzen: 1825–29 Friedrich Ludwig von Preußen mit Burg Rheinstein, 1835–42 König Friedrich Wilhelm IV. mit Schloss Stolzenfels sowie 1842–61 Friedrich Wilhelm und seine Brüder mit Burg Sooneck.

Diese Burgen und die Apollinariskirche bei Remagen steigern die malerische Wirkung des Rheintals und lassen den romantischen Einklang von Landschaft, Bauten, Ausblicken und Empfindungen nachvollziehen.

In der Vorstellung wie im besonderen Erleben weht die Rheinromantik heute noch durch das Rheintal und bleibt Bezugspunkt künstlerischen Schaffens. Seit sich die Dichterin Karoline von Günderode 1806 auf dem Winkeler Friedhof aus Liebesschmerz erdolcht hat, schwingt auch Tragik in der Rheinromantik mit, bis hin zu Edgar Reitz' Fernsehserie »Heimat 3« (2004), in der nahe dem fiktiven Günderode-Haus ein Flugzeug an der Loreley zerschellt.

Bei allem Wandel der Landschaft seit der Rheinromantik: Die steilen Felsen und Rebhänge zwischen Koblenz und Rüdesheim wie die anmutige Weite des Tals bei Bonn und im Rheingau, der geheimnisvoll auf dem Rhein liegende Nebel, die Sonne, die durch die vom Wasser aufsteigenden Nebelfetzen bricht, das abendliche Tiefblau des Stroms, das Orange der untergehenden Sonne auf den Felsen und Burgen geben immer wieder eine Ahnung von dem Zauber, der dem Rhein innewohnt.

Kirche und Wein

»Der Wein schenkt dem Herz der Menschen Genuss und erfüllt es mit Freude«, lesen wir, frei nach Psalm 104, auf einer Kelter im Kloster Eberbach. Wer durch die Weinberge am Mittelrhein wandert und den dort angebauten Wein genießt, findet dies auch heute noch bestätigt.

Am Rhein sind Spitzen-Weinlagen aufgereiht: die steilen steinigen Lagen des Bopparder Hamms, des Steeger Tals bei Bacharach und des Assmannshäuser Höllenbergs sowie die sanften Hänge des Rheingaus. Vor allem Riesling und Spätburgunder finden hier beste Voraussetzungen. Die Winzer keltern nuancenreichen Wein und Sekt, dem man anmerkt, dass er auf besonderem Boden entstanden ist.

Die Römer bauten am linken Ufer des unteren Mittelrheins ab dem 3. Jahrhundert Wein an. Den oberen Mittelrhein erreichte der Weinbau im frühen Mittelalter. Zuerst ist der Weinbau im Jahr 643 für Boppard belegt. Die Rebflächen dehnten sich nach Süden aus und erreichten wegen der steigenden Nachfrage ab etwa 1250 die Seitentäler und die Höhen. Um die steilen Hänge besser nutzbar zu machen, legte man ab dem 12. Jh. Terrassen an, die von Trockenmauern gestützt werden. Die mittelalterlichen Rebsorten, der frensche und der heunische Wein — letzterer ist mit dem noch an der Obermosel angebauten Elbling verwandt — verschwanden allmählich, als um 1450 der Siegeszug des wesentlich besseren Rieslings begann.

Als Getränk erfreute sich der Wein schon im Mittelalter großer

Beliebtheit. Im Spätmittelalter tranken Erwachsene am Tag bis zu 2 Liter Wein. Saure Weine genoss man bevorzugt als Würzwein.

Neue Getränke wie Kaffee und Tee und die zeitweilig bessere Rentabilität des Obstanbaus führten ebenso zum Rückgang des Weinbaus wie der Wunsch nach mehr Qualität. Verwaiste Weinbergsmauern erinnern an die frühere Verbreitung des Weinbaus. Noch bis ins 20. Jh. war der Mittelrhein eine fast durchgehende Rebfläche.

Die Geschichte des rheinischen Weinbaus ist vielfach eng mit der Kirche verbunden. In sakralen Kunstwerken finden sich Weinmotive, besonders dicht in der St.-Valentins-Kirche in Kiedrich, allerdings nicht als bloßer Bezug zum Weinbau. Die Weintraube ist ein Symbol des Leidens Christi und des ewigen Heils, der Weinstock ein Symbol für die Gemeinschaft der Christen.

Der Bedarf an naturreinem Wein für die Messfeier förderte die Verbreitung des Weinbaus. Klöster, Stifte und Pfarreien hatten eigene Weinberge, aus denen sie Pacht in Form von Trauben zogen. So mancher Klosterhof am Rhein zeugt noch davon. Mönche arbeiteten oft selbst in ihren Weinbergen, so – ora et labora – das Beten um die Arbeit ergänzend.

Von dem reichen geistlichen Leben am Mittelrhein zeugen die im Hochmittelalter gegründeten Klöster von Heisterbach über Sayn bis Eberbach ebenso wie die Stifts- und Pfarrkirchen. Die meisten Kirchen wurden in der Romanik neu erbaut (etwa 1100–1250). Die Gotik brachte Erweiterungen wie auch glanzvolle Neubauten (Oberwesel und Kiedrich), Renaissance und Barock bereicherten das Inventar. Der Historismus fügte bis um 1900 malerische Kirchen hinzu.

Mit der Säkularisation verlor die Kirche 1803 ihre Weinberge. Etwas von der Tradition bewahren aber die Hessischen Staatsweingüter Klos-ter Eberbach und Schloss Johannisberg des Fürsten Metternich.

Wie wichtig der Wein als Lebensmittel und Wirtschaftsfaktor ist, belegt die Verehrung der Weinheiligen. Man bittet sie um Fürsprache bei Gott, damit die Weinernte gut werde. Oft sind die Patrone der rheinischen Kirchen Weinheilige: St. Johannes (der Täufer wie der Evangelist), St. Martin, St. Nikolaus, St. Valentin, St. Bartholomäus. Mit ihren Gedenktagen sind oft auch Wetterregeln verbunden: »Ist Urbani (24. April) voller Sonnenschein,/ gibt es viel und guten Wein.«

Besondere Verehrung genießt auch St. Laurentius. Zu seinem Fest am 10. August brachte man vielerorts die ersten Trauben in die Kirche, um Segen für die Ernte zu erbitten: »Ich bin Laurentius mit dem Rost,/ich glühe die Trauben und segne den Most,/und luttert die Frucht an Stock und an Wand,/die erste, die blauet, gebt mir in die Hand« (Ferdinand Schmitz, 1924).

Noch mehr wurde Maria als Patronin des Weinbaus angerufen. Besonders spiegelt sich dies in ihrer an Rhein und Mosel verbreiteten Darstellung als Traubenmadonna. Man deutete Maria als Weinrebe, die Christus als Traube hervorbrachte. So trägt sie manchmal Trauben oder wie in Kiedrich eine Krone aus Weinlaub, oder sie sitzt wie im Lorcher Hochaltar unter Reben.

Bundesstadt und Zisterzienser

Von Bonn nach Königswinter

Mitten in der Bundes- und Universitätsstadt Bonn, auf dem Marktplatz, beginnt der Rheinsteig. Er führt vom Ufer des Rheins hinauf zum beschaulichen Kloster Heisterbach am Rand des Siebengebirges und auf den Petersberg, von dem man weit ins Rheintal blickt.

DIE WANDERUNG IN KÜRZE

++ Anspruch

5 Std. Gehzeit

21 km Länge

Charakter: Pflaster- und Teerwege im Wechsel mit Waldwegen, einige steile Steigungen

Wanderkarte: »Rheinsteig«. Topographische Freizeitkarte 1 : 50 000

Einkehrmöglichkeiten: »Klosterstübchen« im Kloster Heisterbach, Hotel Petersberg, Königswinter

Anfahrt: Mit der **Bahn** aus Richtung Köln oder Koblenz bis Bonn Hbf.; zurück von Königswinter Bahnhof oder mit der Stadtbahnlinie 66 Richtung Siegburg ab Rheinufer Königswinter. Mit dem **Pkw** auf der B 9 bis Bonn-Innenstadt; zurück mit Bahn oder Stadtbahn.

Vom **Hauptbahnhof** folgen wir der Poststraße und biegen dann rechts in die Straße In der Sürst, die uns zum Westportal des **Münsters St. Cassius und St. Florentius** mit seinem aufstrebenden Vierungsturm führt. Der Bau von etwa 1140 bis um 1250 ist ein herausragendes Beispiel der rheinischen Spätromanik. Altäre und Grabmäler sowie der Kreuzgang und der weite Chor mit dem Chorgestühl für die Stiftsherren zeugen vom einst blühenden Leben des 1803 aufgelösten Cassius-Stiftes.

Mit dem Segen der Stiftspatrone gehen wir auf den Münsterplatz, am Pranger vorbei. Vor der Hauptpost erhebt sich das Standbild des wohl berühmtesten Bonners, Ludwig van Beethoven. Wir queren den Platz schräg nach rechts und gehen am »Kaufhof« vorbei geradeaus zum **Marktplatz** mit dem barocken Alten Rathaus von 1737. Hier beginnt der Rheinsteig.

Wir queren neben dem Rathaus die Straße und kommen durch das Stockentor des ab 1697 errichteten

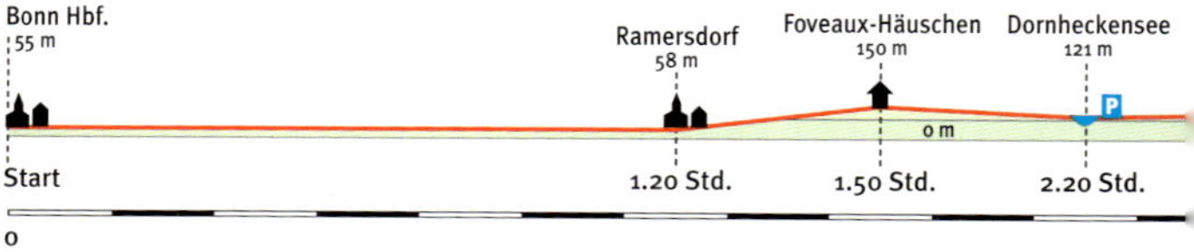

und beim Brand 1777 noch unvollendeten Residenzschlosses des Kölner Kurfürsten. Es lohnt sich, einen **Abstecher** nach rechts zu machen, um das **Schloss** zu betrachten, seit 1818 Hauptgebäude der Rheinischen Friedrich-Wilhelms-Universität.

Hinter dem Stockentor wenden wir uns nach links und queren die Konrad-Adenauer-Allee, die links von uns durch das Koblenzer Tor weiterläuft. Es geht geradeaus zum **Alten Zoll.** Zwei Denkmäler erinnern an die Dichter Heinrich Heine und Ernst Moritz Arndt, zwei Beutekanonen aus dem Deutsch-Französischen Krieg (1870/71) zielen auf die Kennedybrücke und das Siebengebirge mit Petersberg und Drachenfels, denen wir nun zustreben.

Wir gehen vom Alten Zoll nach links über eine Treppenanlage, am Denkmal für das preußische Husarenregiment König Wilhelm I. (1. Rheinisches) Nr. 7 vorbei. Am **Rheinufer** empfängt uns eine Büste des Bonners Peter Joseph Lenné (1783–1866), der als preußischer Gartendirektor auch am Mittelrhein wirkte. Dahinter gehen wir nach links, doch können wir auch mit der Fähre nach Beuel ein Stück Weg abkürzen. Hinter dem Alten Zoll erhebt sich das alte preußische Oberbergamt, heute Historisches Seminar der Universität.

Vor der **Kennedy-Brücke** queren wir die Straße, gehen zum Vorplatz des Theaters hinauf, über die Brücke nach Bonn-Beuel und zum Rheinufer. Auf unserem Weg rheinaufwärts erschließt sich uns die Silhouette von Bonn, im Norden beginnend mit den Türmen des historischen Kerns: die barocken Hauben der Jesuitenkirche, der Turm der Remigiuskirche, die gelben Türme des Schlosses, der Ziegelturm der Kreuzkirche. Ab der Beueler **Nepomukstatue** sehen wir auf der Bonner Seite Bauten aus der Zeit der Bundeshauptstadt, beginnend mit dem Komplex des Auswärtigen Amtes; dann die weiß strahlende Villa Hammerschmidt und das Palais Schaumburg, schließlich der gläserne Bundestag, links daneben das »Wasserwerk«, das zeitweilig den Bundestag aufnahm, und das heute von den UN genutzte Abgeordnetenhochhaus »Langer Eugen«.

Wenn nach gut 3 km Uferweg die Bebauung zurückgetreten ist und sich der Weg mehrfach gabelt, wenden wir uns nach links vom Rhein weg nach **Ramersdorf** (1.20 Std.), gehen rechts herum um einen Spielplatz und am Rand des angrenzenden Parkplatzes vorbei zur Fahrstraße. Wir queren sie und gehen geradeaus zwischen den Gebäuden von »T-Mobile« weiter, unter der Eisenbahnstrecke hindurch und über die Stadtbahnstrecke hinweg.

In **Küdinghoven** queren wir die Königswinterer Straße und gehen durch den Flutgraben geradeaus bis zur Gallusstraße, der wir nach links in die Kirchstraße folgen. Hinter der katholischen **Pfarrkirche St. Gallus,** einem klassizistischen Bau von 1840

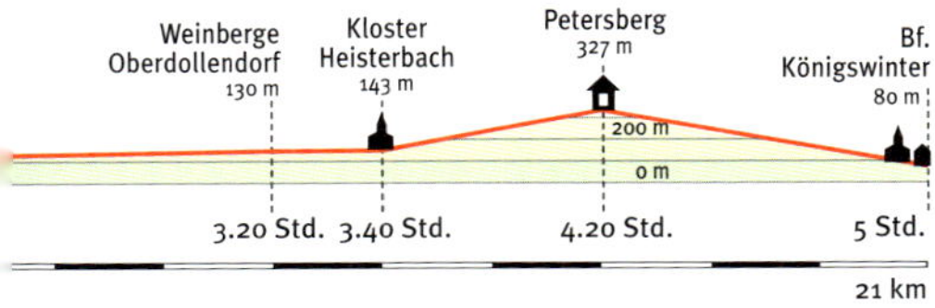

mit romanischen Turmgeschossen aus dem 12. Jh., wenden wir uns rechts hinauf. Am Ende des Friedhofs gehen wir nach rechts, um in einer Kurve in den Ankerbachtalweg einzubiegen. Nach 100 m biegen wir im Wald links in einen Pfad, nehmen an der folgenden Gabelung den linken Weg und kommen bergauf zu einem Steg über die Autobahn 59. Dahinter geht es auf einer Holztreppe bergauf und auf der Kreuzung geradeaus.

Nun lädt uns das um 1820 erbaute **Foveaux-Häuschen** zur Rast ein (1.50 Std.). Wir gehen von hier auf dem Schotterweg bergab weiter in einen naturnahen Wald, auf der kommenden Kreuzung geradeaus durch einen Hohlweg und bei der nächsten Kreuzung links. An der folgenden Gabelung geht es rechts weiter und über einen Bach zur Oberkasseler Straße. Diese queren wir, gehen nach rechts über den **Parkplatz Dornheckensee** (2.20 Std.) und im Wald auf einem Teerweg, der bald zum Schotterweg wird.

Die zahlreichen Astausschläge der Bäume zeugen von der am Rhein betriebenen Niederwaldwirtschaft. Die Bäume wurden regelmäßig »auf den Stock gesetzt«, d. h. gekürzt, um z. B. Weinbergspfähle oder Rinde zum Gerben zu gewinnen. Die Stöcke schlugen immer wieder aus.

Bei einer **Schutzhütte** gehen wir geradeaus weiter. Vom folgenden Aussichtspunkt auf steiler Lösswand blicken wir tief hinab auf den grünblauen **Dornheckensee.** Im Fortgang des Schotterweges gibt es weitere Ausblicke, alle wegen der Absturzgefahr der Lösswand eingezäunt. An der nächsten Kreuzung halten wir uns geradeaus; der folgende Aussichtspunkt lässt uns links Königswinter mit dem Drachenfels sehen. Hinter dem Aussichtspunkt **Kuckstein** halten wir uns rechts, gelangen bald bergab in ein Tal und folgen dem Querweg dort nach rechts. Im Kucksteinweg nehmen wir nach dem ersten Haus von **Römlinghoven** den Pfad links, gehen über eine Grundstückszufahrt, dann nach links weiter auf der Berghovener Straße und über die Langemarckstraße hinweg auf einen breiten Waldpfad, am **Pir-**

lenbach entlang. Den folgenden Teerweg schlagen wir nach rechts ein. Hinter einer Weidenfläche treffen wir auf einen Teerweg oberhalb der **Weinberge von Oberdollendorf** (3.20 Std.). Den Ort prägt die moderne, dem hl. Laurentius geweihte Pfarrkirche mit ihrem romanischen Turm (Mitte 12. Jh.). Wir folgen dem Weg nach links und nehmen in einer Kurve den Schotterweg nach links in den Wald.

Dem nächsten Querweg folgen wir nach rechts; an der folgenden Gabelung geht es auch rechts weiter, beim Querweg nahe einem einzelnen Fachwerkhaus links. Wir queren bald einen Bach und gehen geradeaus zur Kreisstraße 25, dahinter zwischen Acker und Wald zu einer Gabelung an der Mauer von **Kloster Heisterbach** (3.40 Std.). Hier lohnt sich ein Abstecher nach links. Das 1803 aufgelöste Zisterzienserkloster ist berühmt wegen der romanischen Chorruine der 1237 geweihten Kirche. Durch das Tor gegenüber der Ruine gehen wir zum Altenheim hinauf, dann nach rechts bis zu einer Zufahrt in der Klostermauer und nach links wieder zum RS, dem wir an der Gabelung nun nach links folgen.

An der nächsten Gabelung kurz hinter dem Klosterbereich gehen wir nach rechts, ebenso bei einer Gabelung im Wald. Am folgenden **Wegekreuz** von 1724 gehen wir nach links, an der nächsten Gabelung rechts. Beim nächsten **Wegekreuz** von 1773 nehmen wir den zweiten Weg links.

Chorruine von Kloster Heisterbach

Steil, zum Teil über Fels geht es zum **Petersberg** hinauf.

Zaun, Scheinwerfer und Kameras empfangen uns am **Hotel Petersberg** (4.20 Std.), dem ehemaligen Gästehaus der Bundesregierung. Wir sind nun auf einem Teerweg. An der folgenden Gabelung lohnt sich ein Abstecher nach rechts zur Terrasse, um den Blick zum Drachenfels, nach Königswinter und in die Eifel schweifen zu lassen. Zurück an der Gabelung, gehen wir auf dem Pfad nach rechts weiter, das Hotelgelände umrundend, nach einem Aussichtspunkt noch einmal rechts ab und auf dem Fahrweg nach links zu den Chorfundamenten der 1189 begonnenen Kirche des Zisterzienserklosters, das schon wenige Jahre später nach Heisterbach umzog.

Kurz vor der Torwache nehmen wir den Weg links auf den RS zurück und sofort den Pfad nach rechts durch die Umzäunung bergab bis zu einem Schotterweg, dem wir weiter bergab folgen bis zu einer Station des **Bittweges.** Wir folgen der Rechtskurve bergab. Kurz vor der Zufahrtsstraße zum Hotel führt der Rheinsteig links weiter. Wir aber gehen geradeaus, über die Straße und an der nächsten Bittwegstation rechts weiter. Auf dem zuweilen steilen Pfad hinab nach Königswinter begleiten uns im 17. und 18. Jh. gestiftete Bildstöcke und Kreuze. Sie zeugen von Wallfahrten zum Petersberg.

Am Fuß des Berges queren wir einen Garagenhof, biegen vor einer Brücke rechts in einen Pfad ein und folgen dem **Mirbesbach** bis zu einem Querweg. Dieser führt uns nach links unter der Bundesstraße 42 hindurch, an den »Hayes Lemmerz Werken« vorbei zur Bahnstrecke, der wir nach links bis zum **Bahnhof Königswinter** folgen (5 Std.).

Unter Drachen und Löwen

Von Königswinter nach Bad Honnef

Über Burg Drachenfels zu deren Gegenpart, der Löwenburg, führend, erschließt diese Wanderung das Siebengebirge in zahlreichen Facetten und mit vielen weiten Ausblicken.

DIE WANDERUNG IN KÜRZE

+++ Anspruch

7 Std. Gehzeit

20 km Länge

Charakter: Diese Wanderung erfordert wegen vieler Steigungen und ihrer Länge einige Kondition.

Wanderkarte: »Rheinsteig«. Topographische Freizeitkarte 1 : 50 000

Einkehrmöglichkeiten: Milchhäuschen, Restaurant auf dem Drachenfels, Waldwirtschaft Löwenburger Hof, Bad Honnef

Anfahrt: Mit der **Bahn** aus Richtung Koblenz oder Bonn bis Königswinter; zurück ab Bad Honnef. Mit dem **Pkw** auf der B 42 bis Königswinter; zurück mit der Bahn.

Öffnungszeiten: Drachenburg 1. April–1. Nov. Di–So u. feiertags 11–18 Uhr

Vom hinteren Ausgang des **Bahnhofs Königswinter** gehen wir nach links zu den »Hayes Lemmerz Werken«, davor nach rechts zu einer Unterführung unter der Bundesstraße 42, an den folgenden beiden Gabelungen rechts. Wir gehen am **Mirbesbach** entlang und halten uns an der nächsten Gabelung erneut rechts. An einer Brücke wenden wir uns nach links, queren einen Garagenhof und stoßen auf das erste Kreuz des 1,2 km langen **Bittweges** (s. Tour 1) hinauf zum Petersberg. An drei Kreuzungen gehen wir geradeaus weiter, an einer Gabelung bei einer markanten Eiche und mit einem stattlicheren Bildstock mit Kreuzaufsatz links. Wir queren bald die Zufahrtsstraße zum Hotel Petersberg. An der Pfadgabelung dahinter nehmen wir den Rheinsteig nach rechts. Auf dem bald folgenden Schotterweg gehen wir nach rechts bergab, an der Gabelung bei einer alten **Buche** nahe dem Nonnenstromberg wieder nach rechts (50 Min.). Auf einer Wiese begegnen wir alten Eichen, die an Gemälde Caspar David Friedrichs erinnern. Eine Kreuzung queren wir einfach; bald geht es auf einem Waldpfad bergab. Einem Teerweg folgen wir kurz nach rechts, dann sogleich einem Pfad nach links. Auf einer Streuobstwiese gehen wir parallel zur Landesstraße 331, bald im Wald bergauf, nach 500 m an einer Gabelung rechts bergab. Nach einer kurzen Steigung folgen wir einem Querweg nach rechts und queren die Landesstraße 331; dahinter links weiter, ebenso links an einer Schutzhütte vorbei. Oberhalb des **Mirbesbachtales** geht es auf einer langen Steigung weiter (1. 30 Std.). Nach etwa 1 km halten wir uns auf einem Querweg links, um bald an der Gabelung mit Schutzhütte rechts einem naturbelassenen Pfad zu folgen, bald steil auf den **Geisberg** hinauf (1.40 Std.). Von dort blicken wir zum Drachenfels mit der Bergfriedruine. Wir gehen links an der Gipfelhütte vorbei und auf einem breiten und steilen Pfad bergab bis zu einer Senke, danach auf einem breiten Pfad wieder bergauf. An einer Gabelung gelangen wir auf einem Abstecher links zum Pavillon mit Blick zum Drachenfels auf dem Dr.-Eduard-von-Gartzen-Platz.

Zurück auf dem breiten Pfad gehen wir links, nach 100 m an einer Gabelung rechts bergab zu einem breiteren Pfad und dort links weiter; an der nächsten Gabelung rechts, weiter bergab. Auf einer Lichtung passieren wir den Waldgasthof **Milchhäuschen** (2 Std.) und treten in eine Lindenallee. An einer Gabelung gehen wir rechts bergab weiter, an einer Schutzhütte vorbei. Bald queren wir einen Teerweg und gelangen durch eine Senke in einen Hohlweg. Dahinter verlassen wir kurz den RS, dessen Markierung zu einer baufälligen Brücke führt, und gehen nach links. Zwischen einem Häuschen und der Brücke stoßen wir wieder auf den RS, der uns bergauf zu einem Gehöft bringt. Dort gehen wir nach rechts.

Unter einem Viadukt der Drachenfelsbahn hindurch stoßen wir auf ein Tor zum Park der **Drachenburg**. Die neogotische, malerisch gestaffelte, mit Türmen versehene Schlossanlage mit Park von 1881–85 ist ein reizvolles Zeugnis der späten Burgenromantik.

Wir gehen links weiter hinauf, an der Drachenfelsbahn entlang in den Wald. Von einem Aussichtspunkt überblicken wir die Drachenburg. Bald durchschreiten wir den Steinbruch am **Drachenfels.** Anker sorgen dafür, dass der Fels unter der Burgruine nicht weiter stürzt (3 Std.).

Auf einem Aussichtsplateau erinnert ein neogotisches Denkmal an den freiwilligen Landsturm des Siebengebirges und seine Gefallenen in den Freiheitskriegen. Der Blick schweift hinüber nach Bonn-Mehlem sowie rheinaufwärts nach Bad Honnef und zur Insel Nonnenwerth, über der rechts der Rolandsbogen auszumachen ist.

Von hier gehen wir am Restaurant vorbei zur Burgruine. Im unteren Burghof erinnert ein Denkmal an den Major der Gardejäger F. W. Boltenstern, der am 3. Januar 1814 beim Nonnenwerth im Kampf mit französischen Truppen fiel. Von hier führt uns ein Rundweg durch die Ruine.

Wir kehren zum Restaurant zurück, einem Zeugnis des Massentourismus mit dem Charme von 1976, umrunden es links herum und gehen zur unteren Aussichtsterrasse, an der die Drachenfelsbahn endet. Eine Betontreppe bringt uns hinunter zu einem 1883 vom Ver-

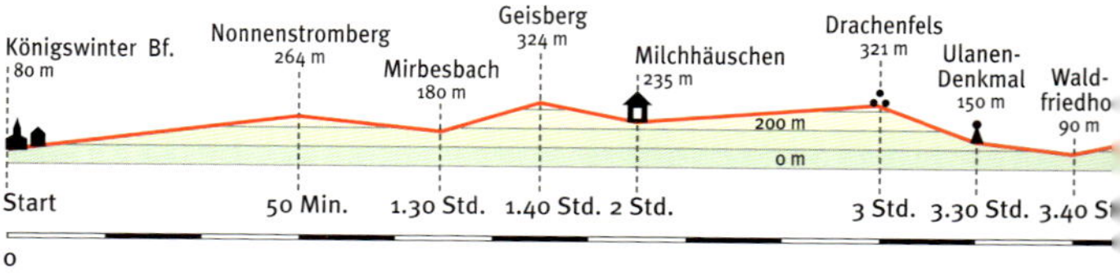

kehrsverein für das Siebengebirge angelegten felsigen Pfad mit Stufen, der uns an einem Aussichtspunkt auf steilem Fels vorbeiführt. Auf einem Pfad geht es weiter bergab; an zwei Gabelungen halten wir uns rechts. Bei einer Schutzhütte treffen wir auf einen Querweg, dem wir nach rechts folgen. An der nächsten Gabelung gehen wir rechts bergab auf einem Pfad weiter, der bald einen Teerweg quert.

Oberhalb von Rhöndorf erreichen wir das 1925 errichtete **Kriegerdenkmal** für die im Ersten Weltkrieg Gefallenen des Ulanenregiments

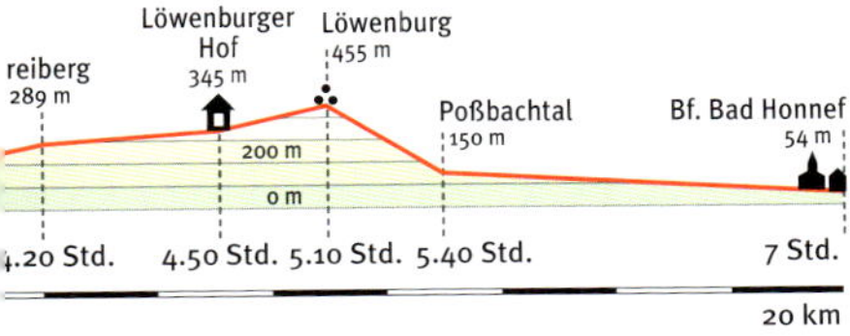

Die Drachenburg

Großherzog Friedrich von Baden (Rheinisches) Nr. 7 (3.30 Std.). Dessen Heimat war 1820–51 Bonn; 1851–1918 lag es vor allem in Saarbrücken.

Wir gehen zu einem Teerweg hinunter, dem wir nach links durch die weitgehend aufgelassenen Weinberge von **Rhöndorf** bis in ein Bachtal folgen; dort nach links. Auf dem **Waldfriedhof** (3.40 Std.) weisen ein Plan und blaue Pfeile den Weg zum Grab von Konrad Adenauer (1876–1967), dem ersten Bundeskanzler der Bundesrepublik Deutschland.

Zum Talweg zurückgekehrt, gehen wir weiter bachaufwärts bis zu einer Kreuzung, an der wir nach rechts einem Pfad bergauf folgen. An der nächsten Gabelung gehen wir links bergauf weiter zu einer Kreuzung, dort links auf dem steileren Pfad. An einer Kreuzung mit **Schutzhütte** halten wir uns geradeaus bergauf bis zu einem Querweg, dem wir nach links folgen. An der nächsten Gabelung halten wir uns rechts. Beim **Breiberg** passieren wir eine Schutzhütte (4.20 Std.). Neben einer markanten Buche schlagen wir einen Schotterweg nach links ein. An der nächsten Gabelung gehen wir links weiter, auch an einer Quelle vorbei. Am Waldrand erreichen wir die Waldwirtschaft **Löwenburger Hof** (4.50 Std.). Dahinter gehen wir rechts auf dem Teerweg weiter und an der nächsten Gabelung in den Wald hinein. Kurz dahinter führt uns rechts ein erdiger Pfad bergauf; an einer Gabelung gehen wir links weiter bis zu einem als RS-Zuweg markierten Schotterweg, der uns nun rechts in einem weiten Bogen bergauf führt. An einer Gabelung halten wir uns geradeaus. Bald durchschreiten wir eine Torruine und einen Zwinger und treten in den unteren Teil der **Burgruine Löwenburg** (5.10 Std.).

Die 1247 erstmals erwähnte Burg sicherte zuerst das Gebiet der Grafen von Sayn gegen die kurkölnischen Burgen Drachenfels und Wolkenburg, dann das Gebiet der Herren von Sponheim-Heinsburg (ab 1269 Herren von Löwenburg). Ab 1484 war sie Amtssitz des Herzogtums Jülich-Berg. Im 16./17. Jh. wurde sie zerstört. Rechts liegt der ältere, über eine Treppe zugängliche Bereich, der im Kern ins 12. Jh. zurückgeht. Hier stehen auch die Reste des 1881 abgetragenen quadratischen Bergfriedes. Von einem romantischen Platz mit Baum blicken wir über das Siebengebirge.

Wir gehen auf dem RS-Zuweg zurück bis zu der Gabelung, an der wir ihn auf dem Hinweg erreicht haben, nun nach rechts weiter bis zu einer Schranke; dahinter links und sofort wieder rechts und bergab. Wir sind nun wieder auf dem Rheinsteig unterwegs. Nach 600 m gehen wir an einer Kreuzung rechts weiter, nun am **Poßbach** entlang bis zu einer Weggabelung (5.40 Std.).

Der Rheinsteig geht links am Bach bergab weiter. Wir verlassen ihn hier und folgen geradeaus dem Wegweiser nach Bad Honnef über den Bach und dann bergauf. Unser Weg bringt uns bald in einigen Windungen und in sanftem Auf und Ab zu einer Gabelung nach 800 m, an der wir geradeaus weitergehen. An der folgenden Gabelung bei einer **Schutzhütte** halten wir uns links und folgen nun dem **Rheinhöhenweg** (Markierung: R).

Wir stoßen bald auf eine Straße in **Hohenhonnef,** der wir nach rechts bergab folgen, bis wir kurz hinter der Ortslage rechts abbiegen. An der folgenden Gabelung gehen wir nach links; ein mit Linden gesäumter Weg bringt uns auf die Bergstraße in Bad Honnef, der wir konsequent bergab folgen, später geradeaus an einem Marienbildstock und am Friedhof vorbei bis zum Platz vor der kath. Pfarrkirche St. Johann Baptist, wo wir den Rheinhöhenweg verlassen. Wir gehen über den Platz bergab in die Hauptstraße und nehmen dann links die Bahnhofstraße bis zu einer breiten Querstraße. Ihr folgen wir nach rechts, queren die Bundesstraße 42 über eine Brücke, gehen dann links eine Rampe hinunter und stoßen auf den **Bahnhof Bad Honnef** (7 Std.).

Der Drachenfels

»The castled crag of Drachenfels«, die burgbewehrte Felsspitze des Drachenfels, besang Lord Byron 1813 in einem der schönsten Rheingedichte. Doch der Fels hat auch etwas Schauriges. In der Sage haust hier ein Drache. Ihm wird eine Jungfrau geopfert, doch als er das Kreuz um ihren Hals sieht, flieht er und ertrinkt im Rhein.

Gewiss ist diese Sage vom Namen der Burg inspiriert, die der Kölner Erzbischof nach 1138 erbaute. 1634 wurde sie im Dreißigjährigen Krieg zerstört. Der Steinbruch in ihrem Fels drohte der Ruine den Rest zu geben. Schon seit römischer Zeit wurde hier Trachyt abgebaut. Ab 1150 brach man hier Steine für das Bonner Münster und ab 1248 für den Kölner Dom. 1807 wurde der Steinbruch aufgegeben, damit die Ruine nicht abstürzte. Erhalten sind Teile des Bergfrieds mit seinem Buckelquadermauerwerk und Teile der Mauerringe und Wohnbauten. Von den Bauten nördlich der Kernburg hat der Steinbruch wenig übrig gelassen. Im 19. Jh. gewann der Drachenfels eine große Anziehungskraft für die Romantiker. Heinrich Heine war 1819 hier, doch er habe sich, so schreibt er entzaubernd in der »Nacht auf dem Drachenfels«, nur den Schnupfen und den Husten geholt. Nichtsdestoweniger kamen die Touristen in Scharen und ritten auf Eseln oder fuhren mit der Drachenfelsbahn hinauf.

Tour 3

Zum Totentanz aufgefordert

Von Bad Honnef nach Unkel

Von Hohenhonnef bis Bruchhausen geht es fast ausschließlich durch zum Teil urwüchsigen, abwechslungsreichen Wald. In dieser Waldeinsamkeit begegnen wir Bildstöcken wie dem »Auge Gottes«. In Bruchhausen treffen wir auf ein barockes Totentanzbild.

DIE WANDERUNG IN KÜRZE

++ Anspruch

6 Std. Gehzeit

19 km Länge

Charakter: Waldwanderung mit langen Steigungen, zum Teil auf abschüssigen Wegen und Pfaden

Wanderkarte: »Rheinsteig«. Topographische Freizeitkarte 1 : 50 000

Einkehrmöglichkeiten: Bad Honnef, Bruchhausen, Unkel

Anfahrt: Mit der **Bahn** aus Richtung Bonn oder Koblenz bis Bad Honnef; zurück ab Unkel. Mit dem **Pkw** auf der B 42 bis Bad Honnef; zurück mit der Bahn.

Vom **Bahnhof Bad Honnef** gehen wir zur Straße und nehmen die Brücke über die Bundesstraße 42. Geradeaus kommen wir in den Ort. Dort biegen wir links in die Bahnhofstraße, der wir beim Abzweig zur Rheinklinik nach rechts bis zur Hauptstraße folgen; auf dieser nach rechts bis zur kath. **Pfarrkirche St. Johann Baptist** mit ihrer Turmfassade am Marktplatz. Die im 15./16. Jh. errichtete spätgotische Hallenkirche mit einem Chor aus dem 13. Jh. überrascht mit ihrer Weite. Neben den neogotischen Altären besitzt sie ein Sakramentshaus und eine Madonna aus der Gotik. Das Wandgemälde der Marienkapelle verbindet das Land am Drachenfels mit dem Marienwallfahrtsort Kamp-Bornhofen am Rhein.

Den Marktplatz im Rücken, gehen wir an der Kirche links vorbei bergauf. Wir folgen zunächst dem **Rheinhöhenweg** (R) am Friedhof vorbei und halten uns an einer Gabelung

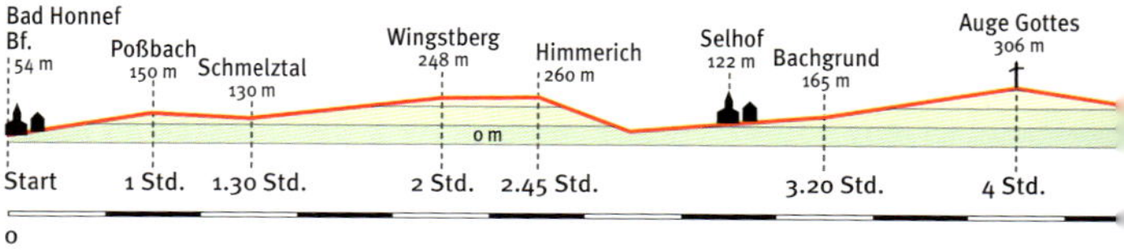

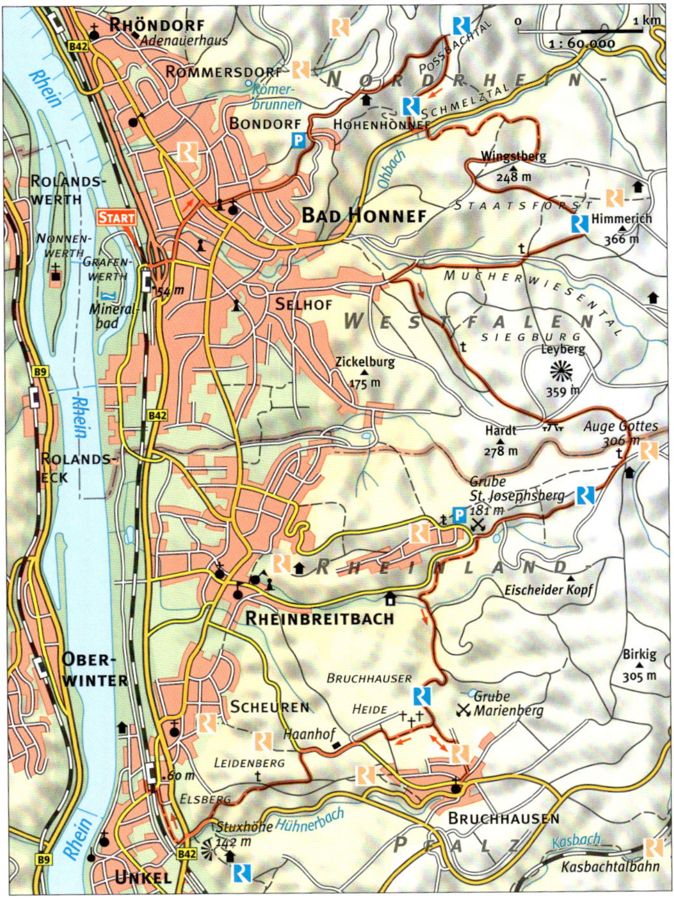

mit einem **Marienbildstock** links, konsequent die Bergstraße hinauf. In einer Kurve verlassen wir diese und gehen zwischen einem Ruheplatz und einer Garage auf einem von Linden gesäumten Teerweg wei-

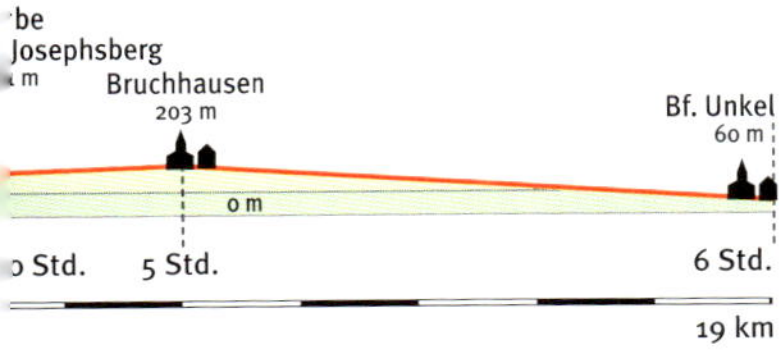

ter. An der Gabelung kurz hinter dem Ortsende gehen wir rechts weiter. Über Kurven kommen wir zu einer Straße, der wir nach links nach **Hohenhonnef** folgen. In der ersten Kurve im Ort halten wir uns geradeaus und gelangen über einen Teer- und Schotterweg in den Wald.

An der Wegegabelung bei einer Schutzhütte verlassen wir den Rheinhöhenweg nach rechts; auch an der folgenden Gabelung gehen wir rechts weiter. Der Weg bringt uns zum **Poßbach** (1 Std.). An der Gabelung dahinter stoßen wir auf den Rheinsteig, dem wir nach rechts folgen; hinter einem Teich mit zwei imposanten Tannen an einer Gabelung geradeaus. Im **Schmelztal** queren wir die Landesstraße 144 (1.30 Std.) und gelangen auf dem Damm eines Wasser-Rückhaltebeckens in den Wald. Ein kurzer steiler Pfad bringt uns auf einen Querpfad, dem wir nach links folgen, über ein Bächlein zu einem querlaufenden Pfad nahe einem Parkplatz. Wir gehen nach rechts bergauf und an der folgenden Gabelung geradeaus weiter. In einigen Windungen und über einige Wasserläufe hinweg erreichen wir auf der Höhe des **Wingstberges** einen Waldweg, dem wir nach rechts folgen (2 Std.).

Nach ca. 1 km gehen wir an einer Gabelung links weiter, bald wieder bergauf. Wir halten uns an der nächsten Kreuzung geradeaus, bei der nachfolgenden Gabelung rechts, an der nächsten Gabelung rechts bergab. Nach 500 m treffen wir auf die Kurve eines Weges, der wir bergab folgen. Bei einem **Holzkreuz** stoßen wir auf einen Teerweg, auf dem wir wenige Meter nach rechts gehen; dann biegen wir links ab und queren den Bach im **Mucherwiesental** (3 Std.). Wir gehen an einer Wiese durch eine Rechtskurve und folgen nun dem Bach talwärts. Kurz hinter einem alten **Steinbruch** treffen wir vor einer Streuobstwiese mit Gehöften auf einen Querweg, dem wir nach links folgen.

Durch einen Hohlweg kommen wir an den Rand von **Selhof.** Hier halten wir uns an der Kreuzung links. Ein Pfad führt uns in den Wald hinauf. An der Kreuzung nach einem langen umzäunten Waldgebiet biegen wir links ab. Bald queren wir einen Bach und gehen bergauf, an der nächsten Gabelung geradeaus. Nach Passieren eines hölzernen **Wegekreuzes** (3.20 Std.) gehen wir ca. 2 km stetig bergauf, zunächst oberhalb des Baches. An der Gabelung nach 1 km halten wir uns weiter geradeaus, nach einem weiteren Kilometer an der Kreuzung rechts. Bald geht links ein Weg zum Leyberg ab, der eine Aussicht ins Umfeld bietet. Wir wandern aber geradeaus weiter zum Rastplatz Barbarahütte, an dem es freilich keine Hütte mehr gibt. Unmittelbar dahinter gehen wir auf dem breiteren Schotterweg nach links ca. 300 m bergauf, dann eben weiter, in einer versetzten Kreuzung geradeaus, machen eine Rechtskurve mit und folgen konsequent dem Schotterweg.

An der nächsten Kreuzung empfängt uns der Bildstock **»Auge Gottes«**, an dem wir die Grenze zwischen den Bundesländern Nordrhein-Westfalen und Rheinland-Pfalz überschreiten (4 Std.). Das Bild in der Nische zeigt Christus, der das Kreuz trägt. Darüber steht die Bitte an das Auge Gottes um Bewahrung vor Sünde. Ein Kreuz erinnert an die Toten der Weltkriege.

Wir gehen hinter dem Bildstock rechts weiter Richtung Rheinbreitbach. An der Gabelung nach 300 m

Der Bildstock »Auge Gottes«

halten wir uns rechts, an der folgenden geradeaus. In einem alten Hohlweg bei einem Bach erinnert ein **Steinkreuz** an den hier 1888 verunglückten Joseph Schnitzler aus Schweinfeld. 100 m weiter gehen wir an einer Gabelung geradeaus weiter.

Nach etwa 200 m erinnert ein 1874 errichtetes **Holzkreuz** auf einem Kupfererzsockel an die von etwa 1604 bis 1886 betriebene Kupfergrube St. Josephsberg, die eine Teufe von 230 m hatte (4.20 Std.). An der bald erreichten Fahrstraße steht weiter rechts die Ruine einer 1878/79 erbauten Kupfererz-Aufbereitungsanlage.

Die Straße links bergab kommen wir in eine Kurve. Hier gehen wir geradeaus auf einem Pfad weiter in ein tälerreiches Gebiet, zunächst bergab an einem Bach entlang. Wir folgen dem breiten Weg und ignorieren die schmalen Abzweige. Dem Schotterquerweg in einem anderen Tal folgen wir nach links. An den beiden folgenden Gabelungen gehen wir jeweils rechts weiter, an der nächsten dann links bergauf, im Hohlweg und an der folgenden Gabelung geradeaus, am Ende des Tales auf einem Querweg nach rechts weiter bergauf. Wir kommen in den Bereich der von 1668 bis 1874 betriebenen Bruchhausener Kupfergrube St. Marienberg. Hier führt der RS an einer Kreuzung rechts weiter. Wir machen aber zunächst auf dem RS-Zuweg einen Abstecher nach **Bruchhausen.**

Nach einer Kurve folgen wir der Marienbergstraße ortseinwärts (5 Std.). An einer Kreuzung mit einem im Bergbau gebräuchlichen **Hund** voll Kupfererz gehen wir geradeaus weiter, folgen der zweiten Straße nach rechts und gehen an einer Kreuzung mit **Marienbildstock** ebenfalls rechts weiter in die Waldstraße, dann nach links in die Kirchbergstraße.

Bald stehen wir vor der von Fachwerkhäusern umgebenen malerischen kath. **Pfarrkirche St. Johann Baptist.** Der vom 13. bis 16. Jh. errichtete gotische Bau birgt ein Gnadenbild, eine bekleidete kölnische Madonna aus dem 14. Jh., sowie eine Madonna des 15. Jh.s aus einer

Mainzer Werkstatt. Gleich am Eingang aber spielt der Tod zum Tanz auf – auf dem gegen 1700 gemalten Totentanz.

Auf dem RS-Zuweg gehen wir zum RS zurück und nun am Waldrand nach links. Dort sind in einer Kriegsgräberstätte deutsche Soldaten begraben; 1945 leistete die Wehrmacht hier Widerstand gegen die Ausdehnung des amerikanischen Brückenkopfes vor der am 7. März eroberten Brücke von Remagen, doch die US-Armee erreichte schon am 16. März Königswinter.

Nach 100 m gehen wir auf einem Querweg rechts weiter, biegen bald links ab und halten uns auf einer Kreuzung geradeaus, am Haanhof vorbei bis zu einer Allee inmitten von Wiesen, in der wir nach links weitergehen. An ihrem Ende geht es rechts weiter. Vor einem Wegekreuz am Waldrand biegen wir links in einen geschotterten Pfad ein. Wir gehen durch die zum größten Teil aufgelassenen Weinberge von Unkel talwärts, vorbei an Trockenmauern und einem Marienbildstock.

Am Ende bringt uns ein Teerweg zu einer Straße. Hier verlassen wir den RS und gehen nach rechts zur Bundesstraße 42, die wir mittels eines Steges nach Unkel kreuzen, dann in der Bruchhausener Straße bis zur Eisenbahnstrecke; hier rechts weiter über einen Pfad und dann durch die Straße In der Persch bis zur Bahnunterführung, hinter der uns rechts der **Bahnhof Unkel** erwartet (6 Std.).

Der Totentanz von Bruchhausen

»Allhir kannstu nicht sechen wer arm oder reich/dan ie ein totter ist dem anderen gleich«, mahnen die Toten auf dem barocken Totentanz von Bruchhausen, dem einzigen am Mittelrhein. Die vom 14. bis 18 Jh. weit verbreiteten Totentänze führen in Bild und Text die Vergänglichkeit des Lebens vor Augen und ermahnen zu einem gottgefälligen Leben. Der triumphierende Tod beruft auf dem um 1700 entstandenen Gemälde die Vertreter verschiedener Stände ohne Ansehen ihrer Bedeutung ab, seien sie Papst, Pfarrer, Kaiser, Arzt oder Bauer. Einigen spielt er zum Tanz auf. Der Tod bringt auch Erlösung, denn mit dem auferstandenen Christus ist hier die Glaubensgewissheit von der Auferstehung der Toten präsent. So kann der Arme und Kranke erleichtert sprechen: »In Armuth und Schmertzen hab ich mein dag zugebracht / So hat gleichwohl der tott ietzt meiner gedacht.« Es ist wohl vor allem diese Unmittelbarkeit des Todes, die beinahe vertraute Nähe zu ihm, die uns Heutigen fremd vorkommt.

Der Totentanz von Bruchhausen

Auf der Erpeler Ley

Von Unkel nach Leubsdorf

Über das Plateau der Erpeler Ley oberhalb der Brücke von Remagen führt diese aussichts- und steigungsreiche Wanderung vorbei an vier Burgen und durch die malerischen Orte Linz, Dattenberg und Leubsdorf mit ihren reizvollen Kirchen.

DIE WANDERUNG IN KÜRZE

+++ Anspruch

6 Std. Gehzeit

18 km Länge

Charakter: Eine steigungsreiche Tour im Wechsel von Wald und offenem Gelände

Wanderkarte: »Rheinsteig«. Topographische Freizeitkarte 1 : 50 000

Einkehrmöglichkeiten: Waldgaststätte Erpeler Ley, Restaurant Burghof Ockenfels, Linz

Anfahrt: Mit der **Bahn** aus Richtung Bonn oder Koblenz bis Unkel; zurück ab Leubsdorf. Mit dem **Pkw** auf der B 42 aus Richtung Koblenz oder Bonn bis Unkel; zurück mit der Bahn.

Vom **Bahnhof Unkel** folgen wir dem Rheinsteig-Zuweg: auf der Siebengebirgsstraße nach links durch die Bahnunterführung, dahinter rechts in der Straße In der Persch, die sich bald als Pfad fortsetzt, bis in Höhe eines Stegs über die Bahnlinie; hier nach links bis zur Bundesstraße 42, die wir mittels eines Stegs überqueren. Nun folgen wir der Landesstraße 252. Kurz vor dem Wald nehmen wir den Rheinsteig wieder auf. Wir queren die Straße im Hähnerbachtal bei einem künstlichen **Wasserfall.** Es geht nun links auf einem steilen Pfad bergauf. Dem ebenen Querweg, den wir bald treffen, folgen wir nach links. Bei einer Gabelung queren wir die Zuleitung zum Wasserfall und gehen bergauf weiter, nach 200 m an einer Gabelung geradeaus.

Nach einigen Windungen erreichen wir einen Schotterweg, dem wir geradeaus folgen. An der Gabelung nach 100 m gehen wir auf einem Pfad links weiter, ebenso bei der nächsten Gabelung. An der folgenden Gabelung führt rechts ein Weg zum Aussichtspunkt **Stuxhöhe** (25 Min.). Wir sehen im Tal Unkel, voraus, jenseits des Rheins, etwas im Wald versteckt Schloss Ernich, früher Residenz des französischen Botschafters, links daneben Schloss Marienfels und weiter links Remagen mit der romantischen Apollinariskirche. Zurück auf dem Rheinsteig, gehen wir rechts weiter bis zu einem Fernseh-Füllsender, hier links, im Wald an einer Gabelung rechts weiter. Unser Weg wird bald zum Pfad und führt uns in ein kleines Tal. Dem erdigen Querpfad dort folgen wir nach rechts. Nach 200 m gehen wir links bergauf und auf der Höhe geradeaus weiter. Bergab bringt uns ein steiniger Pfad an alten, zum Teil aus Basaltsäulen bestehenden Weinbergsmauern vorbei in den Unkeler Ortsteil **Heister** (50 Min.).

Bei einem 1750 errichteten **Wegekreuz** geht der Rheinsteig links als Pfad weiter. Wenn wir der weiten Rechtskurve der Teerstraße folgen, erreichen wir im Tal **Haus Vilszelt,** ein hübsches Beispiel eines festen adligen Wohnhauses. Die ehemalige Wasserburg der Herren von Uetgenbach aus dem 15. Jh. erfuhr 1713–16 einen Ausbau zu einem schlichten Bruchsteinbau. Wir gehen zum Wegekreuz zurück und nehmen nun rechts den steinigen Pfad hinauf, an einem Wasserlauf entlang in den Wald hinein.

Nach 200 m queren wir einen Schotterweg; an der nächsten Gabelung halten wir uns geradeaus. Auf einem grasbewachsenen Weg gehen wir an Gebüsch entlang bis nach **Orsberg** (1.15 Std.). Wir kreuzen die Straße »Im Vogelsang« und kommen auf der Kapellenstraße bis zur 1708 erbauten **St.-Josephs-Kapelle;** an ihr vorbei zur Orsberger Straße, der wir 20 m folgen, um dann rechts in der Brunnengasse weiterzugehen. Zwischen Streuobstwiesen und Weiden passieren wir ein **Brünnchen** und queren bald eine Pferdekoppel. Dahinter geht es im Wald auf einem erdigen Pfad bergauf. Bei einer Weide halten wir uns rechts.

An der Gabelung bei einem **Strommast** gehen wir rechts weiter, nach 100 m an einer Gabelung ge-

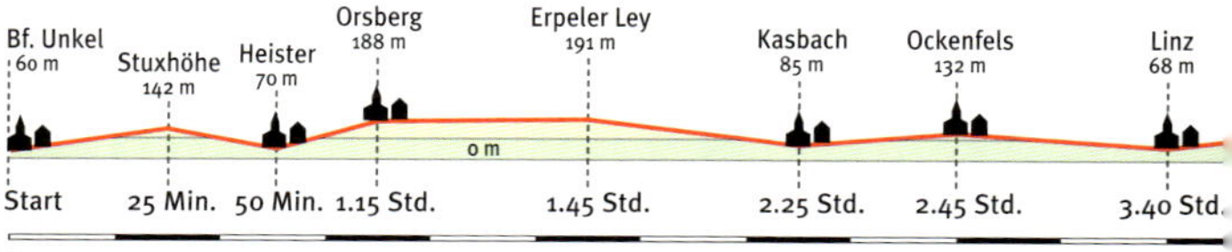

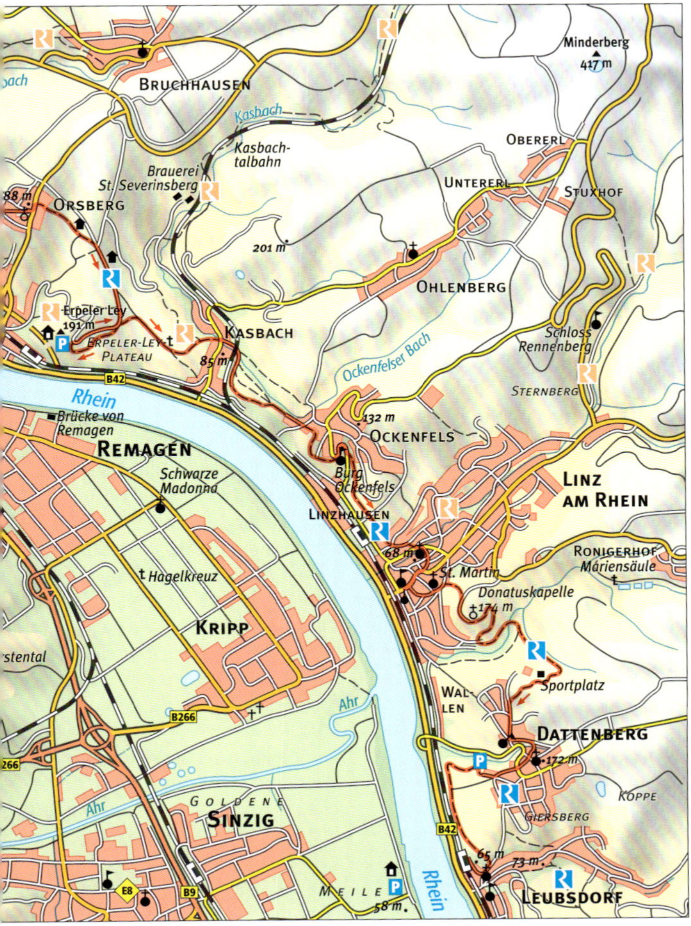

radeaus, an der nächsten Gabelung rechts Richtung **Erpeler Ley,** an der dann folgenden Gabelung in zwei

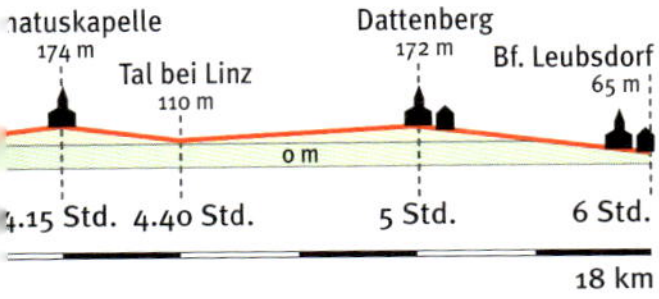

Schotterwege links. Wir treten bald auf ein weites **Plateau** auf steilem Fels, das wir im Uhrzeigersinn umrunden (1.45 Std.). Von hier blicken wir auf Erpel, nach Südosten auf Linz und hinüber nach Remagen mit den Türmen der Ludendorff-Brücke, der »Brücke von Remagen«, deren Gleise durch einen Tunnel unter der Erpeler Ley weiterliefen. Das **Friedenskreuz** erinnert an die Opfer der

Kämpfe beim Brückenkopf Remagen–Erpel 1944/45.

Nach Umrundung des Plateaus gehen wir rechts am **Gasthaus** vorbei in den Wald, an der folgenden Gabelung rechts, an der nächsten geradeaus, an der dann folgenden rechts weiter bis zu einem Querweg, auf diesem nach rechts entlang einer **Stromleitung** bergab. Wir queren eine Streuobstwiese mit einem **Basaltkreuz** von 1734 und gehen zwischen Gebüsch weiter bergab. An der folgenden Gabelung halten wir uns geradeaus. Ein steiler abschüssiger Weg mit Geländer bringt uns nach **Kasbach** (2.25 Std.).

Wir folgen der Kasbachtalstraße bergab, biegen nach 100 m links ab in den Hödenbuschweg und gehen bei der nächsten Gabelung links weiter. An einem Bach entlang unterqueren wir einen **Viadukt** der Kasbachtalbahn. Nach 50 m gabelt sich der Weg. Rechts läuft der RS auf einem steilen erdigen Pfad weiter. (Der geradeaus führende Weg mit gelber Markierung ist als Alternative bei Nässe zu empfehlen.) Der Pfad geht steil zu den Bahngleisen hinauf und dann eben weiter bis zum Schotterweg, den wir im Tal verlassen haben. Ihm folgen wir geradeaus nach **Ockenfels** (2.45 Std.). Ca. 300 m nach dem Ortsrand gehen wir in einer Kurve zwischen den Häusern 9 und 11 rechts auf einem Pfad bergauf weiter bis zu einem Querweg, dem wir nach rechts zu einer Wiese folgen. Zurückblickend, sehen wir nun die Erpeler Ley mit dem Friedenskreuz über dem Rhein aufragen, darunter die rechtsrheinischen Pfeiler der Brücke von Remagen. Auf der anderen Rheinseite erstrecken sich die Wiesen südlich Remagens, ab März 1945 ein riesiges Lager für deutsche Kriegsgefangene.

Auf der Wiese gehen wir zur Rheinseite vor und wenden uns nach links. Vor uns präsentiert **Burg Okkenfels** ihre Schildmauer mit dem Bergfried. Die 1341 als Lehen des Kölner Erzbischofs belegte Burg zur Leyen wurde 1475 zerstört und danach umgestaltet. Nach 1924 erhielt die Burg ihre heutige Gestalt. Wir gehen links herum bis zur Torzufahrt und folgen der Burgstraße bergab, um im Ende der folgenden Kurve geradeaus in der Talstraße weiterzugehen. Nach 100 m gehen wir rechts auf einem Teerweg weiter; als Schotterpfad läuft er bergauf bis zu einem Schotterweg, dem wir nach rechts folgen.

Nach 200 m nehmen wir einen steilen Pfad rechts, der an einer Umzäunung vorbei steil zum Ortsrand von **Linz** hinabführt (3.40 Std.). Hier folgen wir einem Teerweg, gehen dann an einer Kreuzung links weiter, um der nächsten Straße nach rechts zu folgen. An einer Kapelle in der Lohhohl gehen wir rechts weiter. Die folgende Kreuzung queren wir, um bald über einen Fußgängerüberweg und dahinter rechts weiterzugehen. Wir passieren die **evangelische Kirche** (1864/65) und biegen sogleich rechts ab; bei nächster Gelegenheit geht es links in die Brüderstraße hinein. Sie bringt uns zu einem Plätzchen mit Wasserlauf, dem wir nach rechts bis zum **Marktplatz** folgen.

Der RS führt hier links an der 1878 errichteten neogotischen **Mariensäule** vorbei. Wir folgen aber zunächst der Rheinstraße abwärts bis zum Rheintor der etwa 1320–65 erbauten **Stadtbefestigung,** deren Mauerwerk zum Teil aus dem Säulenbasalt des nahen Mindergbergs besteht. Daneben liegt die um 1365 erbaute und 1707 erweiterte kurkölnische **Burg,** die die Südwestecke der Stadtmauer sicherte. Wir gehen zum Marktplatz zurück und an der Mariensäule und links an dem im 14. Jh. erbauten massigen **Rathaus** mit seinen barocken Zubauten von 1707 vorbei.

Durch die Kirchstraße gelangen wir zum Kirchplatz. Hier überrascht die **neue kath. Pfarrkirche St. Martin** (1968/69) durch eine lebendige Lichtführung im Inneren und durch den in Köln gemalten spätgotischen Flügelaltar mit Szenen aus dem Leben Mariens von 1463. Von hier gehen wir zur (selten geöffneten) **alten kath. Pfarrkirche St. Martin** hinauf, die das Stadtbild krönt. Der Grundstein der um 1240 vollendeten spätromanischen, im frühen 16. Jh. spätgotisch veränderten Emporenbasilika wurde 1206 gelegt. Das wenig gegliederte Äußere mit dem Westturm steht im Gegensatz zur reichen Gliederung des Innenraums mit seinen Wandgemälden aus dem 13. Jh.

An der Kirche vorbei gehen wir links, am Tilmann-Joel-Park vorbei, dem **alten Friedhof,** und rechts hinauf. Mit Blick auf das ehemalige Franziskanerkloster gehen wir rechts weiter, um dann auf der anderen Straßenseite über einen Pfad mit einigen Betonstufen den **Kaiserberg** zu erklimmen. Bei der Gabelung nach 50 m halten wir uns rechts bis zu einem Querweg, dem wir nach rechts folgen. Uns empfängt bald die weite, von den Franziskanern erbaute neogotische **Donatuskapelle** (1860/61), die Ziel eines Kreuzweges war (4.15 Std.).

Vor der Einfahrt des Kaiserberg-Stadions gehen wir rechts zu einem Kreuz weiter. Vor uns auf der anderen Rheinseite sehen wir die von Bäumen umschlossene Ahr-Mündung und dahinter Sinzig mit dem

Alter Friedhof in Linz

markanten Vierungsturm der spätromanischen kath. Pfarrkirche St. Peter.

Unser Weg führt in Serpentinen bergab. Im Tal passieren wir kurz einen Ausläufer von Linz, bis es links auf einem Pfad im Wald taleinwärts weitergeht. Wir queren einen **Bach** (4.40 Std.) und gehen geradeaus bergauf, einem Bachlauf folgend; an einer Gabelung bei einem Wasserbehälter links weiter. Nach 1 km halten wir uns an einer Gabelung wieder links bis zu einem Querweg, dem wir nach rechts folgen, an einer Weide entlang. Bei der **Sportanlage** von Dattenberg gehen wir links weiter bis an die Bande, an der wir den Platz im Uhrzeigersinn halb umrunden, bis wir hinter den Häuschen über einen Pfad links in den Wald gelangen. Es geht steil bergauf bis zu einem Querpfad – hier rechts. Der Teerstraße am Rand von **Dattenberg** folgen wir nach links bis zu einer Pflasterstraße – hier wiederum links.

An der Kreuzung bei einem alten Fachwerkgehöft geht es rechts zur **Burgruine** (5 Std.). Die Ritter von Dadenberg erhielten die Burg mit dem runden Bergfried im 14. Jh. vom Kurfürsten von Köln als Lehen. In der Vorburg wurde um 1880 eine stattliche Villa errichtet. Wir gehen links weiter und blicken über das Tal auf den jüngeren Teil Dattenbergs mit der Pfarrkirche. Nach 50 m gehen wir rechts über Stufen zum alten **Friedhof** hinunter. Die Friedhofskapelle, der alte Chor der spätromanischen Kirche St. Maria, steht inmitten von Grabkreuzen des frühen 18. Jh.s.

Wir gehen an der Kapelle vorbei zur Kirchstraße und hier bis zum Neuen Weg bergauf. Ehe wir dem Rheinsteig nach rechts folgen, empfiehlt sich ein Besuch der **kath. Pfarrkirche Hl. Schutzengel.** Die großzügige neospätromanische Pfeilerbasilika mit dem mächtigen Westturm wurde 1890–92 erbaut.

Wir gehen aus der Kirche nach rechts und biegen an der Kreuzung nun links in die Friedrichstraße, folgen der Bornbergstraße kurz nach links und biegen sogleich rechts in die Straße »Auf der Gasse«. An einem **Wegekreuz** halten wir uns rechts bergab bis zu einer versetzten Kreuzung, in der wir »Auf dem Hüttenbaum« weitergehen, bis wir zwischen Gärten und Wiesen unterwegs sind. Auf der Rheinseite des Plateaus nehmen wir den ersten Abzweig links und halten uns auch bei den beiden nächsten Gabelungen links. Es geht auf einem erdigen Pfad auf steiler Hangkante im Gebüsch stetig bergab. An einem **Aussichtspunkt mit Wegekreuz** führt uns der Pfad rechts hinunter. Hier und bei einem **Marienbildstock** bieten sich noch einmal Blicke auf den Rhein und hinüber nach Sinzig.

In Höhe der Leubsdorfer Pfarrkirche gehen wir auf unserem Pfad taleinwärts bis zur Kirchstraße. Hier verlassen wir den Rheinsteig und gehen bergab nach **Leubsdorf.** Über der Ortslage steht malerisch im Hang die 1905/06 erbaute **kath. Pfarrkirche St. Walburgis** mit Westturm und Chor aus dem frühen 13. Jh. Das Ortsbild prägen Fachwerkbauten des 18. Jh.s und das spätgotische Burghaus mit den Fachwerk-Ecktürmchen. Wir folgen der Kirchstraße bis zum **Bahnhof Leubsdorf** (6 Std.).

Germanien und Römisches Reich

Von Leubsdorf nach Rheinbrohl

Lange begleitet vom stattlichen neogotisch geprägten Schloss Arenfels, wandern wir am Rhein entlang über Wiesen, Weinberge und Wälder bei Rheinbrohl aus dem Gebiet der Kelten ins Römische Reich.

DIE WANDERUNG IN KÜRZE

++ Anspruch

5 Std. Gehzeit

16 km Länge

Charakter: Wanderung mit eher gemäßigten Steigungen im Wechsel von Wald und offener Landschaft

Wanderkarte: »Rheinsteig«. Topographische Freizeitkarte 1 : 50 000

Einkehrmöglichkeiten: Landhaus Arienheller; Rheinbrohl

Anfahrt: Mit der **Bahn** aus Richtung Bonn oder Koblenz bis Leubsdorf; zurück ab Rheinbrohl.
Mit dem **Pkw** auf der B 42 aus Richtung Koblenz oder Bonn bis Leubsdorf; zurück mit der Bahn.

Vom **Bahnhof Leubsdorf** bringt uns der Rheinsteig-Zuweg von der Bahnunterführung aufwärts zum Ort und an der ersten Gabelung links die Kirchstraße hinauf. Vorbei an der malerisch aufragenden kath. Pfarrkirche St. Walburgis, gehen wir die Teerstraße zum Wald hinauf. Kurz hinter dem Ortsausgang sind wir wieder auf dem Rheinsteig unterwegs. Am Ende eines Hohlwegs biegen wir vor einem **Wegekreuz** scharf rechts ab und gehen unterhalb des Giersbergs und an Trockenmauern aufgelassener Weinberge entlang taleinwärts. Allmählich kommen wir auf einem felsigen Pfad ins **Tal von Leubsdorf** hinunter (25 Min.). Hier folgen wir der Schwarzenbergstraße nach rechts, gehen nach 100 m in Höhe der alten Mühle links weg und verlassen durch eine Gasse den Ort.

Auf einem Hohlweg geht es bergauf zu einer Garten-, Obstwiesen- und Weidenfläche. Einem Querweg folgen wir nach links, um dann bei der Gabelung mit Wegekreuz geradeaus bergauf weiterzugehen. An der folgenden Gabelung mit **Wegekreuz und Schutzhütte** halten wir uns links und unterqueren geradeaus eine Stromleitung, den linken Abzweig ignorierend. Etwa 100 m weiter gehen wir an einer Gabelung rechts weiter, bald unter einer weiteren Stromleitung hindurch. Nach etwa 200 m halten wir uns an einer Gabelung rechts und lassen unseren Blick in die Landschaft schweifen: rechts die Erpeler Ley und Remagen, voraus Sinzig.

Es geht wieder bergab, an einem Wegekreuz vorbei. Dem querverlaufenden Schotterweg hinter einer kleineren Stromleitung folgen wir nach links (1.05 Std.). Im **Layen** befinden wir uns hoch über dem Rhein. 100 m hinter einer Stromleitung gehen wir an einer Gabelung rechts bergab weiter, noch näher an die Hangkante. In einer Kurve unseres Schotterweges wandern wir nun auf einem Pfad weiter bergab und sehen vom **Aussichtspunkt Hellerau** bereits Ariendorf mit der großen Kiesgrube. Über Holzstufen kommen wir zu einem Teerweg, der uns nach rechts führt. In **Ariendorf** (1.25 Std.) treffen wir zuerst auf die neogotische Burg, die der Kölner Dombaumeister Zwirner in den 1840er Jahren unter Verwendung älterer Bauten errichtete. An ihr vorbei kommen wir zur barocken kath. Kapelle St. Johann Baptist von 1712; dahinter links die Ariendorfer Straße hinauf und dann rechts in der Bergstraße bergauf. Kurz vor dem Kriegerdenkmal und der kath. Pfarrkirche St. Johannes der Täufer geht es links über die Zufahrt zur Kiesgrube bergauf weiter.

Bei der ersten Gabelung halten wir uns rechts. Nach 100 m gehen wir rechts auf einer Kastanienallee weiter. Wir halten uns an der nächsten Kreuzung geradeaus und kommen zum **Aussichtspunkt »Burg«** (1.45 Std.). Der RS führt kurz davor links weiter, doch wir machen zunächst auf dem RS-Zubringer auf der Allee einen Abstecher zum 500 m entfernten **Schloss Arenfels** (2 Std.). Hinter die imposante Fassade können wir allerdings leider nicht schauen. Die vor 1259 erbaute Burg Gerlachs von Isenburg war ab 1371 trierisches Lehen derer von Wied und Isenburg, ab 1670 der Familie von der Leyen. Im 16. Jh. begann der Umbau zu einer zum Rhein offenen Schlossanlage. Zwirner gab der Burg 1849–55 ein gotisches Gepräge und baute den imposanten Bergfried wieder auf.

Zurück am Aussichtspunkt »Burg« gehen wir rechts. Im eher lichten Wald kommen wir an den Rand der Kiesgrube, wo wir uns rechts halten. Wir gehen durch den **»Schafstall«**, Häuser für die Hofleute von Schloss Arenfels, darunter das malerische Fachwerkhaus »Belle ombre« (Schöner Schatten) aus dem 18. Jh.

An der folgenden Gabelung gehen wir auf einem alleeartigen Kiesweg links bergauf weiter. Auch an den beiden folgenden Gabelungen halten wir uns links. Uns begleitet nun oberhalb der Weinberge die Aussicht auf Schloss Arenfels. In den mit Schutzhütten gut versorgten Weinbergen gehen wir an einer Gabelung scharf rechts bergab weiter, noch einmal dem Schloss entgegen, um dann bei einer Gabelung scharf links abzubiegen. Bald führt uns der Weg wieder in Wald. Nach 500 m biegen wir scharf rechts ab und kommen hinunter nach **Bad Hönningen** (2.40 Std.). Eine Teerstraße bringt uns zu einer Gabelung, an der wir links bergab in der Straße »Am Paffelter« weitergehen. Der Waldbreitbacher Straße (L 257) folgen wir nach links, queren sie kurz vor dem

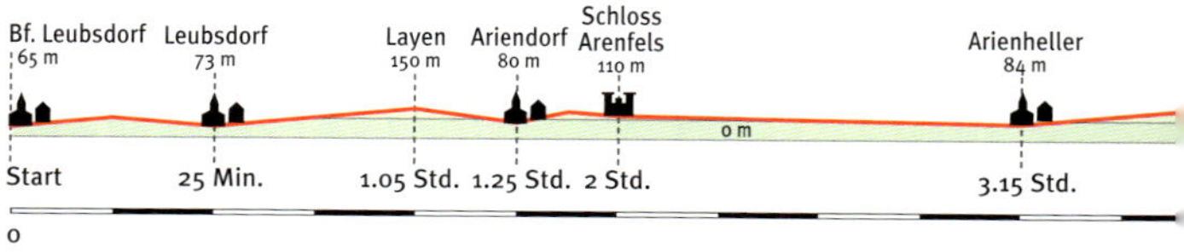

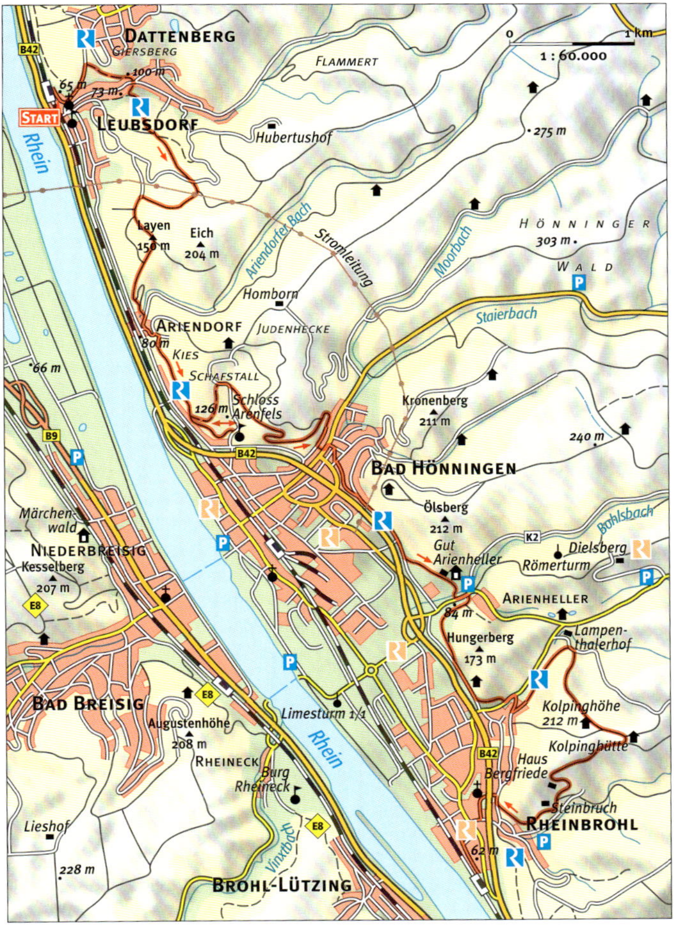

Mönchshof, einem Klosterhof des 18. Jh.s mit Kapelle, um in der Straße »Kronenborn« weiterzugehen. Auf einem Teerplatz gehen wir nach

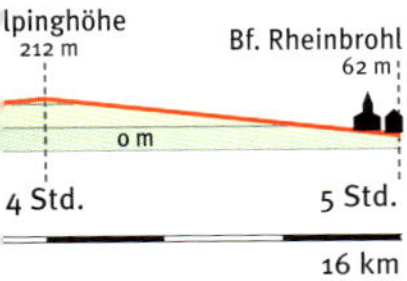

rechts in der »Hömshohl« weiter, links an zwei Trafo-Bauten vorbei.

Wir folgen dem Kapellenweg geradeaus, zunächst entlang einer Zufahrt zur Bundesstraße 42, dann an dieser entlang. Kurz hinter einer Unterführung gehen wir links über Stufen und einen Weg zur Straße »Am Oelsberg« und rechts Richtung Ortsausgang. Im Hang entdecken wir rechts einen Hinweis auf eine mit einer Stahlkuppel abgedichtete Kohlensäure-Mofette. 1883–93 hat man hier erstmals Kohlensäure gewonnen.

Nach 1 km gehen wir vor einer Brücke über die Bundesstraße 42 links hinauf und halten uns an der folgenden Gabelung bei einem Strommast geradeaus, ebenso bei der nächsten Gabelung. Auf offenem Feld folgen wir einem Querweg nach links bergauf. Wir nähern uns dem von Bäumen umgebenen Gut Arienheller; kurz davor gehen wir nach rechts, über den **Bahlsbach** hinweg zur Kreisstraße 2. Ihr folgen wir ein Stück nach links. Hier treten wir über den oberirdisch nicht sichtbaren Verlauf des Limes gleichsam ins Römische Reich ein.

Vor einem Heiligenhäuschen kurz vor **Arienheller** (3.15 Std.) geht es rechts weiter. Bald biegen wir wieder rechts ab und sind zwischen Weide und Wald unterwegs. Hinter einem **Trafohäuschen** am Ortsrand von Rheinbrohl gehen wir links bergauf weiter. Zwischen Gebüsch blicken wir voraus auf Rheinbrohl und über den Rhein auf Burg Rheineck. Wir passieren die **Adenauer-Hütte** und gehen dahinter geradeaus weiter. Ein Schotterweg führt uns wieder nach Rheinbrohl. Wir gehen im Lampentalsweg nach links, biegen nach 50 m rechts in die Delmontstraße ein und gehen nach 100 m links weiter; bald sind wir zwischen Weiden geradeaus weiter taleinwärts Richtung Lampenthaler Hof unterwegs. Kurz folgen wir einem Teerweg nach rechts, um nach einer Kurve rechts auf einem Wiesenweg Richtung Wald weiterzugehen. Auf einer Waldlichtung queren wir eine als Weide genutzte Streuobstwiese. Dahinter führt uns ein Waldweg zu einem Teerweg, vor dem es rechts zum Aussichtspunkt **Kolpinghöhe** geht (4 Std.).

Wir folgen dem Teerweg nach links. Nach 100 m gehen wir kurz vor der **Kolpinghütte** und einem **Wegekreuz** rechts auf einem Schotterweg weiter. An der nächsten Gabelung halten wir uns rechts und nach 100 m geradeaus, nun bergab. Den beiden nächsten Gabelungen folgen wir nach links. Auf gewundenem Pfad gelangen wir zum ehemaligen Gasthaus Bergfriede. Die Zufahrt bringt uns zu einer Felswand, bei der wir rechts auf einem Pfad durch einen alten Steinbruch weitergehen. Nach einer Kurve halten wir direkt auf die 1852–56 von Vincenz Statz erbaute neogotische **kath. Pfarrkirche** zu, deren achteckiger steiler Turmhelm das Ortsbild von **Rheinbrohl** prägt. Kurz vor der Kirche verlassen wir den Rheinsteig nach rechts, queren die B 42 und gehen nun an der dem hl. Suitbert (gest. 713) und der hl. Gertrud geweihten Kirche entlang.

Der Kirchstraße folgen wir nach links bis zum **Zehnthofplatz;** an dessen Ende nehmen wir die Kehrstraße nach rechts. Der nächsten Straße folgen wir nach links zur Hauptstraße und dem Römerplatz, dort nehmen wir die Kirchstraße und treffen auf das **Rathaus** und die **Gertrudenkapelle** mit dem spätromanischen Turm aus dem frühen 13. Jh. und einem Schiff aus dem 17. Jh. Hier biegen wir links ab und erreichen geradewegs den **Bahnhof Rheinbrohl** (5 Std.).

Auf dem Hammerstein

Von Rheinbrohl nach Leutesdorf

Hoch auf die Rheinbrohler Lay mit ihrem Ehrenmal, hinunter ins verträumte Hammerstein und hoch hinauf auf die tausendjährige Burgruine Hammerstein, die einst die Reichsinsignien barg, führt diese Wanderung durch eine von Weinbau und Streuobstwiesen geprägte Landschaft.

DIE WANDERUNG IN KÜRZE

+++ Anspruch

3.45 Std. Gehzeit

14 km Länge

Charakter: Starke Steigungen und offenes Gelände mit Weinbergen und Streuobstwiesen prägen diese Tour.

Wanderkarte: »Rheinsteig«. Topographische Freizeitkarte 1 : 50 000

Einkehrmöglichkeiten: Annahof; Naturfreundehaus (sonn- und feiertags, nur Getränke), Leyscher Hof (Leutesdorf)

Anfahrt: Mit der **Bahn** aus Richtung Koblenz oder Bonn bis Rheinbrohl; zurück ab Leutesdorf. Mit dem **Pkw** auf der B 42 bis Rheinbrohl; zurück mit der Bahn.

Vom **Bahnhof Rheinbrohl** nehmen wir, dem Rheinsteig-Zuweg folgend, nach links eine Treppe in die Hilgersstraße, der wir bis zum **Rathaus** und der **Gertrudenkapelle** folgen. Hier gehen wir die Kirchstraße hinauf, queren mit ihr Römerplatz und Hauptstraße und gehen rechts in der Kehrstraße weiter. Mit dieser unterqueren wir die Bundesstraße 42. Ab der Einmündung des Mühlenpfads sind wir wieder auf dem Rheinsteig unterwegs.

Kurz dahinter folgen wir dem Wegweiser zum Ehrenmal rechts in Windungen hinauf. Wir passieren den nächsten Abzweig zum Ehrenmal und biegen erst nach 500 m rechts ab. Hier finden wir noch eine erhöhte Basalt-Steinbank, die man früher zum Absetzen von Traglasten nutzte. Zwischen Wiesen und Gärten steigen wir hinauf bis zu einem Querweg, dem wir nach rechts folgen, um an der nächsten Gabelung links weiterzugehen.

Wir stehen nun vor dem 1930–33 erbauten **Ehrenmal** für die im Ersten Weltkrieg gefallenen 3540 Soldaten des Infanterie-Regiments von Horn (3. Rheinisches) Nr. 29. Die zentrale Kapelle birgt in einem Sarkophag das Goldene Buch mit den Namen der Gefallenen und ein Relief mit den apokalyptischen Reitern und einem Sämann, der die Friedenssaat sät.

Neben der Kapelle geht der RS über Stufen auf einem Pfad die **Rheinbrohler Lay** hinauf (30 Min.). Das Plateau auf schroffem Fels bietet uns einen weiten Blick am Rhein entlang: links bis zur Ruine Hammerstein, vor uns Brohl mit Schloss Augustaburg, rechts davon Burg Rheineck auf der Höhe und auf unserer Rheinseite rechts Schloss Arenfels.

An der Schutzhütte gehen wir zwischen Weiden auf einem Berggrat landeinwärts zum **Annahof.** Dessen Gelände queren wir, um dann rechts auf einem Feldweg bis zum Waldrand weiterzugehen, dem wir nach links folgen. Nach einer Weile gelangen wir in Serpentinen ins **Hammersteiner Bachtal** hinunter (1.10 Std.). Vorbei an Trockenmauerresten folgen wir dem Bach abwärts nach **Nieder-Hammerstein** (1.30 Std.). Vor der Kapelle biegen wir links ab. Nach 100 m gehen wir nach rechts zum Wingert, dann in Höhe eines Weinguts links auf einem Pfad zwischen den Rebstöcken weiter. Einem Querweg folgen wir nach rechts, um dann nach links am Rand des Wingerts weiterzugehen. Der Hammersteiner Wein wächst nach Aufgabe der meisten steilen Weinbergslagen vorwiegend hier im Tal.

Wir queren einen Teerweg, folgen dem Wingert bis zu einem Teerweg nach 500 m und gehen hier links. An der Kreuzung bei der Kapelle für die Gefallenen des Zweiten Weltkrieges wenden wir uns nach rechts nach **Ober-Hammerstein,** das seit dem 12. Jh. einen Königshof barg und 1337 sogar »Stadt« genannt wurde. Vor uns erhebt sich der Hammerstein mit der Burgruine. An einem **Marienbildstock** wenden wir uns zunächst nach rechts, um der Bundesstraße 42 nach links zu folgen. Hier erreichen wir den **Burgmannshof** aus dem 16. Jh., im 18. Jh. Zehnthof der Abtei Rommersdorf, und die um 1200 erbaute und 1686 um Seitenschiffe erweiterte **Pfarrkirche St. Georg,** deren Turm den Chorraum birgt.

Wir kehren zum Bildstock zurück und gehen den Burgweg hinauf, der im Wald als steiler Pfad durch alte Weinberge weiterläuft und sich dann als Wiesenweg fortsetzt. An einem **Bildstock** mit einem Gnadenstuhl als Bild der Dreifaltigkeit Gottes halten wir uns rechts. Kurz danach führt rechts ein Pfad zur **Burgruine Hammerstein** (2.20 Std.). Es lohnt sich, die Ruine mit den hohen, innen mit Basaltquadern verkleideten Mauerresten, Fundamenten in der Kernburg und einem Turmstumpf auf der Rheinseite zu erkunden. Kaiser Heinrich II. eroberte 1020 die um 1000 erbaute Burg, eine der ältesten am Mittelrhein. Die weitläufige Anlage barg 1105 und 1125 die Reichsinsignien, ehe sie auf den Trifels kamen.

Zum RS zurückgekehrt, folgen wir dem Schotterweg nach rechts bergab, vorbei an aufgelassenen Weinbergen. Rückblickend sehen wir die imposanten Ruinen der Burg. Im Tal halten wir uns an einer Gabelung links und gehen oberhalb der Wingerte und an einer Schutzhütte vorbei weiter. Über das Hammersteiner Werth blicken wir zur Burg Namedy

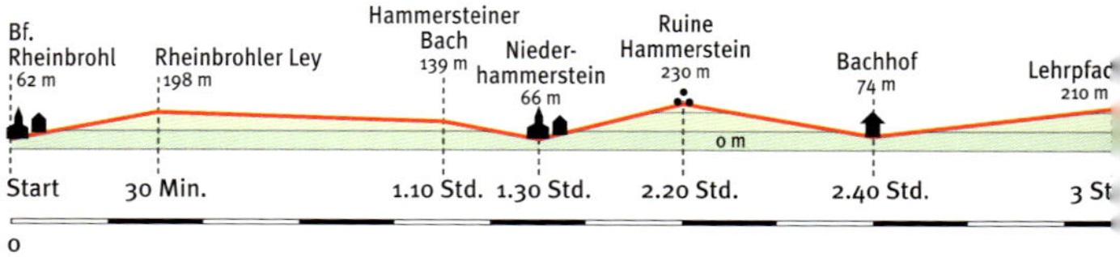

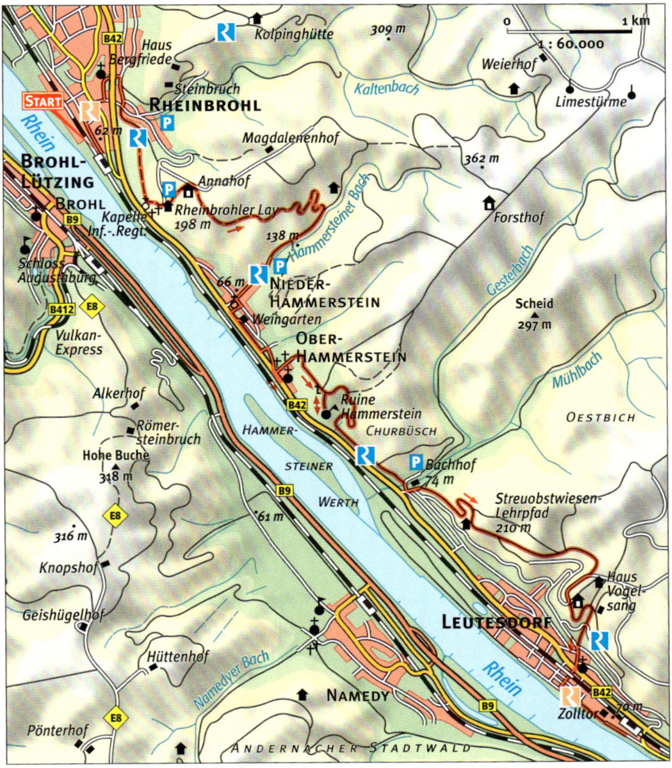

und nach Andernach. Am **Bachhof** (2.40 Std.) gehen wir an einer Kreuzung links weiter und halten uns dann bei einem Hubertus-Bildstock rechts. Nach 100 m geht es auf einem steilen gewundenen Pfad rechts hinauf, dann oberhalb der Wingerte weiter bis zu einem Teerweg, hier nach links bergauf. Nach einer großen Kurve gehen wir links auf einem Schotterweg weiter, der sich nach oben schraubt. Fast auf der Höhe angelangt, halten wir uns an einer Gabelung geradeaus. Nach 100 m passieren wir bei einer Schutzhütte ein Wildgatter. Wir überblicken von hier oben das von Wingerten umschlossene Leutesdorf von der Wallfahrtskirche bis zur erhöht stehenden Pfarrkirche.

Am Ende einer Streuobstwiese halten wir uns links und passieren den **Streuobstwiesen-Lehrpfad** (3 Std.). Der Obstanbau auf ca. 10 ha Fläche spielte in Leutesdorf wie in vielen anderen Rhein-Gemeinden ab dem späten 19. Jh. eine große Rolle, als der Weinbau zurückging. Viele alte Obstsorten werden auf den verbliebenen Streuobstwiesen bis heute gepflegt.

Nach Verlassen des Wildgatters gehen wir in ein Tal hinein, nach 100 m auf einem Schotterweg nach rechts bis zu einem Teerweg und hier nach links bergauf an einem Acker entlang. Vor einer Schutzhütte geht es nach rechts auf einem Wiesenweg weiter zum Naturschutzgebiet **Langenbergskopf.** Ein Waldpfad bringt uns bis zur Felskante. Rechts führt eine Alternativroute weiter. Wir gehen geradeaus zu einem steilen felsigen Pfad mit Drahtseilen zum **Naturfreundehaus.**

Über Treppen steigen wir weiter bergab bis zum Hohlbach. Der RS verläuft hier links hinauf; wir jedoch gehen rechts hinab Richtung Leutesdorf. Bald folgen wir einem Teerweg nach rechts. In einer Kurve gehen wir links auf einem Pfad weiter. Der steile Abstieg aus den aufgelassenen Weinbergen führt uns auf einen Teerweg. Am Ortsrand von **Leutesdorf** stoßen wir auf eine ehemalige **Umspannstation** für die Stromversorgung, ein technisches Baudenkmal der 1920er Jahre. Hier wenden wir uns links und gehen bis zur kath. **Pfarrkirche St. Laurentius** mit dem romanischen Turm (um 1200) und dem barocken Schiff (1728–30).

Wir queren die Bundesstraße 42, unterqueren die Bahnstrecke und gelangen geradeaus durch den Ortskern zum baumgesäumten Rheinufer, dem wir nach links folgen.

Hier begegnen uns die Renaissancefassade der **Zinn,** Wohnhaus kurtrierischer Zollbeamter und Wohnung des Trierer Kurfürsten bei Jagdaufenthalten, dann einige reich gestaltete Barockbauten. Der Schlussstein auf der Rückseite des **Zolltors,** eines 1542 erbauten Restes der Stadtmauer, zeigt den hl. Laurentius mit der Palme des Märtyrers.

Das 1690–92 errichtete **Zollhaus** am Zolltor war Rheinzollstation des Kurfürstentums Trier. Der Leysche Hof und zwei stattliche barocke Zöllnerhäuser erinnern ebenfalls an die kurfürstliche Zeit. Leutesdorf gehörte seit dem Mittelalter zum Erzstift Trier und wurde im 17. Jh. nach Aufgabe der Burg Hammerstein Sitz des kurtrierischen Amtes Hammerstein.

Das neoklassizistische villenartige **Bungert-Haus** erinnert an den Aufenthalt des Komponisten August Bungert (1846–1915) in Leutesdorf 1910/11. Gleich dahinter biegen wir links ab und erreichen den **Bahnhof Leutesdorf** mit dem spätklassizistischen ehemaligen Bahnhofsgebäude aus der frühen Zeit der rheinischen Eisenbahn (3.45 Std.).

Leutesdorf

Im Land der Grafen von Wied

Von Leutesdorf nach Rengsdorf

Der Rheinsteig wechselt hier von den Weinbergen des Rheins in die Wälder an der Wied. Durch viele Bachtäler und das Wiedtal geht es zur Stammburg der Grafen von Wied. Am Ende durchschreiten wir die mittelalterliche Landwehr »Römergraben« in Rengsdorf.

DIE WANDERUNG IN KÜRZE

+++ Anspruch

6.30 Std. Gehzeit

20 km Länge

Charakter: Steigungsreiche Wanderung, vorwiegend im Wald

Wanderkarte: »Rheinsteig«. Topographische Freizeitkarte 1 : 50 000

Einkehrmöglichkeiten: Altwied (Wiedischer Hof und Burgschänke); Restaurant Laubachsmühle (Wiedtal)

Anfahrt: Mit der **Bahn** aus Richtung Koblenz oder Bonn bis Leutesdorf; zurück mit dem **Bus** 101 von Rengsdorf zum Bahnhof Neuwied, von dort mit der Bahn. Mit dem **Pkw** auf der B 42 aus Richtung Bonn oder Koblenz bis Leutesdorf; zurück mit Bus und Bahn.

Aus dem **Bahnhof Leutesdorf** gehen wir zum Rheinufer und stromabwärts, vorbei am Bungert-Haus und den Zöllnerhäusern sowie durch das Zolltor, dahinter rechts in die Große Fährgasse und dann nach links in die Große Fischgasse bis zur Großen Pützgasse, der wir nach rechts bis zur Ölbergstraße folgen.

Wir verlassen den verwinkelten Ortskern mit seinen Fachwerkbauten aus dem 16./17. Jh. und gehen an der Bahnstrecke entlang nach rechts bis zur **St.-Laurentius-Brücke,** mit der wir die Bahnstrecke überqueren. Danach queren wir die Bundesstraße 42, gehen links an der **kath. Pfarrkirche St. Laurentius** vorbei die Kirchstraße hinauf und folgen dem Neuen Weg nach links bis zur alten Umspannstation. Hier gehen wir rechts hinauf in die Wingerte bis zu einem Teerweg und nach rechts bergauf. An einer Gabelung bei einem Strommast halten wir uns links. Der mit Gras bewachsene Weg gabelt sich nach 100 m; wir halten uns geradeaus bis zum Standort **Hohlbach,** an dem wir den Rheinsteig erreichen.

Wir gehen rechts auf einem steilen Pfad hinauf. Vor dem **Haus Vogelsang** wandern wir rechts oberhalb der **Wingerte** weiter und überblicken noch einmal Leutesdorf und bald auch Andernach. Nach 500 m gehen wir rechts einen steilen Pfad durch aufgelassene Wingerte und über Treppen und eine Rampe auf den Weinbergsmauern hinab bis zu einem Teerweg, dem wir nach links folgen. Schon bald gehen wir auf einem Pfad weiter bergab zu einem anderen Teerweg, dem wir auch nach links durch noch bestockte Wingerte folgen. An der Gabelung des Teerwegs halten wir uns links bergauf. Bald führt uns die Rampe einer Weinbergsmauer zu einem steil ansteigenden Pfad durch brachliegende Wingerte hinauf.

Hinter einer **Schutzhütte** mit Blick auf Andernach halten wir uns geradeaus und gehen bald rechts an Trockenmauern vorbei in eine Senke hinunter, dann gleich wieder bergauf. Ein grasbewachsener Weg führt uns nahe der Kante des Plateaus um eine Brachfläche herum und vollzieht eine Kurve vom Rhein weg zum Neuwieder Becken. An einer Gabelung gehen wir rechts über Weinbergsstufen und einen Pfad hinunter durch eine Senke und zwischen umzäunten Grundstücken hindurch, nach 100 m an einer Gabelung geradeaus weiter, auch an einem Aussichtspunkt mit Bänken vorbei. Über eine Wiesenfläche kommen wir zu einer **gemauerten Schutzhütte,** bei der wir nach rechts weitergehen.

Wir durchschreiten eine Senke, passieren eine weitere Schutzhütte und erreichen **Gönnersdorf** (1.35 Std.). Auf der Höhe fand man Behausungen von Jägern, die hier in der Eiszeit um 15 000 v. Chr. lebten. Von großer Bedeutung ist der Fund in Schieferplatten eingeritzter Menschen- und Tierbilder.

Wir gehen durch die Rheinheldestraße, queren die Straße »Im Felster« und sind nach einer Kreuzung in der Laygasse unterwegs. Von ihr geht es links in die Bormark hinauf, am Abzweig nach Hüllenberg vorbei und in einer geteerten Gasse bergab bis zum Burweg, dem wir nach links hinauf folgen, um gleich wieder rechts abzubiegen. Wir queren dann die Hüllenberger Straße und folgen der Wolfgang-Borchert-Straße hinauf. In einer Linkskurve führt uns ein Teerweg aus dem Ort, dann gelangen wir in den Wald hinauf.

Auf der von Äckern und Streuobstwiesen geprägten Höhe passieren wir eine **Schutzhütte.** An den beiden nächsten Gabelungen gehen wir geradeaus, den Abzweig in der nächsten Kurve ignorieren wir. Wir gehen in den Wald, am Abzweig nach Wollendorf nahe dem **Senselbach** vorbei (2.10 Std.) und nun bergauf. Von einer **Lichtung** überblicken wir das Neuwieder Becken mit Neuwied im Mittelpunkt und dem im Rückbau befindlichen Kernkraftwerk Mülheim-Kärlich. Einer Teerstraße etwa 200 m nach der Lichtung folgen wir nach rechts. Wir gehen nun ein Stück auf dem **Limeswanderweg;** der hier oberirdisch nicht erkennbare Limes verlief links des Weges. Am Waldrand gabelt sich der Weg bei einer Schutzhütte. Wir gehen links zwischen Äckern weiter Richtung Rodenbach, vorbei an einem **Gedenkkreuz** für einen Jagdhüter, der 1957 hier ums Leben kam.

Bei einer Rechtskurve des Teerwegs nach 1 km gehen wir am Abzweig nach Irlich links auf einem

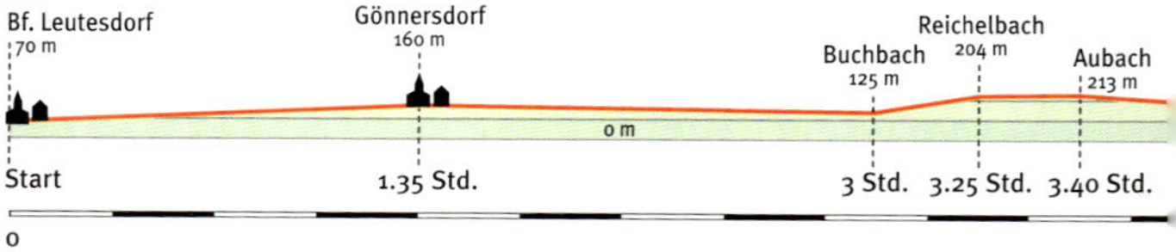

grasbewachsenen Weg in den Wald hinunter. Am **Buchbach** treffen wir auf das Denkmal für die im Zweiten Weltkrieg Gefallenen des Burschenvereins 1835 in Rodenbach (3 Std.). Hier gehen wir auf einem Pfad über den Bach und auf dem breiteren Weg in ein Tälchen hinein. In der folgenden Kurve dieses Weges halten wir uns geradeaus. Kurz vor einem Hohlweg gehen wir rechts weiter und dann an einer Streuobstwiese entlang bergauf. Bei zwei alten **Esskastanien** stoßen wir auf einen Querweg, dem wir kurz nach rechts folgen, um sogleich nach links auf einem Schotterweg bergauf weiterzugehen.

Am Waldrand halten wir uns bei einer Stromleitung rechts, dann an einer weiteren Gabelung an einer Schutzhütte geradeaus in den Wald hinein. Wir folgen dem **Reichelbach** (3.25 Std.); nach etwa 500 m queren wir ihn, um zum Waldrand hinaufzugehen, dem wir nach rechts folgen. Kurz vor dem **Ludwigshof** gehen wir nach links weiter und schon bald wieder nach rechts in den Wald hinunter. Wir queren den **Aubach** (3.40 Std.). Hinter ihm geht es links zum 1,4 km entfernten Schloss Monrepos mit dem frühgeschichtlichen Museum. Wir gehen rechts weiter und nehmen nach wenigen Metern den steilen Pfad hinauf. Wir queren noch ein Tälchen im Wald. An einer **Schutzhütte** hinter einer kleinen Lichtung halten wir uns geradeaus, um bald auf einer Streuobstwiese zur Kreisstraße 110 weiterzugehen.

Wir queren sie und gehen am Segendorfer **Grillplatz** am Waldrand entlang bergab, nach 200 m bei einem Strommast links weiter, hinter einem Abladeplatz für Aushub rechts auf einem grasbewachsenen Weg an einer Stromleitung entlang hinunter bis zu einem quer verlaufenden Schotterweg, dort nach links. Kurz hinter einer alten Eiche bringt uns ein grasbewachsener Weg rechts bergab weiter. Es geht dann ein kurzes Stück nach links und bei einem umzäunten Gelände gleich rechts bergab weiter bis zu einem Querweg bei Weiden, Streuobstwiesen und zwei alten Eichen, dem wir nach links bergab folgen. Nach 100 m passieren wir den

Burgruine Altwied

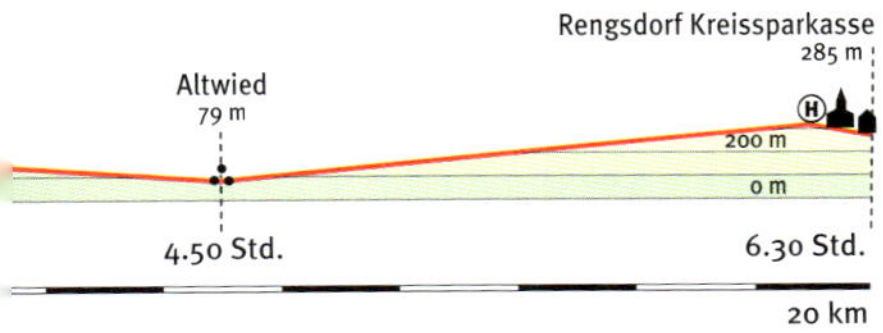

Abzweig nach Niederbieber und gehen an der nächsten Gabelung links weiter. Wir verlassen kurz den Wald und treffen dann auf das Tal des Moorbachs, vor dem wir nach links weitergehen, um es bald zu queren; dahinter rechts weiter, an der folgenden Gabelung geradeaus. Unter uns sehen wir erstmals die Wied.

In **Altwied** (4.50 Std.) gehen wir an einer Gabelung links weiter, über die Wied und nach links die Landesstraße 225 hinauf zur **Burgruine Altwied.** Sie wendet uns ihre Schildmauer und den im 13. Jh. erbauten Bergfried zu. Die vor 1129 erbaute Burg ist die Stammburg der Grafen von Wied. Altwied heißt sie, seit sie aufgegeben und 1653 Neuwied am Rhein als neues Zentrum der Herrschaft gegründet wurde. Eine Besichtigung ist nicht möglich.

Wir folgen der Landesstraße 225 weiter aufwärts und wenden uns hinter dem **Friedhof** nach rechts. Nach 20 m queren wir die Straße und steigen links auf einem felsigen Pfad hinauf. An einem Rastplatz geht es rechts und an der folgenden Gabelung links weiter. Im Hang des Wiedtales sind wir auf einem naturbelassenen Pfad unterwegs. Kurz nach einer markanten **Eiche** halten wir uns links bergab. Hinter einem Rastplatz führt uns der breitere rechte Weg wieder bergauf. An einer platzartigen Kreuzung bei einer Schutzhütte gehen wir halblinks in einem Hohlpfad bergab bis zu einem Schotterweg; hier nach rechts, vorbei an der **Laubachsmühle** und über den **Laubach,** dem wir nach rechts bergauf folgen. Nach 800 m vollziehen wir eine scharfe Linkskurve. Vor einer Schutzhütte mit Wiedblick biegen wir scharf rechts ab und gehen weiter in das Tal des tief unter uns fließenden Laubachs hinein. Nach 1 km wenden wir

uns bei der Schutzhütte am Ladeplatz nach rechts und queren den Laubach; dahinter 50 m lang links weiter, an der Gabelung rechts. Ein steiler Pfad führt uns bergauf. Auf der Kreuzung auf der Höhe geht es rechts weiter.

Am Waldsaum mit Blick ins Neuwieder Becken entlang und an einer Schutzhütte vorbei nähern wir uns dem 857 erstmals erwähnten

Rengsdorf. An einer Gabelung gehen wir nach links in den Wald zurück, dort bei den beiden nächsten Gabelungen jeweils nach rechts. Nach wenigen Metern queren wir nahe den Tennisplätzen eine Kreuzung geradeaus. Wir queren eine Straße und gehen nun auf einem Schotterweg durch den **Römergraben,** eine wohl schon in fränkischer Zeit (etwa 7. Jh.) angelegte Landwehr aus zwei Wällen und Graben (6.20 Std.). Der vordere Wall trug ein »Gebück«, eine dichte Dornenhecke; der Graben diente als Streifenweg. Die Straße »Römergraben« führt uns zur Westerwaldstraße (B 256). Hier verlassen wir den Rheinsteig und folgen der Straße abwärts bis zur **Haltestelle »Kreissparkasse«** an der Schillerstraße (6.30 Std.), von wo der Bus nach Neuwied fährt.

Tour 8

Mönche, Falter, Eisenkunst

Von Rengsdorf nach Bendorf-Sayn

Vom Rand des Westerwaldes aus durchmisst die Tour die rheinische Geschichte vom Limes über die Abtei Rommersdorf und Burg Sayn bis zum neogotischen Schloss Sayn und der Sayner Eisenhütte, deren Erzeugnisse mit exotischen Schmetterlingen konkurrieren.

DIE WANDERUNG IN KÜRZE

+++
Anspruch

6.30 Std.
Gehzeit

23 km
Länge

Charakter: : Steigungsreiche lange Wanderung, vorwiegend im Wald

Wanderkarte: »Rheinsteig«. Topographische Freizeitkarte 1 : 50 000

Einkehrmöglichkeiten: Aubachtal (Restaurant »Zum Schwanenteich«); Schloss und Burg Sayn

Anfahrt: Mit der **Bahn** aus Richtung Koblenz oder Bonn bis Neuwied, ab da mit **Bus**linie 101 Richtung Horhausen bis Rengsdorf (Kreissparkasse); zurück mit **Bus**linie 8 von Schloss Sayn nach Koblenz Hbf.

Öffnungszeiten: Abtei Rommersdorf Ostern bis Allerheiligen sonn- und feiertags 13–18 Uhr; **Garten der Schmetterlinge** März–Sept. tgl. 9–18, Okt. 10–17, Nov. 10–16 Uhr; **Rheinisches Eisenkunstguss-Museum** März–Sept. tgl. 10–18, Okt. 10–17, Nov. 11–16 Uhr.

Von der **Bushaltestelle »Kreissparkasse«** in Rengsdorf gehen wir zur Westerwaldstraße (B 256) vor und folgen ihr nach links, um am »Römergraben« den Rheinsteig aufzunehmen. Wir queren die Westerwaldstraße Richtung Wald und biegen links in die Luisenstraße ein. Von dort gehen wir auf einem grasbewachsenen Weg nach links in den Stadtpark, um den zweiten Pfad rechts bergab zu benutzen. An der übernächsten Kreuzung gehen wir nach rechts und queren ein kleines Bachbett. An den beiden folgenden Kreuzungen halten wir uns geradeaus und stoßen bald auf die neobarocke **kath. Pfarrkirche,** vor der wir links weitergehen.

Am Ende eines **Parkplatzes** führt uns halbrechts ein Waldpfad bergab, den wir nach 50 m nach rechts ver-

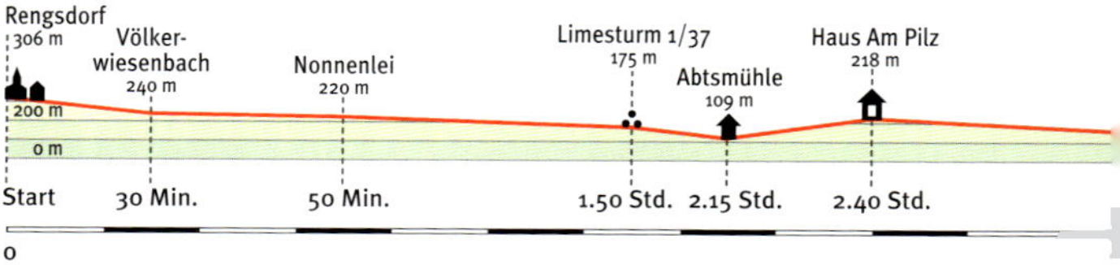

lassen. An der Gabelung nach weiteren 50 m halten wir uns scharf links, an der folgenden Gabelung rechts bis zu einem Schotterweg; hier nach rechts und sofort scharf links. Im Tal queren wir den **Völkerwiesenbach** über eine Holzbrücke (30 Min.), hinter der es rechts zwischen Bach und Feuchtbiotop weitergeht. In Höhe einer Brücke wenden wir uns auf einem Teerweg nach links und kommen am Waldrand entlang am Freibad vorbei zur Kläranlage. An deren Zaun gehen wir nach links bachabwärts weiter, bis wir den Bach über einen Holzsteg queren. Dahinter führt uns ein Pfad nach rechts bergauf.

Auf der Höhe erreichen wir die Kreuzung am Gebück und wenden uns nach links. Bei der Schutzhütte auf der **Nonnenlei** (50 Min.), deren Fels hoch über den Engelsbach aufragt, halten wir uns geradeaus. Nach 500 m wird unser Waldpfad zum Schotterweg. Bei der nächsten Gabelung halten wir uns geradeaus bergauf. An der folgenden Gabelung ist der Rheinsteig wegen Windbruchs provisorisch umgelegt und nutzt eine reizvolle Alternative. Wir gehen geradeaus und folgen bald dem Waldrand bis zu einem Querweg, der uns nach rechts führt. Bei einer stattlichen alten **Eiche** auf einer Streuobstwiese wenden wir uns nach links und lassen den Blick bald ins Neuwieder Becken schweifen.

Nach 300 m gehen wir bei einem **Hochsitz** nach links in den Wald, in dem wir uns zuerst rechts halten. Einem Querweg folgen wir dann nach rechts; hier endet die Wegalternative. Nahe der **Jonas-Hütte** halten wir uns geradeaus. An der nächsten Kreuzung gehen wir auf einem Pfad geradeaus weiter und passieren den Abzweig »Hainenbirken« nach Melsbach. Bei der Gabelung nach 50 m halten wir uns links. Wir folgen diesem anfangs ansteigenden Weg konsequent geradeaus.

An der nächsten Gabelung nahe Oberbieber geht der RS links weiter. Zuvor lohnt sich aber ein **Abstecher** rechts hinauf. Links am Weg verweist ein Schild auf Reste des obergermanischen Limes, der das Römische Reich begrenzte. Dahinter liegt rechts am Weg der Schutthügel des steinernen **Limes-Wachtpostens 1/37,** der im 2. Jh. einen hölzernen Turm ablöste (1.50 Std.). Er überwachte das Aubachtal. 30 m weiter finden wir auf dem **Wingertsberg** eine (nicht ganz zutreffende) Rekonstruktion dieses Turms von 1970.

Wir gehen zum Rheinsteig zurück und nach rechts zu einem **Parkplatz** hinunter, ab dem wir auf einem Pfad nach links ins Aubachtal hinuntersteigen. Wir queren eine Teerstraße und gehen halbrechts auf einem Schotterweg weiter. Beim Restaurant »Zum Schwanenteich« queren wir den **Aubach** und wandern nun bachabwärts weiter, vorbei an den Pferdestallungen und Reitplätzen der **Abtsmühle** (2.15 Std.), wo wir den Limes-Verlauf noch einmal kreu-

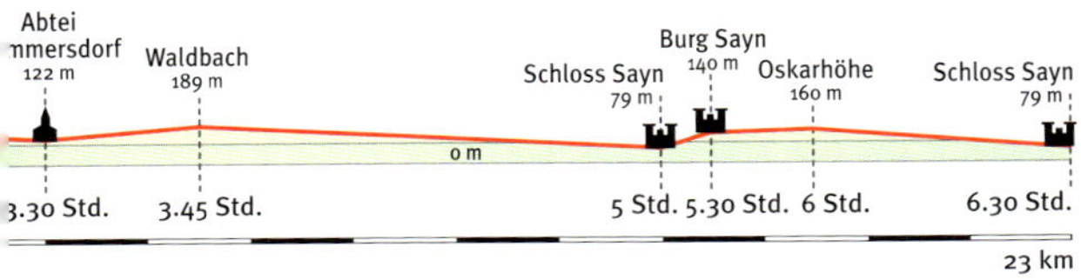

zen. Links von uns stand oben im Hang Wachtposten 1/37 a.

Am Ende des Turnierplatzes geht es links auf einem steilen Waldpfad hinauf. Auf der Höhe folgen wir einem Querweg nach links; bei einer Schutzhütte wieder links weiter. Bei der Kreuzung an einer Wiese gehen wir nahe dem Waldrand geradeaus unter einer Stromleitung hindurch und zum Weiler **Alteck.** Hier folgen wir bald einem Teerweg und dann einem querverlaufenden Weg nach rechts. Die stark befahrene Landesstraße 258 wird mit größter Vorsicht gequert.

Wir kommen dann nach rechts zum **Haus Am Pilz** (2.40 Std.), nehmen hinter dem Parkplatz den linken Weg, biegen bald rechts ab und gehen an einem Teich ebenfalls rechts weiter. Am Abzweig nach Gladbach vorbei kommen wir auf einem steilen Pfad hinauf bis zu einem Schotterweg, dem wir nach rechts folgen. Wir queren den **Schersgrund** und passieren einen Teich. Während der Rheinsteig links weitergeht, nehmen wir den Zubringer rechts zur 1,3 km entfernten Abtei Rommersdorf.

Bei einer Streuobstwiese folgen wir einem Querweg nach rechts. Über die Äcker sehen wir schon die Abtei vor uns, deren Wirtschaftshof noch heute in Betrieb ist. Wir gehen zunächst an der Umfriedung vorbei und danach links bis zum Parkplatz der **Abtei Rommersdorf** (3.30 Std.).

Nach Passieren des englischen Landschaftsparks überrascht uns der prächtige und zugleich malerische Hof der Abtei. Von 1135 bis 1803 lebten hier Prämonstratenser. Eine Stiftung restauriert ihr Erbe seit 1976. Links lädt ein Barockgarten zum Verweilen ein. Voraus liegen die Wirtschaftsgebäude und rechts befinden sich das Abtshaus mit der

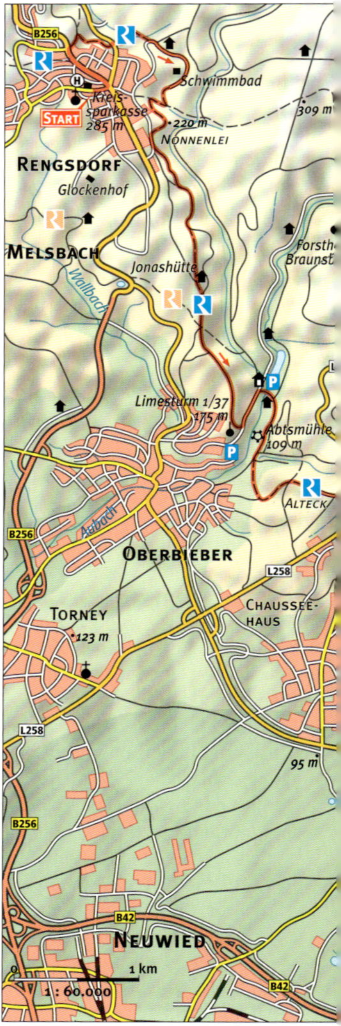

krönenden Statue des Ordensgründers Norbert von Xanten und Konventsgebäude aus dem 18. Jh. nebst der im 12. Jh. begonnenen, in Gotik und Barock veränderten Kirche.

Nach Rückkehr zum Parkplatz gehen wir über diesen weiter und fol-

gen einem Pfad zur Straße »Am Königsgericht«; hier nach links bis zur Wohnstraße »Oberer Markenweg« und diese aufwärts, am Ende in der Burghofstraße in den Wald. An einem Steg über den **Waldbach** (3.45 Std.) treffen wir den Rheinsteig wieder. An der folgenden Gabelung führt uns ein Teerweg rechts hinauf; nach 200 m verlassen wir ihn nach rechts auf den »Vogelspfad«. An einer Gabelung gehen wir geradeaus, an der nächsten dann rechts zu einem Schotterweg hinab und hier nach links. Am **Zoo Neuwied** entlang kommen wir bis zu einer kleinen Ansiedlung, in der wir uns links halten.

An der folgenden Gabelung halten wir uns rechts in den Wald hinauf. An zwei alten Eichen gehen wir nach 500 m rechts weiter, an einer Schutzhütte vorbei, am Abzweig »Morgen« rechts bergab auf einem Pfad, den bei einem **Wasserbehälter** ein Schotterweg ablöst. 100 m weiter halten wir uns an einer Gabelung rechts. Mitten auf einer Lichtung führt uns bald ein Weg links weiter. Nach ein paar Windungen folgen wir ab einer Kurve einem schmalen Pfad in Serpentinen bergab; bei zwei älteren Eichen wenden wir uns links und erreichen bald **Bendorf-Sayn.** Zwischen den ersten Häusern treten wir auf die Koblenz–Olper Straße. 150 m weiter links befindet sich die Sayner Hütte mit der aus Gusseisen und Glas erbauten Gießhalle (1828–30). Hier wurden im 19. Jh. Geschützrohre für die Festung Koblenz ebenso wie feiner Kunstguss gefertigt.

Wir folgen der Straße nach rechts, vorbei an dem spätklassizistischen Bruchsteinbau des ehemaligen Kruppschen Erholungsheimes, bis zum **Garten der Schmetterlinge.** Die zarten Tiere kontrastieren mit dem spröden und doch oft filigran verarbeiteten Sayner Gusseisen.

Durch den Schlosspark gelangen wir vor das wiederaufgebaute **Schloss Sayn** der Fürsten von Sayn-Wittgenstein-Sayn (5 Std.). Alphonse Girard verwandelte 1848–50 ein mittelalterliches Burgmannenhaus in das neogotische Schloss. Nach schwerer Kriegszerstörung wiederhergestellt, bildet es mit dem alten Stadtturm und der darüberliegenden Ruine von Burg Sayn ein reizvolles Ensemble. Im Schloss hält das **Rheinische Eisenkunstguss-Museum** die Sayner Hütte und ihre Produkte lebendig.

An der Bushaltestelle vor dem Schloss könnte unsere Tour jetzt schon enden. Wir wandern aber etwas weiter: Links am Schloss vorbei steigen wir zur **Burg Sayn** hinauf (5.30 Std.). Dabei passieren wir zwei Burgmannenhäuser, den Steinschen Sitz und das Reiffenbergsche Burghaus (heute Falknerei). Die Burgruine selbst liegt auf einem Plateau, dessen Pole die Ruine der Kapelle (um 1200) und die Kernburg mit Schildmauer und Bergfried bilden.

Aus der Kernburg gehen wir links herum zur Zufahrtsstraße und diese hinauf. Kurz vor der Landesstraße 306 nehmen wir rechts einen Waldpfad hinauf. An einer Gabelung nach 300 m geht es rechts weiter. Wenig später folgen wir einem quer verlaufenden Schotterweg nach rechts, um an der nächsten Wegegabelung wieder scharf rechts weiterzugehen. Von der Schutzhütte auf der **Oskarhöhe** (6 Std.) blicken wir ins Brexbachtal und auf die Abtei Sayn. Der Rheinsteig läuft vor der Hütte links steil und windungsreich bergab.

Im **Brexbachtal** nehmen wir nahe dem Denkmal am Pfadfinder-Zeltplatz den Teerweg nach rechts und unterqueren einen **Viadukt** der ehemaligen Brexbachtalbahn. Der Rheinsteig geht dahinter über einen Steg und einen Querweg hinweg hinauf. Auf einem Schotterweg angelangt, verlassen wir ihn und gehen rechts weiter, vorbei an einem Schießstand und unter einem weiteren Viadukt hindurch. Nahe der **Abtei Sayn** (s. Tour 9) queren wir den Brexbach. Bei einem gusseisernen **Brunnen** aus der Sayner Hütte (Mitte 19. Jh.) biegen wir rechts in die Abteistraße, die uns zum **Schloss Sayn** zurückbringt (6.30 Std.).

Kyrie eleison und Waffenklang

Von der Abtei Sayn zur Feste Ehrenbreitstein
Mit der Abtei Sayn und Vallendar nimmt diese Tour einen frommen Einstieg, nach vielen Panoramablicken ins Koblenz-Neuwieder Becken endet sie martialisch auf der preußischen Feste Ehrenbreitstein, die von ihrem Felsen weithin die Landschaft beherrscht.

DIE WANDERUNG IN KÜRZE

++
Anspruch

6 Std.
Gehzeit

20 km
Länge

Charakter: Steigungsreiche Tour im Wechsel von Wald und Feld

Wanderkarte: »Rheinsteig«. Topographische Freizeitkarte 1 : 50 000

Einkehrmöglichkeiten: Meisenhof, Wüstenhof, Feste Ehrenbreitstein

Anfahrt: Mit **Bus**linie 8 von Koblenz Hbf bis Schloss Sayn; zurück mit Linie 8 ab Ehrenbreitstein Bahnhof. Mit dem **Pkw** auf der B 42 bis Bendorf-Sayn; zurück mit Buslinie 8 von Ehrenbreitstein Bahnhof nach Schloss Sayn.

Öffnungszeiten: Feste Ehrenbreitstein ganzjährig offen (Eintrittsgebühr!); **Landesmuseum** Mitte März–Mitte Nov. 9–17, Besucherdienst (Führungen) 10–17 Uhr

Das neogotische **Schloss Sayn** (s. Tour 8) ist der glanzvolle Anfangspunkt der Wanderung. Wir passieren den Stadttorturm und folgen dem Rheinburgen-Wanderweg durch die Abteistraße, zunächst vorbei an der 1861–63 erbauten Schlosskapelle, die eine Armreliquie der hl. Elisabeth von Thüringen birgt. In **Alt-Sayn** passieren wir ein Missionskreuz von 1783 neben einer Kapelle. Bei einem guss-eisernen Brunnen aus der Sayner Hütte (Mitte 19. Jh.) halten wir uns geradeaus, bis wir über eine Steinbrücke zur **Abtei Sayn** gelangen.

Von dem 1202 bis 1803 in der Abgeschiedenheit des Brexbachtals bestehenden **Prämonstratenserkloster St. Maria und Johannes Ev.** sind Gebäude des 17./18. Jh.s und die heutige Pfarrkirche erhalten. Diese besteht aus spätromanischem Schiff, spätgotischem Chor und barockem Turm. An ihrer Außenseite und im Kreuzgangrest mit seinem spätromanischen Brunnen (um 1230) sind Teile der Ausmalung des 13. Jh.s freigelegt. Das bedeutende Grabmal des Stifters Graf Heinrich III. von Sayn (um 1247) ist hier als Kopie mit rekonstruierter Farbfassung zu sehen. Die Reliquie des Apostels Simon im Chor (Reliquiar um 1220/30) war über Jahrhunderte das Ziel von Pilgern. Heute zieht die Stumm-Orgel von 1778 viele Konzertbesucher an.

Aus der Kirche gehen wir nach rechts weiter, am **Friedhof** vorbei, auf dessen altem Teil neben den für die Region typischen Basaltkreuzen auch Sayner Gusseisenkreuze zu sehen sind. Nach rechts geht es im tiefen

Brexbachtal mit seinem eindrucksvollen Hochwald weiter, unter einem Viadukt der Brexbachtalbahn hindurch und am Schützenhaus vorbei. Nach 1,3 km sanftem Aufstieg sind wir in einer Kurve wieder auf dem Rheinsteig, dem wir scharf rechts folgen. Ein schmaler Waldpfad führt uns in Windungen hinauf, über einen Schotterweg hinweg und an der überwölbten Löschke-Ruhe von 1913 vorbei auf den **Pulverberg** (55 Min.). Hier ist ein Stück Limes mit Palisade, Graben und Wall und dem **Wachtposten 1/54** rekonstruiert. Der 1912 neu errichtete Turm entspricht wie jener auf dem Wingertsberg (s. Tour 8) nicht dem aktuellen Forschungsstand, gibt aber einen guten Eindruck von der Überwachung der Landschaft am Rand des Römischen Reiches.

Am Turm vorbei gehen wir in den Hochwald hinein und halten uns bei einer Gabelung geradeaus bis zu einem Acker, an diesem entlang nach rechts bis zu einem Teerweg, dem wir nach rechts folgen, am **Meisenhof** vorbei wieder in den Wald. Hier halten wir uns bei einer Gabelung links; bei der nächsten gehen wir nach rechts und queren offenes Feld mit einem Panoramablick auf das Koblenz-Neuwieder Becken. Am Rand der Felder gehen wir links an einem Schuppen vorbei und biegen vor einer Schutzhütte links ab. Ein Waldpfad führt uns bergab; nach 200 m und auch bei der folgenden Gabelung wenden wir uns nach links. Im Tal umrunden wir das Gussie-Adenauer-Haus des ehemaligen Mütterkurheimes, heute Hotel Bellevue, am Rand von **Bendorf,** um der Straße »Im Wenigerbachtal« talwärts und dann der Mühlenstraße nach links bergauf zu folgen, bis uns rechts ein grasbewachsener Pfad zwischen Garagen zu einem steilen Waldpfad führt. Oben angelangt, kommen wir nach links an einem alten Hohlweg am **Galgenberg** vorbei (1.50 Std.) und bewegen uns dann geradeaus am Rand einer weiten Ackerfläche; an einer Gabelung gehen wir nach rechts in sie hinein.

Nach Querung der Landesstraße 307 wandern wir links versetzt auf einem Schotterweg weiter. Nach 300 m biegen wir rechts ab zu den Gehöften; dort links weiter. Mit Querung der Kreisstraße 81 und Unterquerung der A 48 verlassen wir die Äcker und sind bald zwischen Streuobstwiesen und Waldstücken unterwegs. Nach 200 m halten wir uns rechts. Dem Teerweg folgt eine gemächliche RBW-Alternative zum Wüstenhof. Wir nehmen aber den reizvolleren Weg, der nach 300 m rechts abzweigt, und gehen an der folgenden Gabelung rechts weiter, um der von Bäumen gesäumten **Meerbach** zu folgen.

Die **Schnatzenmühle** umgehen wir rechts herum und queren dahinter das Tal, um auf der anderen Seite nach rechts zum **Wüstenhof** hinaufzusteigen (2.45 Std.). Unser Blick geht von hier südwärts nach Koblenz, wo wir hoch über dem Rhein unser

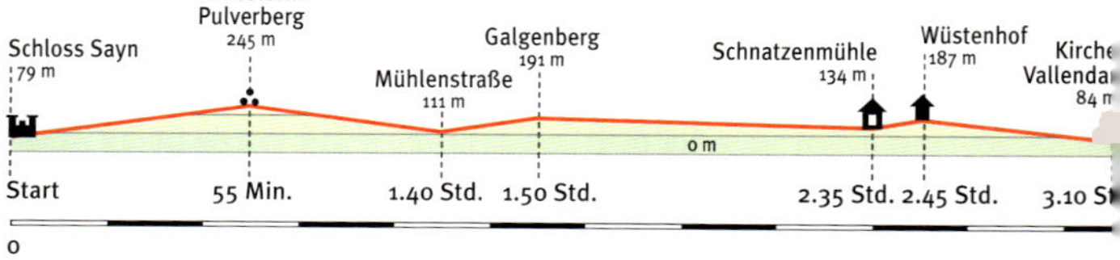

Ziel, die Feste Ehrenbreitstein, ausmachen. Am Ende des Hofes erinnert ein **Denkmal** an Goethes Besuch am 18. Juli 1774 bei der Familie d'Ester in Vallendar, der damals der Wüstenhof gehörte.

Am Denkmal kommen wir rechts vorbei zu einem Waldpfad nach **Vallendar.** Am Ortsrand gehen wir rechts hinunter zur **Meerbach** und folgen ihr in den Ort, bis wir nach links in den von Bäumen und Wasserlauf gesäumten Weg »Obere Meerbach« einbiegen. Er führt uns zur Kirchstraße, mit der wir an der **kath. Pfarrkirche St. Petrus und Marcellinus** entlanggehen (3.10 Std.). Diese 1837–41 von Johann Claudius von Lassaulx an einen spätgotischen Turm angeschlossene Hallenkirche mit der lebendig gegliederten Steinfassade empfängt uns mit festlicher Weite. Zum Inventar gehören eine in Koblenz geschnitzte Muttergottes des 16. Jh.s und spätgotische Altarbilder eines Kölner Meisters.

Die Kirchstraße bringt uns zum Rathausplatz, auf dem wir uns nach links wenden, bis uns die Eulerstraße nach rechts führt. Wir begegnen im Ort einigen verzierten Fachwerkhäusern des 17. Jh.s. Vorbei am **Rathaus,** 1844/45 als Schule erbaut, kommen wir in die Bachstraße. Am Haus »Auf 'm Nippes« queren wir den **Ferbach** und folgen der Westerwaldstraße nach links. Bei der Stadthalle queren wir sie, um im Gilgenborn weiterzugehen.

Nach 200 m folgen wir dem Weg rechts hinauf Richtung Vogelsang. Bald sind wir im Hang weiter ins Ferbachtal unterwegs. Wir sehen im Tal **Schönstatt** mit dem letzten Turm der um 1220 vollendeten Augustinerinnenkirche. Rechts passieren wir die **Philosophisch-theologische Hochschule** der Pallottiner, ab der es wieder ins Tal hinuntergeht. Ehe wir die Mauerpforte durchschreiten und uns nach rechts ins Wambachtal wenden, empfiehlt sich ein Gang zum »Urheiligtum«, der Marienkapelle, von der die von Pater Josef Kentenich gegründete Schönstatt-Bewegung 1926 ihren Anfang nahm.

Im **Wambachtal** beginnen wir den Anmarsch auf die Feste Ehrenbreitstein, deren kurfürstlich-trierischer Vorgänger bei den vier Belagerungen durch Frankreich 1795–99 auch aus Richtung Vallendar angegangen wurde. Wir folgen dem Teerweg zum Wald, dort vorbei am **Bischofsbour,** einer Quelle, die entstanden sein soll, als ein Bischof hier Gott fluchte und prompt im Boden versank.

Dahinter wenden wir uns rechts hinauf bis zum Freibad in **Mallendarer Berg,** das wir linksherum umgehen (4.05 Std.). Hinter einer Tennisanlage wenden wir uns nach rechts und gehen dann am dicht bewaldeten Gelände des Berufsförderungswerkes entlang. Voraus sehen wir über den Feldern bereits jenseits des Mallendarer Bachtals die langgezogene ehemalige **Fritsch-Kaserne** in

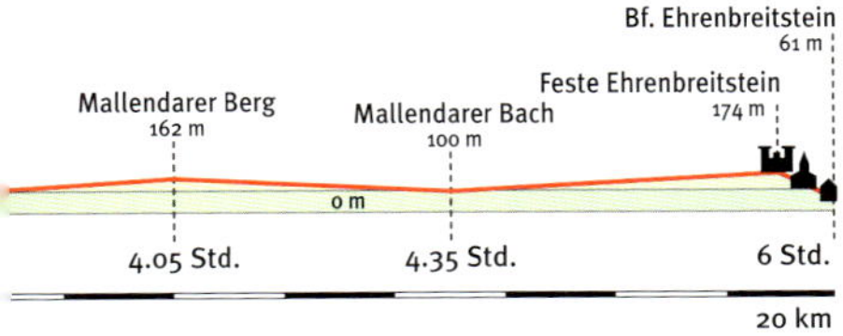

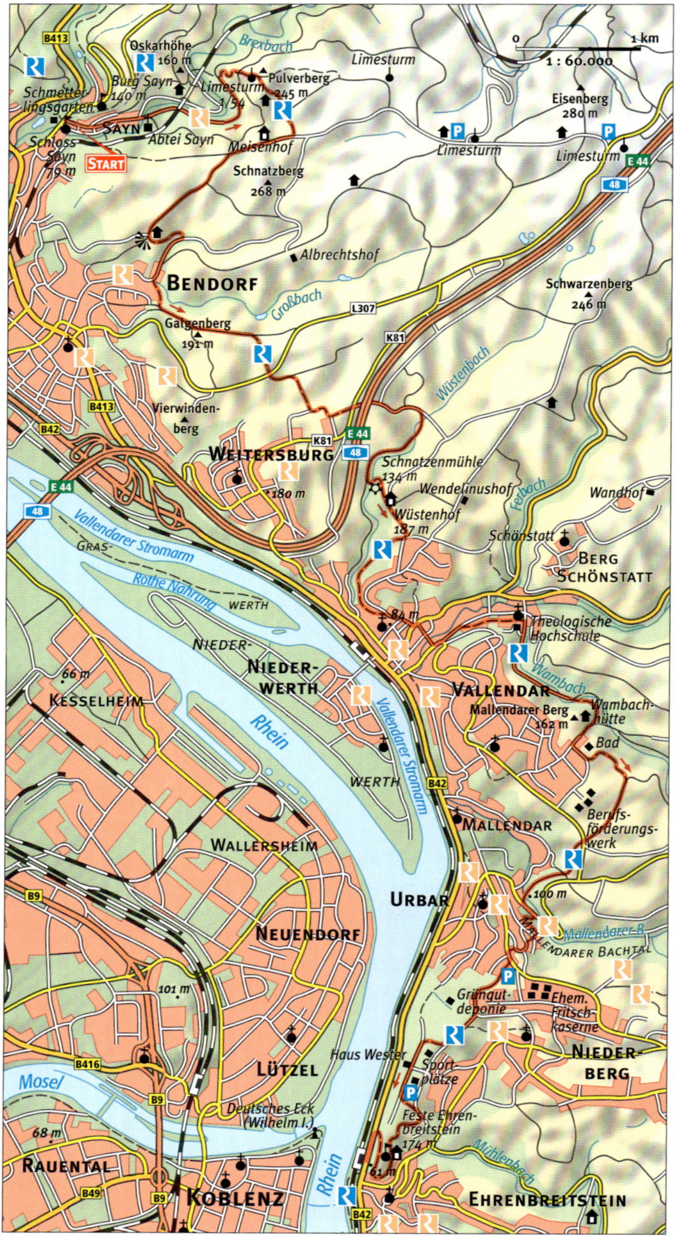
1 : 60.000
0
1 km
START
Oskarhöhe
160 m
Burg Sayn
140 m
Schmetterlingsgarten
Sayn
Abtei Sayn
Schloss Sayn
79 m
Limesturm
1/54
Pulverberg
245 m
Meisenhof
Schnatzberg
268 m
Limesturm
Eisenberg
280 m
Limesturm
Albrechtshof
Bendorf
Großbach
Galgenberg
191 m
Schwarzenberg
246 m
Vierwindenberg
Weitersburg
180 m
Wüstenbach
Schnatzenmühle
134 m
Wendelinushof
Wüstenhof
187 m
Ferbach
Wandhof
Schönstatt
Berg Schönstatt
Vallendarer Stromarm
Gras-
Rothe Nahrung
Werth
Nieder-
Niederwerth
84 m
Theologische Hochschule
Wambach
Vallendar
Mallendarer Berg
162 m
Wambachhütte
Bad
66 m
Kesselheim
Rhein
Werth
Vallendarer Stromarm
Mallendar
Berufsförderungswerk
Wallersheim
Urbar
100 m
Mallendarer B.
Mallendarer Bachtal
Neuendorf
101 m
Grüngutdeponie
Ehem. Fritschkaserne
Niederberg
Lützel
Haus Wester
Sportplätze
Mosel
Deutsches Eck (Wilhelm I.)
Feste Ehrenbreitstein
174 m
Mühlenbach
68 m
Rauental
61 m
Koblenz
Rhein
Ehrenbreitstein
B413
B42
B9
B416
B49
L307
K81
E 44
48

Koblenz-Niederberg, an die sich rechts der Ehrenbreitstein anschließt.

Jenseits der Kreisstraße 83 gehen wir links weiter. An der folgenden Gabelung halten wir uns rechts, an der nächsten links. In Mallendar queren wir den **Mallendarer Bach** (4.35 Std.) und folgen der Kreisstraße 84 auf dem Fußgängerweg nach links. Nach 200 m gehen wir rechts nach **Urbar** hinauf. Hier queren wir eine Straße und gehen durch einen schmalen Weg zur nächsten Straße, der wir links hinauf folgen. Hinter dem Friedhof nach rechts durch die Straße »Am Hellengraben«, am Ende des Friedhofs auf dem Fußgängerweg zur Arenberger Straße und hier bergauf. Kurz vor dem Ortsende gehen wir rechts auf einem Schotterweg weiter, vorbei am **Sportplatz** und der ehemaligen **Fritsch-Kaserne.** An ihrem Ende folgen wir der Teerstraße nach links. An der Zufahrt zur Koblenzer Grünschnitt-Deponie wenden wir uns nach rechts. Wir gehen eine Weile auf einer betonierten Panzerstraße, bereits im Schussfeld der noch vor uns verborgenen Feste Ehrenbreitstein.

In Höhe eines Walls vor dem Sportplatz erreichen wir deren ehemalige **Außenwerke.** Links steckt im Wald Werk Pleitenberg, rechts lag Fort Rheineck. Hier wenden wir uns nach rechts bis zu einem Panoramaweg mit Blick auf Koblenz, dem wir nach links folgen, am **Haus Wester** vorbei, bis ein Pfad steil links hinaufführt. Wenn wir noch ein Stück dem Weg folgen, stehen wir im Schussfeld des Rheintors und der Terrassen-batterien auf der Westseite der **Feste Ehrenbreitstein** (5.30 Std.). Der Pfad führt uns ins unmittelbare Vorfeld vor dem gedeckten Weg, hinter dem uns der Hauptwall mit seinen Geschützscharten ins Kreuzfeuer nimmt. Wir queren Wiese und Parkplatz und gehen zum Feldtor hinunter. In der Feste marschieren wir durch Grabentor, Hauptgraben, Tunnel im Ravelin des Hauptwalls, den Retirierten Graben und die Kurtine, permanent von Schießscharten beobachtet, zum Oberen Schlosshof. Umgeben von klassizistischen Kasernenhoffassaden genießen wir vom **Brunnendenkmal,** einem seit gut 160 Jahren beliebten Aussichtspunkt, den Blick über Koblenz in Eifel und Rheintal.

An der Kurtine führt uns der mit fünf Toren gesicherte Felsenweg zunächst durch einen Tunnel und später durch Südlichen Abschnitt und Helfenstein rasch zum Rhein hinunter. Wir folgen dort der Bundesstraße 49 nach links zum **Bahnhof Ehrenbreitstein** gegenüber dem Dikasterialgebäude, dem um 1750 von Balthasar Neumann erbauten kurtrierischen Regierungsgebäude (6 Std.).

Blick auf das Deutsche Eck

Stolze Wehr und tiefes Tal

Von Koblenz-Ehrenbreitstein nach Oberlahnstein

Vom Fuß der Feste Ehrenbreitstein führt diese Waldwanderung hoch hinauf zum Aussichtsturm auf dem Lichter Kopf. Höhepunkt ist der alpine Abstieg durch die felsige Ruppertsklamm zur Lahn hinunter.

DIE WANDERUNG IN KÜRZE

+++ Anspruch

5 Std. Gehzeit

20 km Länge

Charakter: Steigungsreich, mit anspruchsvollen alpinen Passagen; nur bei trockener Witterung zu empfehlen

Wanderkarte: »Rheinsteig«. Topographische Freizeitkarte 1 : 50 000

Einkehrmöglichkeiten: »Schleusenhäuschen« am Jachthafen Niederlahnstein; unterwegs keine

Anfahrt: Mit **Bus**linie 8 von Koblenz Hbf bis Ehrenbreitstein Bahnhof; zurück mit der **Bahn** von Oberlahnstein nach Koblenz Hbf. Mit dem **Pkw** auf der B 42 bis Koblenz-Ehrenbreitstein; zurück mit der **Bahn** nach Koblenz Hbf und **Bus**linie 8 nach Ehrenbreitstein.

Am **Bahnhof Ehrenbreitstein** beginnt unsere Tour glanzvoll vor dem um 1750 von Balthasar Neumann errichteten **Dikasterialgebäude** und dem **Marstall** von Johannes Seiz (1762), über denen die Feste Ehrenbreitstein in die Lande schaut. Wir gehen Richtung Ort, durch die Unterführung rechts unter dem Bahndamm hindurch zum Rheinufer und dort nach links. Uns begleitet nun die Silhouette von Koblenz, beginnend mit dem Kaiser-Wilhelm-Denkmal und der Basilika St. Kastor.

Wo heute die Fähre den Rhein quert, gab es 1819–1945 die Schiffsbrücke, wegen ihrer strategischen Bedeutung bis 1918 Teil der preußischen Festung Koblenz. Am Hafen nehmen wir den rechten Weg und gehen bis zur Horchheimer-Tor-Befestigung der preußischen Festung. Hier wenden wir uns nach rechts, steigen über den Damm und gehen dann weiter den Rhein hinauf, unter der 1864 als Eisenbahnbrücke erbauten **Pfaffendorfer Brücke** hindurch. Ein Mosaik am Ufer stellt Trei-

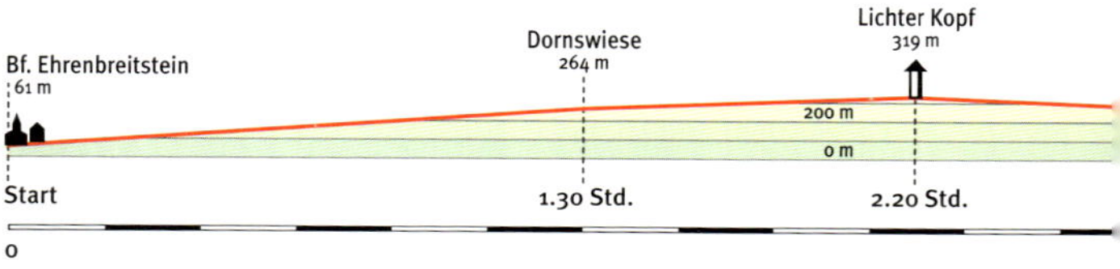

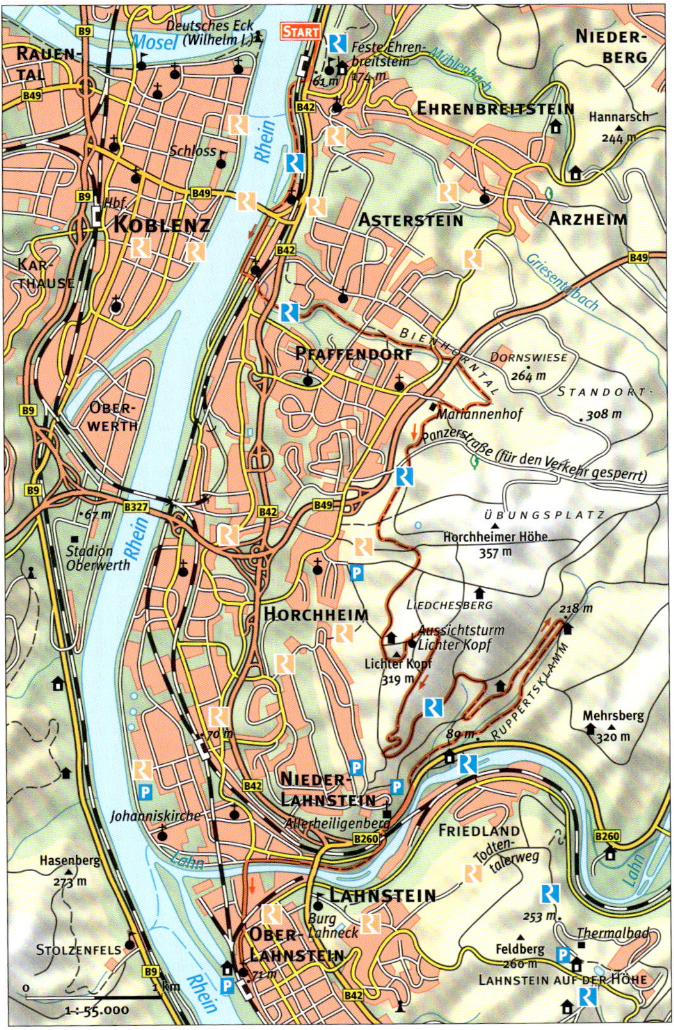
Deutsches Eck (Wilhelm I.)
Mosel
START
Feste Ehrenbreitstein
174 m
61 m
Mühlenbach
NIEDERBERG
RAUENTAL
B9
B49
EHRENBREITSTEIN
Hannarsch
244 m
Rhein
Schloss
B42
Hbf.
KOBLENZ
ASTERSTEIN
ARZHEIM
KARTHAUSE
Griesenbach
BIENHORNTAL
PFAFFENDORF
DORNSWIESE
264 m
STANDORT-
308 m
Mariannenhof
OBERWERTH
Panzerstraße (für den Verkehr gesperrt)
B327
67 m
B49
ÜBUNGSPLATZ
Horchheimer Höhe
357 m
Stadion Oberwerth
HORCHHEIM
LIEDCHESBERG
218 m
Aussichtsturm Lichter Kopf
Lichter Kopf
319 m
RUPPERTSKLAMM
Mehrsberg
320 m
89 m
70 m
NIEDERLAHNSTEIN
Johanniskirche
Allerheiligenberg
B260
FRIEDLAND
Todtentalerweg
Hasenberg
273 m
Lahn
LAHNSTEIN
253 m
Burg Lahneck
Thermalbad
Feldberg
260 m
STOLZENFELS
OBERLAHNSTEIN
71 m
LAHNSTEIN AUF DER HÖHE
0
1 km
1 : 55.000

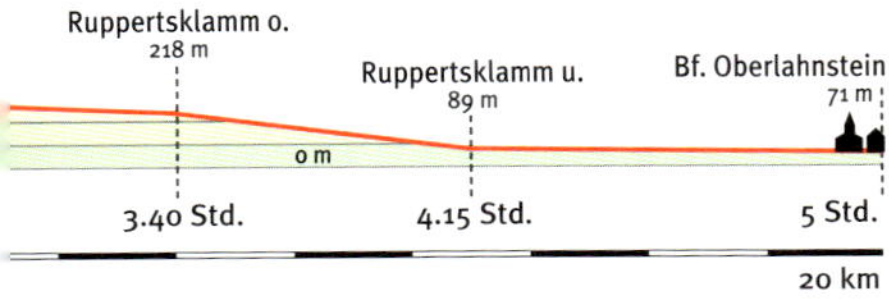
Ruppertsklamm o.
218 m
Ruppertsklamm u.
89 m
Bf. Oberlahnstein
71 m
0 m
3.40 Std.
4.15 Std.
5 Std.
20 km

delschiffe dar, die von Pferden rheinauf gezogen wurden. Dahinter gehen wir links hinauf zur neogotischen **kath. Pfarrkirche St. Peter und Paul** (1901–03), vor ihr rechts hinauf und unter der Bahn hindurch.

Bald biegen wir links ins **Bienhorntal.** Wir passieren eine alte Mühle und queren den Bach bei der Brücke der Bundesstraße 42. Vorbei an Trockenmauern aufgelassener Weinberge und einem Steinbruch folgen wir dem Bach hinauf bis zur Straße »Am Kratzkopfer Hof«. Hier gehen wir, leicht nach rechts versetzt, auf der anderen Straßenseite im Wald weiter, zunächst durch eine Unterführung unter der Bundesstraße 49. Dahinter folgen wir weiter dem Bienhornbach hinauf.

Wir bewegen uns nun eine ganze Weile entlang der Grenze des Standortübungsplatzes **Schmidtenhöhe.** Von dort und der nahen Standortschießanlage hört man des öfteren Schüsse hallen. Soldaten werden wir aber kaum begegnen, da der große Bundeswehrstandort Koblenz nach 1990 stark reduziert wurde. Nach 300 m queren wir den Bach. An einem Querweg wenden wir uns bald nach rechts, nach 200 m dann links bergauf und zu einer Wiese, deren Rand wir nach rechts folgen. Der Pfad läuft bald im Wald weiter. 200 m hinter dem Waldrand gehen wir rechts weiter und bald links an einem umzäunten Gelände vorbei.

Die Panzerstraße zur Schmidtenhöhe, auf der schon lange keine Panzer mehr fahren, queren wir. Dahinter wandern wir im Wald weiter und bald rechts bergab in ein Tal nahe der **Dornswiese** (1.30 Std.). Hier geht es links bergauf und nach wenigen Schritten auf einem Pfad rechts weiter, am Übungsplatz entlang; an einer Gabelung links weiter. Wir queren einen Waldweg, gehen an der nächsten Gabelung rechts weiter bis zu einer Kreuzung, hier links hinauf zu einem Querweg. Diesem folgen wir nach links, bis rechts ein Pfad zum Aussichtsturm **Lichter Kopf** hinaufführt (2.20 Std.). Mit 93 Stufen bringt uns der 1981 vom Lahnsteiner Pionierbataillon 5 errichtete Turm zu einem Panoramablick, der mit der Johanneskirche an der Lahnmündung und Schloss Stolzenfels links beginnt und rechts bis zum Koblenz-Neuwieder Becken und der Feste Ehrenbreitstein reicht.

Vom Turm führt unser Weg geradeaus weiter. An der Gabelung nach 100 m halten wir uns rechts und folgen dem Schotterweg zu einer weiteren Gabelung, an der wir wieder rechts weitergehen. Mit vielen Windungen bringt uns der RS zur Ruppertsklamm, weit entfernt von dem direkten Weg, dessen Wegweiser wir hier passieren. Unser Weg mündet in einen erdig-steinigen Pfad, der uns auf der Rheinseite in Windungen steil hinunterbringt. Bei einem **Wasserbehälter** wenden wir uns nach links bis zu einer Gabelung von Schotterwegen. Rechts führt ein **Abstecher** zum **Kloster Allerheiligenberg.** Seine malerisch hoch über der Lahn gelegene Kirche wurde 1895–1901 zum Gedenken an die Gefallenen des Deutsch-Französischen Krieges von 1870/71 errichtet.

Wir wenden uns nach links bergauf und gehen auf halber Hanghöhe ins Lahntal hinein. An der Gabelung nach 1,5 km halten wir uns geradeaus. Nach 500 m führt uns rechts ein steiler, felsiger Weg hinunter.

Zwischen den Bäumen sehen wir den Allerheiligenberg und Burg Lahneck. An einer Gabelung gehen wir geradeaus weiter bis zu einer Kreuzung von Schotterwegen. Wir wenden uns nach links; der andere Weg führt zu einer Umgehung oberhalb der Ruppertsklamm. Am Wegrand ermöglicht ein Felsvorsprung einen Blick auf die Lahn. Es geht merklich bergab zur **Ruppertsklamm,** an deren oberem Ende eine **Grillhütte** zur Rast einlädt (3.40 Std.).

Nun erwartet uns eine gut halbstündige alpine Passage voll Romantik. Wir nehmen von der Grillhütte aus den mittleren Weg den Bachlauf hinab und dann den Pfad unmittelbar am Wasser. Nach einem Teich beginnt die alpine Passage durch das felsige Bachtal. Drahtseile und Stege erleichtern den Abstieg.

Nach der Schlucht geht es auf einem Waldpfad und einem Teerweg zur Bundesstraße 260, deren Nebenstraße wir hinter der Leitplanke nach rechts folgen. Kurz hinter einer **Statue des hl. Lubentius** queren wir die Straße, gehen unter dem Überflieger der B 260 zur Lahn und auf dem Uferweg nach rechts flussabwärts. Wir unterqueren die in Stahlfachwerk gebaute **Hohenrheinbrücke** der Lahntal-Eisenbahn, einst Teil der in diesem Bereich 1879 vollendeten strategisch wichtigen »Kanonenbahn« Berlin–Metz, und passieren den Bootshafen. Auf der anderen Lahnseite thront über uns Burg Lahneck. In Niederlahnstein passieren wir das **Wirtshaus an der Lahn.** Der 1697 errichtete Bau bezieht den kurtrierischen Zollturm des 14. Jh.s mit Fachwerkaufbau und Haube von 1741 ein. Bis dieses Gebiet 1803 zu Nassau kam, standen sich an der Lahn die Kurfürstentümer Trier und Mainz gegenüber.

Hinter der Brücke gehen wir hinauf, um die Lahn zu überqueren. Wir folgen der Brückenstraße bis zur **ev. Kirche** (erbaut 1872–75) und biegen rechts in die Westallee, die in die Hochstraße übergeht. Sie führt uns am Salhofplatz vorbei. Hier steht links der **Salhof** des Mainzer Erzstiftes, dessen romanische Bogen auf die Kernsubstanz aus dem 12. Jh. verweisen. Den Platz fasst ein Stück der 1324 begonnenen Stadtmauer mit dem imposanten Hexenturm ein. Hinter der **kath. Pfarrkirche St. Martin** biegen wir rechts in die Kirchstraße. Die schon 977 erwähnte Kirche zeigt uns heute eine malerische Gestalt aus den spätromanischen Türmen (um 1200), dem gotischen Chor (Mitte 14. Jh.) und dem 1777 vollendeten Schiff. Kurz vor der Bahnunterführung wenden wir uns nach links zum **Bahnhof Oberlahnstein** (5 Std.).

In der Ruppertsklamm

Tour 11

Lahneck und Marksburg

Von Niederlahnstein nach Braubach

Von der Lahnmündung führt diese Wanderung an der romanischen Johanneskirche vorbei über die Lahnhöhe wieder zum Rhein in das alte Bergbau- und Weinstädtchen Braubach am Fuß der Marksburg.

DIE WANDERUNG IN KÜRZE

++ Anspruch

3.30 Std. Gehzeit

13 km Länge

Charakter: Einige sehr steile Passagen, kurze alpine Stücke

Wanderkarte: »Rheinsteig«. Topographische Freizeitkarte 1 : 50 000

Einkehrmöglichkeiten: »Schleusenhäuschen« am Jachthafen Niederlahnstein, Braubach; unterwegs keine

Anfahrt: Mit der **Bahn** aus Richtung Koblenz oder Wiesbaden bis Niederlahnstein; zurück ab Braubach. Mit dem Pkw auf der B 42 bis Niederlahnstein; zurück mit der Bahn.

Vom **Bahnhof Niederlahnstein** aus folgen wir dem Rheinsteig-Zuweg Richtung Niederlahnstein, durch die Bahnhofsunterführung hinter den Bahnhof. Die Goethestraße führt uns geradeaus zum Rheinufer, wo wir uns nach links stromaufwärts halten. Auf dem anderen Ufer sehen wir bald Schloss Stolzenfels.

Kurz vor der Lahnmündung erhebt sich links der reich gegliederte Turm der romanischen **Kirche St. Johannes der Täufer.** Das Mitte des 12. Jh.s erbaute Gotteshaus litt durch einen Brand 1794 und die nachfolgenden Restaurierungen. Die jüngsten Restaurierungen haben ihm – abgesehen von dem eingestürzten Ostturm – den mittelalterlichen Charakter zurückgegeben. Das Innere der dreischiffigen Emporenbasilika überrascht mit klaren Formen, die die Farbgebung unterstreicht. Eine Besonderheit einiger romanischer Kirchen am Mittelrhein ist der hoch gelegene Chorraum, unter dem sich einst das Beinhaus des Kirchhofs befand.

Wir folgen dem Rhein nach links zur Lahnmündung und dann der

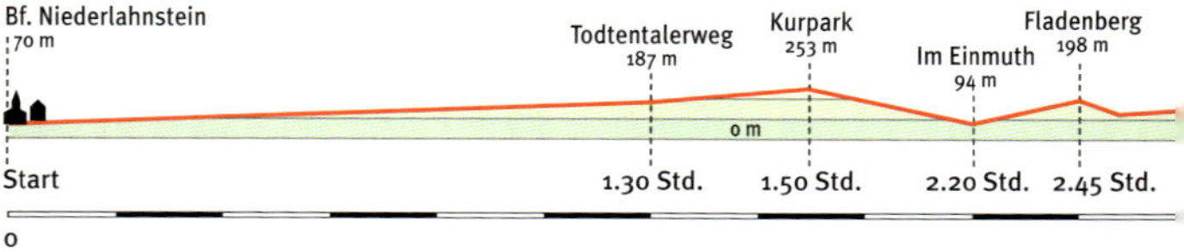

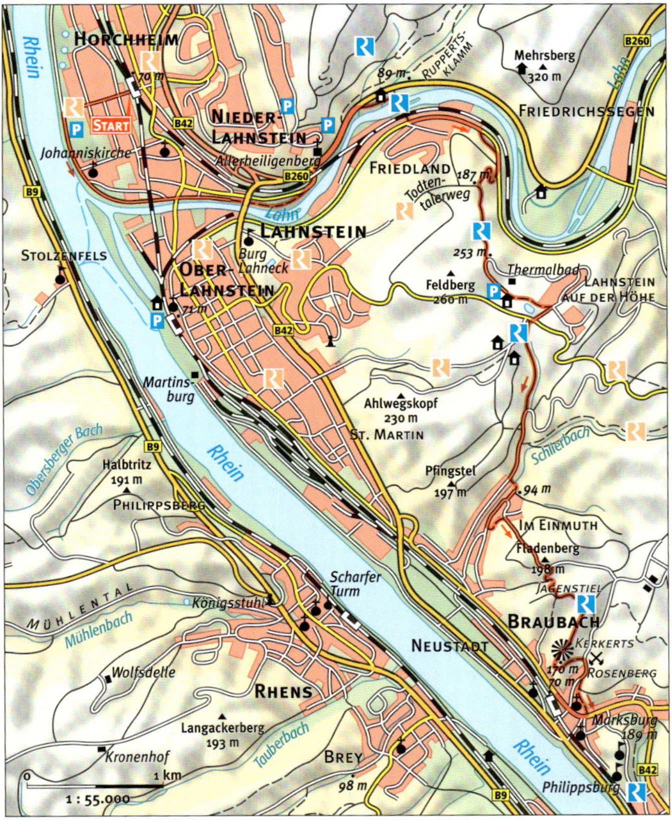

Lahn. Über den Brücken sehen wir Burg Lahneck thronen, das kurmainzische Gegenstück zur kurtrierischen Burg Stolzenfels. Wir passieren das **Wirtshaus an der Lahn** und den Bootshafen und unterqueren die Hohenrheinbrücke der Lahntal-Eisenbahn. An der Hochstraße der B 260 erreichen wir den Rheinsteig.

Vorbei am »Schleusenhäuschen« und dem **Jachthafen** überqueren wir die Lahn über die **C.-S.-Schmidt-Brücke;** dahinter links weiter bis zur Teerstraße, in einer Rechtswendung über die Bahnstrecke und hinauf zur Hohenrheinstraße. Ihr folgen wir nach links durch **Friedland.** Nachdem wir rechts das letzte Haus passiert haben, führt uns bald ein Waldweg rechts hinauf. An einer Gabelung gehen wir scharf rechts weiter und vollziehen nun einige Serpenti-

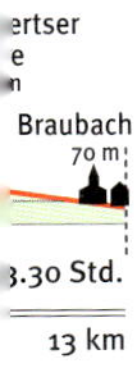

nen. Eine scharfe Linkskurve an der nächsten Gabelung führt uns zu einem Acker, an dem wir nach links weitergehen.

Der Weg passiert die Einmündung des **Todtentalerwegs** (1.30 Std.) und steigt im Wald stetig an. An der Gabelung nach 500 m halten wir uns rechts, vor dem Hotel in **Lahnstein auf der Höhe** wieder rechts. Zwischen der Hotelzufahrt und der Straße »Rheinhöhenweg« gehen wir links am Rand des **Kurparks** (1.50 Std.) weiter und dann unter dem Rheinhöhenweg hindurch. Wir halten uns an einer Streuobstwiese geradeaus, um dann einer Teerstraße zu folgen. Diese verlassen wir nach 100 m und gehen links auf einem Schotterweg im Wald weiter. An einer Senke nehmen wir den rechten Weg, der dem **Schlierbach** folgt. Bei einer Lichtung halten wir uns wieder rechts; an der folgenden Kreuzung geradeaus weiter zur Siedlung **Im Einmuth** (2.20 Std.).

Das Wirtshaus an der Lahn

Wir folgen der Teerstraße und biegen vor dem Wendehammer links ab. Hinter einem Wohnhaus gehen wir rechts auf einem Schotterpfad weiter, der den Schlierbach quert. Dem Bach folgen wir nun nach rechts bis zu einer querverlaufenden Teerstraße; hier nach links, an der folgenden Gabelung rechts in die Einmuthstraße. Nach 100 m biegen wir links in einen gepflasterten Weg hinauf, der am Ortsrand als Schotterweg steil weiterläuft. In einer Rechtskurve nehmen wir den linken Abzweig, und an der folgenden Gabelung gehen wir links auf dem Teerweg weiter, der uns am **Fladenberg** zwischen Weiden und Äcker führt (2.45 Std.).

Hinter einem **Wasserbehälter** wenden wir uns nach rechts, um nach etwa 100 m rechts auf einem steilen Pfad weiterzugehen, zwischen verkrüppelten Eichen über bröckelnden Schieferfels in ein Bachtal hinunter. Dort geht es ein Stück den **Dautenstielweg** links hinauf, bis uns rechts ein steiler Pfad mit Holzstufen zum **Jagenstiel** hinaufführt. Wir gehen in einer Kurve links auf einem breiteren Schotterweg weiter. Streuobstwiesen und Äcker begleiten uns.

Hinter einem Gehöft gehen wir rechts weiter. Der Weg führt hier zum Teil über den nackten Felsen an Gärten vorbei in einen verkrüppelten Wald hinein, wie er auf den kaum mit Humus bedeckten Felsen am Rhein üblich ist. Am Rande des **Kerkerts** blicken wir von einer **Schutzhütte** hinüber nach Rhens und nach Braubach hinunter (3 Std.), über dem sich die Marksburg auf ihrem Bergkegel in strahlendem Putz erhebt. Mit ihr konkurrieren die drei Schornsteine der Blei- und Silberhütte auf der Nachbarhöhe.

Wir gehen von der Hütte auf einem felsigen Pfad weiter hinunter Richtung Rhein, um dann in einer Linkskurve zu den von Brachflächen durchzogenen **Braubacher Weinbergen** zu kommen. Wir passieren einen Schornstein und sehen voraus schon in der Felswand Mauerreste der 1910 erbauten Erz-Aufbereitungsanlage der **Grube Rosenberg.** An ihrer Abraumhalde gehen wir auf einem Teerweg nach rechts bergab, vorbei an Resten der Werkstätten und des Maschinen- und Kesselhauses. Die Grube förderte von 1833 bis 1928 Zink- und Bleierz, dazu auch Kupfererz. Mit acht Sohlen erreichte sie eine Teufe von 267 m unter NN. Das letzte Braubacher Erz wurde 1963 im Königstieler Stollen gefördert.

Hinter den Grubengebäuden führt uns links ein Pfad am Rand von **Braubach** bergauf; eine Treppe bringt uns zur Oberalleestraße. Links befindet sich das Obertor der Ende des 13. Jh.s erbauten Stadtmauer. Vor uns beginnt der alte verwinkelte Ortskern von Braubach mit seinen Fachwerkbauten, der ehemaligen **Pfarrkirche St. Barbara** aus dem 13./14. Jh. und der **Philippsburg,** dem 1568 im Schutz der Marksburg erbauten Schloss Landgraf Philipps II. von Hessen-Rheinfels. Braubach am Fuß der Marksburg, 691/92 erstmals erwähnt, ist eine der ältesten Städte am Mittelrhein. Es erhielt 1276 die Stadtrechte und war vor allem wegen des 1301 begonnenen Silberbergbaus und der Bleivorkommen von großer Bedeutung. Weinbau ist erstmals für das Jahr 882 erwähnt.

Uns führt der Weg von der Kreuzung nach rechts. Bei der 1898–1901 erbauten **ev. Markuskirche** wenden wir uns nach links und kommen durch die Rathausstraße zum **Bahnhof Braubach** (3.30 Std.).

Tour 12

Unterm Schutz der Marksburg

Von Braubach nach Filsen

Die einzige unzerstörte Höhenburg am Mittelrhein bildet den Auftakt dieser steigungsreichen Wanderung, die im Schutz der weithin leuchtenden Burg durch den Wald und einige Bachtäler zu schönen Ausblicken und durch die weiten Streuobstwiesen bei Filsen führt.

DIE WANDERUNG IN KÜRZE

+++ Anspruch

6 Std. Gehzeit

13 km Länge

Charakter: Einige anspruchsvolle Steigungen und abschüssige Pfade

Wanderkarte: »Rheinsteig«. Topographische Freizeitkarte 1 : 50 000

Einkehrmöglichkeiten: Burgschänke Marksburg, Filsen (Haus Elch, Altes Tor); unterwegs keine

Anfahrt: Mit der **Bahn** aus Richtung Wiesbaden oder Koblenz bis Braubach; zurück ab Filsen. Mit dem **Pkw** auf der B 42 bis Braubach; zurück mit der Bahn.

Öffnungszeiten: Marksburg April–Okt. 10–17 Uhr Führungen, Nov.–März 11–16 Uhr

Vom **Braubacher Bahnhof** aus sehen wir bereits die Marksburg hoch über dem Ort. Wir gehen durch die Rathausstraße hinauf in Richtung der 1901 vollendeten neogotischen **ev. Markuskirche,** nach rechts in die Wilhelmstraße, an der nächsten Kreuzung geradeaus in die Unterealleestraße und durch die Sommergasse mit ihren Fachwerkhäusern hinauf. Der Quergasse am oberen Ende der Betontreppe folgen wir nach links, bis wir nach rechts über eine Treppe auf den Pfad zur Marksburg stoßen.

Dieser zum Teil felsige Pfad durchschneidet die Braubacher **Stadtmauer,** die bis zur Burg hinaufging. Links zeugt noch ein höheres Stück mit dem mehreckigen Obertor und einem quadratischen Turm von ihrer Stärke. In dem **Steinbruch** bei einer größeren Rechtskurve wurden Steine für die Burg gewonnen. Links im Tal steht die Blei- und Silberhütte Braubach mit ihren weithin sichtbaren drei Schornsteinen auf der Höhe. Auf der Zufahrtsstraße zur Marksburg angelangt, queren wir den

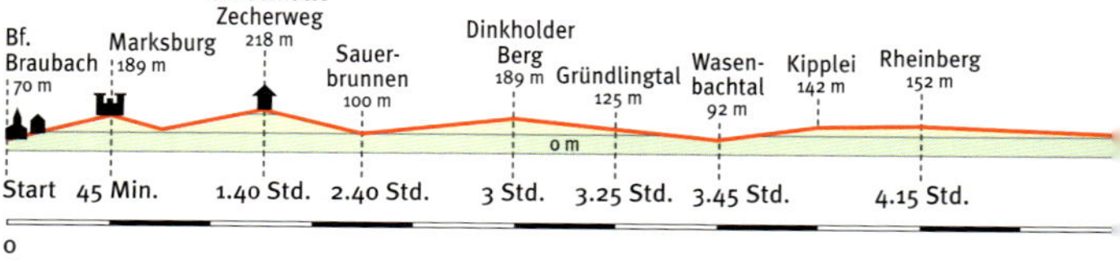

Parkplatz. Der Rheinsteig führt hier über eine zweiteilige Treppenanlage auf direktem Weg zur Burg. Alternativ können wir die bequemere Kastanienallee hinaufgehen. Preußische Pioniere aus Koblenz erbauten sie. So konnte Kaiser Wilhelm II. 1905 zur Burgbesichtigung mit dem Automobil anreisen.

Am Ende der Treppe geht es nach links zum Zugbrückentor, das den Weg ins Innere der **Marksburg** freigibt, die typische Elemente einer rheinischen Höhenburg des 13. bis 15. Jh.s mit frühen Festungsanlagen des 17. Jh.s kombiniert (45 Min.).

Vom Zugbrückentor nehmen wir den steilen alten Burgweg, den Eselsweg, hinunter, vorbei an der Bastion Pulvereck; dann im Wald an Weinbergsmauern entlang weiter auf einem schmalen Pfad. Im Tal gehen wir rechts weiter, vor dem **Friedhof** (1 Std.) rechts hinunter. Mitten auf dem Friedhof steht die ehemalige Pfarrkirche St. Martin aus dem frühen 13. Jh. Unweit von hier befand sich die alte Braubacher Burg. Auf dem Friedhof ruht der in Braubach beheimatete Sänger Heinrich Schlusnus (1888–1952).

Wir gehen nun auf einem in den Fels geschnittenen Weg Richtung Rhein, dann nach links und bei einer Gabelung wieder links. Der **Zecherweg,** ein langer steiler Pfad, führt uns durch aufgelassene Weinberge zu einer **Schutzhütte** auf der waldigen Höhe (1.40 Std.). Um die Hütte gehen wir rechts herum und an der folgenden Gabelung rechts bergab weiter. Wir sind nun eher gemächlich im bewaldeten Rheinhang unterwegs. Nach etwa 1 km gehen wir an einer Gabelung rechts bergab weiter. Der Weg wendet sich bald dem **Dinkholder Bachtal** zu. Etwa 300 m landeinwärts biegen wir scharf rechts ab und gelangen in Serpentinen ins Tal. Hier können wir uns am eisen- und kohlensäurehaltigen Mineralwasser des **Sauerbrunnens** (2.40 Std.) erfrischen.

Wir queren den Bach und gehen links hinauf. Nach 300 m halten wir uns an einer Gabelung rechts und steigen in Windungen hinauf, bis wir auf der Rheinseite vom Aussichtspunkt am **Dinkholder Berg** noch einmal ins Bachtal und am Rhein entlang über Spay bis nach Stolzenfels blicken (3 Std.). Im Rheinhang wandern wir eben weiter und queren ein kleines Seitental, nach dem wir wie-

Die Marksburg

Bf. Filsen
70 m
6 Std.
13 km

der Richtung Rhein unterwegs sind. An einer Gabelung halten wir uns geradeaus, und nach einigen Kurven sind wir im Wald wieder rheinaufwärts unterwegs. Am nächsten Abzweig gehen wir rechts bergab weiter.

Am Aussichtspunkt **Grendling** überblicken wir die Rheinschleife bei Osterspai. Dahinter geht es an schroffem Fels vorbei steil und felsig bergab, nach Querung des **Gründlingtales** (3.25 Std.) rechts hinauf und an einer Gabelung rechts Richtung Rhein, dem wir nach einer Wendung mit freiem Blick folgen. Wir haben hier annähernd jenen Blick auf den Strom und die Marksburg, den Emil Nolde 1906 in seinem Gemälde »Am Rhein« einfing (Mittelrhein-Museum Koblenz).

Die Trockenmauern verbuschter Weinberge begleiten uns nun in das **Wasenbachtal** (3.45 Std.). An einem Rastplatz kreuzen sich hier verschiedene Wege. Wir wenden uns bachabwärts und gehen dann auf dem linken Weg vor uns, der nach einer Linkskurve parallel zum Rhein im Hang weiterläuft und ansteigt. Nach dem alten Steinbruch an der **Kipplei** (3.50 Std.) geht es bald in das waldige, von Felsabbrüchen gesäumte Tal des **Heiligenbachs** hinein, in dessen Wasser eine Höhle zu erspähen ist. Etwa 300 m nach dem Abbiegen ins Tal halten wir uns an einer Gabelung rechts bergab. Wir queren den Bach, gehen wieder rheinwärts und folgen auf der Höhe bald wieder dem Rhein.

Auf Acker und Streuobstwiesen gehen wir über den **Rheinberg** (4.15 Std.) und treten wieder in den Wald ein, in dem wir uns an einer Gabelung links halten, um nun konsequent einem breiten Wirtschaftsweg zu folgen, der entlang einem kleinen

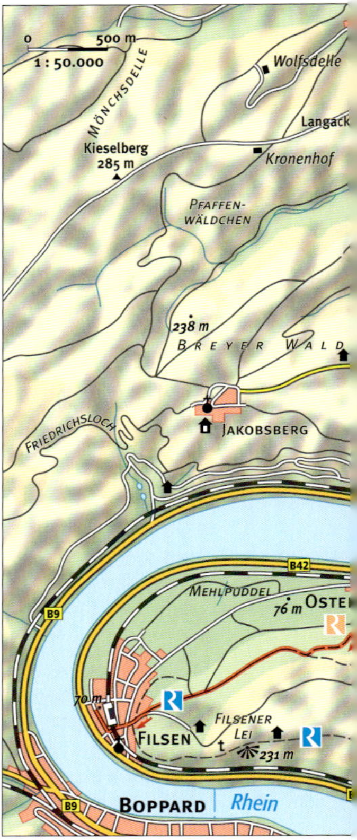

Tal landeinwärts läuft, den Bach quert und uns dann wieder dem Rhein näherbringt. Nach einem **Marienbildstock** beim Pilgerpfad geht es links steil bergab weiter zu einer Teerstraße. Hier führt ein Pfad rechts hinunter zum **Hexenköpfel** mit Blick auf Osterspai und über den Rhein auf den Bopparder Hamm.

Wir gehen zur Teerstraße zurück und nun bergauf. An einer Lichtung verlassen wir die Straße halbrechts und schlagen einen grasbewachsenen Weg in den Wald ein. Auf einem Pfad wandern wir unterhalb des von Bäumen verborgenen Schlosses Lie-

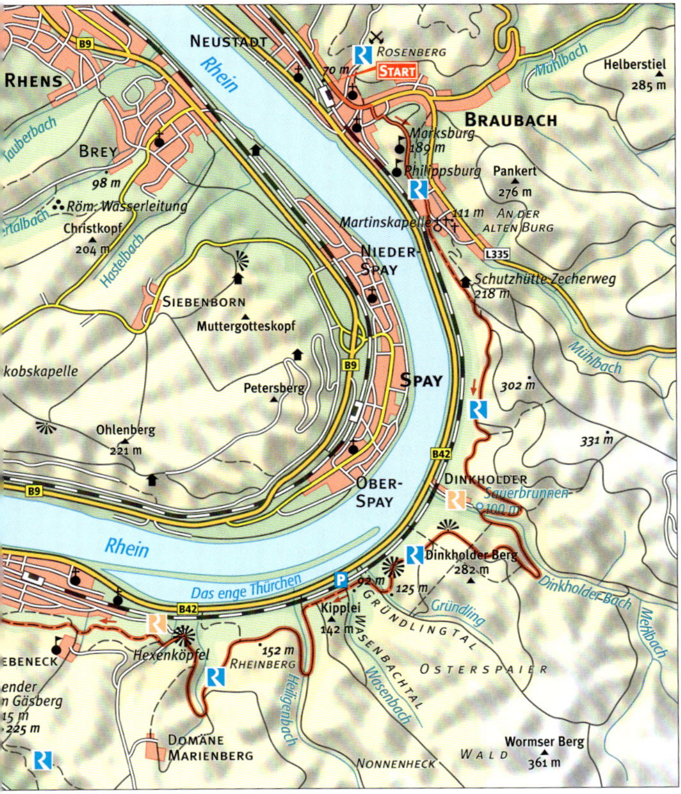

beneck im Hang weiter. Bei einer dreifachen Gabelung halten wir uns links; ein schmaler Pfad oberhalb Osterspais führt uns allmählich bergauf.

Ab einem **Wasserbehälter** gehen wir auf einem breiten Waldweg, von dem wir zwischen den Bäumen die weiten Felder und Streuobstwiesen zwischen Osterspai und Filsen überblicken. Der Weg führt uns zum Waldrand und schließlich in die Streuobstwiesen hinein. Der 1246 erstmals belegte Filsener Weinbau wurde um 1900 vom Obstbau zurückgedrängt, der damals rentabler war. Dieser ist freilich zwischen Braubach und St. Goarshausen seit dem 16. Jh. belegt; sogar Feigen wuchsen in diesem Gebiet.

Bei einem **Wegekreuz** unweit eines Wasserbehälters halten wir uns rechts und erreichen **Filsen.** Die Oberstraße führt uns hinunter zum **Alten Rathaus.** Hier verlassen wir den RS und gehen durch die Wachport der Ortsbefestigung, auf die 1611 die Fachwerkgeschosse des Rathauses gesetzt wurden. Dahinter kommen wir rechts durch die Obere Großgasse zu einer Unterführung am **Bahnhof Filsen** (6 Std.).

Die feindlichen Brüder

Von Filsen nach Kestert

Die feindlichen Brüder, die Burgen Liebenstein und Sterrenberg hoch über Kamp-Bornhofen, sind Bezugspunkt und ein Ziel dieser Tour. Von oft felsigen Höhen schweift der Blick weit ins Rheintal.

DIE WANDERUNG IN KÜRZE

+++ Anspruch

6 Std. Gehzeit

15 km Länge

Charakter: Der Sonne stark ausgesetzte Wanderung mit anspruchsvollen Steigungen und Abstiegen

Wanderkarte: »Rheinsteig«. Topographische Freizeitkarte 1 : 50 000

Einkehrmöglichkeiten: Burgen Sterrenberg und Liebenstein; Kestert

Anfahrt: Mit der **Bahn** aus Richtung Koblenz oder Wiesbaden bis Filsen; zurück ab Kestert. Mit dem **Pkw** auf der B 42 bis Filsen; zurück mit der Bahn.

Aus dem **Filsener Bahnhof** wenden wir uns aus Richtung Koblenz kommend zur Unterführung, aus Richtung Wiesbaden kommend im Brückenweg nach rechts, um durch die Obere Großgasse zur **Wachport** hinaufzugehen. Ein paar Schritte hinter diesem vom alten Rathaus überbauten Tor betreten wir rechts einen Pfad zwischen zwei Häusern, der uns durch alte Streuobstwiesen bergauf führt. Wie auf einigen anderen Flächen am Mittelrhein erprobt man hier Möglichkeiten der Erhaltung der Kulturlandschaft; Ziegen halten die Hänge von Büschen frei, damit Pflanzen und Tiere, die die stark besonnten Trockenrasen bevorzugen, ihren Lebensraum behalten.

Ab hier begleiten uns auf weiter Strecke Blicke auf Boppard mit der Doppelturmfassade der Severuskirche, dem weißen Turm der Burg und dem hohen Dach der Karmeliterkirche.

Nach einer Treppe mit hölzernen Stufen halten wir uns rechts. Steil und über Felsenstufen, an einem

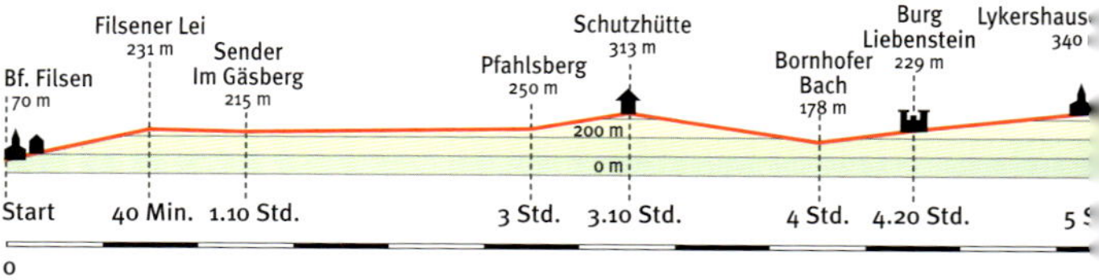

Holzkreuz vorbei, steigen wir bald in einem verkrüppelten Eichenwald hinauf. Ein Felsgrat bringt uns zu einer **Marienkapelle,** an der wir rechts vorbeigehen, nun immer an der Talkante entlang. Von der **Filsener Lei** (40 Min.) aus sehen wir bald weit in die Lande; rheinaufwärts über Kamp-Bornhofen die »feindlichen Brüder«, die Burgen Sterrenberg (mit dem weißen Bergfried) und Liebenstein.

Felsig führt uns der Pfad weiter durch verkrüppelten Wald und verstärkt durch alte Streuobstwiesen und an Trockenrasen vorbei, bis zu den Äckern auf der Niederterrasse des Rheins hinauf, an deren Rand wir weitergehen. Hinter dem **Sendemast Im Gäsberg** (1.10 Std.) halten wir uns links. Unterhalb des Kamperhauser Felds sind wir zwischen Gebüsch und verkrüppelten Bäumen unterwegs, die sich die aufgelassenen Wingerte erobert haben; links nähern wir uns des öfteren wieder den Äckern. Immer wieder schweift unser Blick vom Rand des Taunus über den Rhein auf die Niederterrassen und Wälder des Hunsrücks.

In Höhe der **Domäne Marienberg** treffen wir auf einen Wirtschaftsweg, dem wir nach rechts in den Wald folgen. Am Abzweig nach 100 m halten wir uns geradeaus. Am Weg bieten sich noch zwei Aussichtspunkte. Hinter dem zweiten bringt uns der Weg in ein Bachtal hinein. Wir queren den Bach und kommen zu einem Schotterweg, dem wir geradeaus folgen. In einer Kurve mit Aussicht gehen wir links über einen felsigen Pfad hinauf zum **Pfahlsberg** mit der Schutzhütte »Jakobstempel« (3 Std.). Ein Naturlehrpfad versammelt hier die Bäume des Jahres. An der folgenden Kreuzung geht es auf einem Schotterweg nur 100 m geradeaus bergauf weiter, dann nach rechts bergab auf dem Waldweg am Eichberg vorbei Richtung **Wilhelmshöhe.** Den Aussichtspunkt mit Hütte dort erreichen wir über einen Pfad, der am Eichberg nach rechts abgeht. Vom Felsen überblicken wir die feindlichen Brüder.

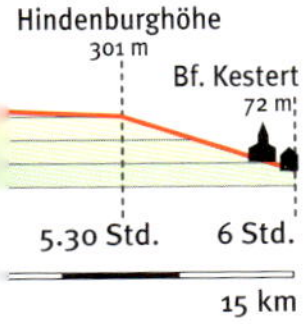

Der Rheinsteig bringt uns von hier weiter vom Rhein weg. An einer Kreuzung mit Schutzhütte im **Kamper Wald** gehen wir rechts weiter, bei der nächsten Gabelung geradeaus, an einer Wiesenfläche nahe dem **Bornhofer Berg** mitten im Wald nach rechts und dann am Waldrand entlang, den wir bald nach rechts verlassen. Über die Wiese halten wir Richtung Rhein auf den uns gegenüber liegenden Waldrand zu, dann bergab in den Wald. Eine Linkskurve bringt uns zu einer Felsformation, von der wir nur über einen Einschnitt hinweg zu den feindlichen Brüdern hinüberschauen können.

Im Hang führt uns ein Pfad mit Geröll und Wurzeln steil bergab und bringt uns schließlich in Windungen und über eine steile Treppe ins **Bornhofener Bachtal** (4 Std.). Wir queren die Kreisstraße 103 und steigen über eine Teerstraße zu den Burgen Sterrenberg und Liebenstein hinauf; an der Gabelung wenden wir uns zunächst nach rechts zur **Burg Sterrenberg.** Auf dem Weg zu ihrem vom Bergfried beherrschten Kern passieren wir den Graben und die mächtige Schildmauer. Von der Burg gehen wir zur Gabelung zurück und nun zur **Burg Liebenstein** hinauf (4.20 Std.). Ein Turm in der Ecke und der erhöhte Turm auf dem Felsen beherrschen heute die Ruine, die Burg Sterrenberg hoch überragt.

Am Parkplatz führt ein Pfad im Wald an einem Berggrat entlang weiter bergauf, durch ein Wildgatter hindurch, in dem Exmoor-Ponys und Burenziegen die Hänge freihalten sollen. Kurz hinter dem Gatter erinnert im Hochwald ein **Wegekreuz** an den 1754 hier erschlagenen und beraubten Landarbeiter Bartholomäus Saurborn.

Wir erreichen bald den Waldrand an einem Acker und folgen diesem, bis wir über offenes Feld nach **Lykershausen** kommen (5 Std.), hinter dem sich die Weite des Taunus andeutet. Die Kirchstraße bringt uns zur neoromanischen kath. Dorfkirche, einem Ziegelbau von 1886. Hinter ihr folgen wir der Mittelstraße nach rechts. Nach zwei Kurven verlassen wir den Ort nach rechts. Zwischen Wiesen und Äckern kommen wir an einem **Wegekreuz** vorbei an den Waldrand, wo wir rechts abbiegen. Im Wald geht es auf einem bequemen Weg weiter; Abzweige werden ignoriert. Nach einem guten halben Kilometer biegen wir rechts Richtung Hindenburghöhe ab. An einer Gabelung nahe der Talkante des Rheins halten wir uns links.

In der folgenden Kurve führt ein Pfad zur **Hindenburghöhe** hinab (5.30 Std.). Von einem Felsvorsprung mit Schutzhütte blicken wir nach Kestert hinunter, über den Rhein links nach Hirzenach, rechts nach Bad Salzig und auf unserer Rheinseite auf die feindlichen Brüder.

Von der Aussicht gehen wir rechts weiter. Ein Waldweg führt uns bergab. Auf der Kreuzung am Waldausgang schlagen wir den rechten breiten Schotterweg ein, der uns im Wald in Windungen in ein Bachtal hinunterführt. Dort gehen wir bergab weiter. Gut zu erkennen sind noch die Weinbergsmauern auf dem Südhang rechts von uns und Spuren

der Niederwaldwirtschaft im Nordhang.

Auf eine Teerstraße gelangt, steigen wir links hinauf. Bei einem Brunnen, dem **Mäuseborn,** läuft der Rheinsteig weiter hinauf und zum Rheinburgenblick. Wir gehen hier jedoch auf dem RS-Zubringer rechts einen steilen, gewundenen Pfad durch eine bewaldete Weinbergslage hinab nach **Kestert,** wo schon vor 768 Weinbau betrieben wurde. Die Straße »Im Rainchen« bringt uns hinunter zu einer Treppe. Von hier geht es über einen Pfad und eine Treppe zum **Bahnhof** (6 Std.). Ein **Abstecher** zur kath. **Pfarrkirche St. Georg** lohnt sich. Der 1779 errichtete schlichte Bau birgt einige barocke Skulpturen, darunter eine schöne Muttergottes aus dem 18. Jh.

Die feindlichen Brüder

Von zwei über ihr Erbe verfeindeten Brüdern, die ihre Burgen durch eine starke Mauer trennten, kündet die Sage. Beider Versöhnung endete tragisch: An einem Morgen wollten sie einander mit einem Bogenschuss auf den Fensterladen wecken und kamen dabei zu Tode, weil sie zur selben Zeit aufwachten und schossen. Die Wirklichkeit ist nüchterner. Die feindlichen Brüder, die Burgen Liebenstein und Sterrenberg über Kamp-Bornhofen, waren nie verfeindet. Liebenstein, im späten 13. Jh. erbaut, war bis um 1600 von mehreren Familienzweigen bewohnt, die eigene Türme hatten. Eine starke Schildmauer schützte sie gegen Angreifer. Burg Sterrenberg, vor 1100 begründet, ist eine der ältesten Burgen am Rhein. Der massige Bergfried aus dem 12. Jh. steht auf abgearbeitetem Fels. Der Trierer Erzbischof setzte im 14. Jh. vor die romanische Schildmauer eine zweite, um die Burg gegen Burg Liebenstein zu schützen, die ursprünglich Burg Sterrenberg decken sollte, als beide den Herren von Bolanden gehörten. Im späten 16. Jh. verfiel auch Sterrenberg.

Schildmauer von Burg Sterrenberg

Zwischen Katz und Maus

Von Kestert nach St. Goarshausen

Mit scharfen Anstiegen und Gefällen führt die landschaftlich sehr abwechslungsreiche Wanderung durch das Pulsbachtal, Eichen-Krüppelwald und offenes Feld zur Burg Maus und zu Relikten des Bergbaus.

DIE WANDERUNG IN KÜRZE

+++ Anspruch

4.30 Std. Gehzeit

15 km Länge

Charakter: Tüchtige Steigungen, weite Strecken durch schütteren Wald und offenes Feld

Wanderkarte: »Rheinsteig«. Topographische Freizeitkarte 1 : 50 000

Einkehrmöglichkeiten: Burg Maus, St. Goarshausen

Anfahrt: Mit der **Bahn** aus Richtung Koblenz oder Wiesbaden bis Kestert; zurück ab St. Goarshausen. Mit dem **Pkw** auf der B 42 bis Kestert; zurück mit der Bahn.

Öffnungszeiten: Adler- und Falkenhof **Burg Maus:** Vorführungen in der warmen Jahreszeit bis Anfang Okt. 10, 11, 14.30, sonn- u. feiertags auch 16.30 Uhr, Mo geschlossen

Vom **Bahnhof Kestert** gehen wir zunächst Richtung Friedhof hinter den Bahnhof, nahe der Straßengabelung dort über Betonstufen und einen Pfad in eine Wohnstraße hinauf zu einer Querstraße; jenseits steigen wir über Stufen und einen Pfad weiter hinauf. Auf der Teerstraße bei einem **Brunnen** treffen wir auf den Rheinsteig.

Wir wenden uns nach rechts und steigen nach 100 m links über Felsenstufen zu einem steinigen Pfad hinauf, der bald als breiterer Weg weiterläuft. Hinter einem **Sendemast** treffen wir auf eine Teerstraße, die uns nach rechts nach **Oberkestert** führt (30 Min.). An der nächsten Gabelung halten wir uns rechts und bei einem Heiligenhäuschen geradeaus. Aus dem Ort kommen wir in den Wald, in dem uns der Weg nach einer Linkskurve landeinwärts ins **Pulsbachtal** hinunterführt (1 Std.). Kurz hinter einer Kreuzung queren wir den Bach und gehen rechts weiter. Nach 200 m führt rechts ein Weg in die Pulsbachklamm; wir gehen hier geradeaus weiter und queren bald mit einem Steg ein Seitental. Ein Pfad bringt uns durch einen steilen moosbedeckten Hang mit verkrüppelten Eichen hinauf und lässt uns mehrmals über Felsen steigen.

Von einem Felsvorsprung überblicken wir das tiefe Pulsbachtal. Nun sind wir auf der Rheinseite unterwegs. Bei einer Kreuzung von Pfaden halten wir uns links. Der Pfad quert einen Waldweg und bringt uns in einer Rechtskurve dem Rhein näher. Wir passieren eine Wiese mit

Esskastanien und sind zwischen verbuschten Weinbergen und Wald unterwegs.

Bei einem **Aussichtspunkt** gewährt rechts ein ungesicherter Felsvorsprung einen Blick nach **Ehrenthal** hinunter (1.30 Std.). 881 wurde das kleine Benediktinerkloster mitsamt dem Weinbau erstmals erwähnt. Wir gehen links auf einem steinig-schottrigen Pfad bergab in ein Seitental des Rheins und queren es in der Gemarkung Zechenhaus über eine Abraumhalde des früheren Bergbaus. Uns begleiten nun die Tafeln des **Bergbau- und Landschaftspfades** Wellmich–Prath–Ehrenthal. Geologisch bewegen wir uns über dem Werlau-Wellmicher Gangzug, dessen blei-, zink-, kupfer- und minimal silberhaltiges Erz von St. Goar-Fellen und Wellmich aus vom 18. bis weit ins 20. Jh. gefördert wurde, zuletzt in der Grube »Gute Hoffnung«. Ein Stollen verband für einige Zeit die Gruben beiderseits des Rheins.

Auf einem felsigen Pfad steigen wir hinauf zu einer mit schütterem Gras bewachsenen weiten **Abraumhalde** und wenden uns nach links in den Krüppelwald. In offenem Ackerland erreichen wir ein Gehölz, vor dem wir rechts weitergehen bis zu einer Kreuzung; dort nach links am Rand des Gehölzes weiter, an einer **Schutzhütte** vorbei (2 Std.). An der nächsten Kreuzung wenden wir uns nach rechts Richtung Wald und nehmen dort den rechten Weg. Es geht nun bergab, auf einer Kreuzung geradeaus, links von uns eine Senke. Bald führen uns Serpentinen ins Wellmicher Bachtal hinunter und gewähren einen ersten Blick auf Burg Maus. Im Hang erblicken wir außerdem den **Pulverturm** des 1250 m langen Äquivalenzstollens. Er diente dem Abzug der Pulverdampfschwaden nach den Felssprengungen.

Bei einer Kurve nahe einer Abraumhalde verlassen wir den breiten Weg und gehen auf einem schmalen Pfad weiter, den Blick auf Wellmich

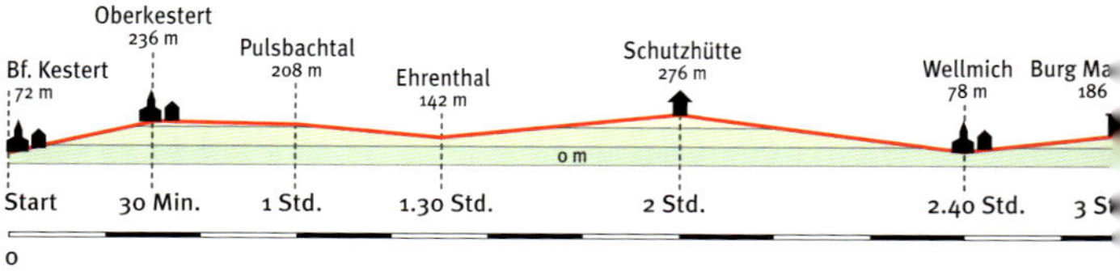

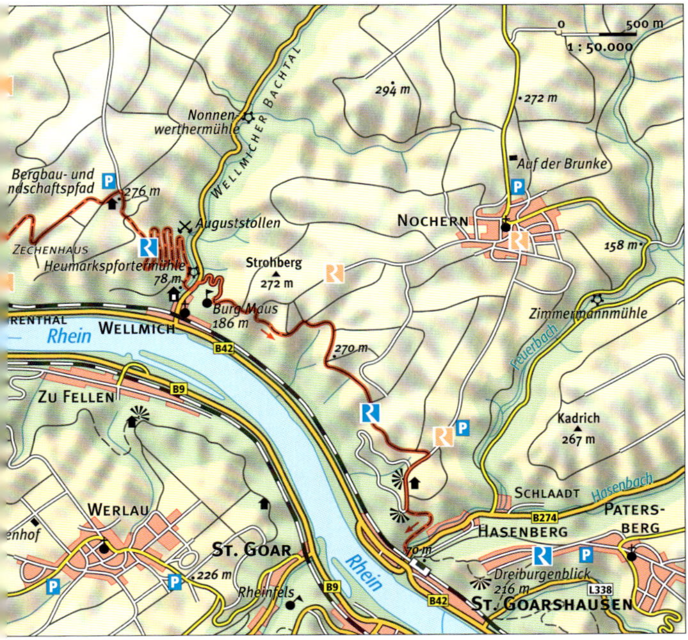

gerichtet, zu einem Schotterweg, dem wir nach links folgen, am **Wellmicher Bachtal** entlang. Im Talbereich lag der Auguststollen, der Hauptstollen der rechtsrheinischen Anlagen des Bergbaureviers.

Am Rand des mitsamt dem Weinbau 1042 erstmals erwähnten, bis 1806 kurtrierischen **Wellmich** (2.40 Std.) mit seiner im Turm wehrhaft ausgebauten Pfarrkirche aus dem 14. Jh. folgen wir der Straße links hinauf. In Höhe der Feuerwache nehmen wir rechts die vielfach gewun-

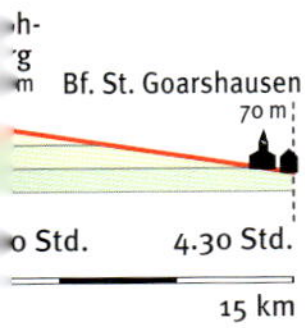

dene Zufahrt zur **Burg Maus** mit ihrem Adler- und Falkenhof (3 Std.). Die 1353 begonnene, von Erzbischof Kuno von Falkenstein (1362–88) vollendete Burg sicherte das Gebiet Kurtriers gegen die Grafschaft Katzenelnbogen bei den Burgen Katz und Rheinfels, war aber auch Lieblingsresidenz Kunos und seines Nachfolgers Werner von Königstein. Die ab 1900 schonend ausgebaute Burgruine ist sehr regelmäßig angelegt. Eine hohe Schildmauer mit dem Bergfried deckt die turmartigen Wohnbauten der Rheinseite gegen Angreifer vom Taunus.

An den ersten Burgmauern führt links ein gewundener Pfad im Schatten von Schildmauer und Bergfried hinauf und dann im Hang rheinaufwärts. Am **Stroh-Berg** geht auf einer Wiese ein Pfad rechts ab in den

Burg Katz oberhalb von St. Goarshausen

Krüppelwald (3.20 Std.). Den Abzweig nach 30 m ignorieren wir. Wir sind bald zwischen einem Acker und einem umzäunten Gelände unterwegs und wenden uns dann ganz ins offene Feld, auf dem wir uns nach 200 m wieder dem Gebüsch zuwenden, das wir bald durchqueren. Nun sind wir zwischen Wiesen unterwegs und gehen rechts bei einem Hochsitz wieder ins Gebüsch und im Hang weiter, bei einer Schutzhütte rechts, nun wieder am Rand eines Ackers – Blick auf die Feste Rheinfels – und bald wieder zeitweise in Gebüsch.

Eine Teerstraße führt uns nach rechts bergab zur **Nocherner Rheinsteig-Hütte** mit Blick zur Feste Rheinfels, an der wir links vorbeigehen, nun oberhalb von Wingerten. Bei zwei **Sendemasten** gehen wir links auf einem felsigen Pfad durch aufgelassene Wingerte bergab weiter. Im Tal umgehen wir den Friedhof St. Goarshausen und wenden uns nach rechts. Mit einer **Brücke** queren wir die Landesstraße 338 und gehen nach rechts durch die Unterführung zur Bundesstraße 42 und zum **Bahnhof St. Goarshausen** (4.30 Std.).

»... Du kennst mich wohl —«

Von St. Goarshausen nach Kaub

Ob blonde Schönheit oder gefährliche Hexe — die Loreley wäre ohne die von Brentano und Heine geprägte Sage nur halb so anziehend. Den Wanderer fordern auf dieser Etappe aber vor allem die Felsen von der Loreley über die Spitznack bis zum Roßstein.

DIE WANDERUNG IN KÜRZE

+++ Anspruch

7 Std. Gehzeit

24 km Länge

Charakter: Die wohl anspruchsvollste Rheinsteig-Tour, lang, steigungs- und felsenreich im Wechsel von Wald und Weinbergen

Wanderkarte: »Rheinsteig«. Topographische Freizeitkarte 1 : 50 000

Einkehrmöglichkeiten: Wirtshaus Am Teufelstein (Patersberg), Hotel Christian (St. Goarshausen-Heide), Loreley, Landgasthof Blücher (Dörscheid), Kaub

Anfahrt: Mit der **Bahn** aus Richtung Koblenz oder Wiesbaden bis St. Goarshausen; zurück ab Kaub. Mit dem **Pkw** auf der B 42 bis St. Goarshausen; zurück mit der Bahn.

Öffnungszeiten: Pfalzgrafenstein Mo geschl.; Jan., Feb., Nov. nur Sa/So 10 bis 17, März 10–17, April–Okt. 10–18 Uhr; im Dez. geschl.

Vor dem **Bahnhof St. Goarshausen** gehen wir nach rechts zur Unterführung, dahinter scharf rechts, am Supermarkt vorbei und dahinter nach links, über einen Teerweg bergauf; an der nächsten Gabelung halten wir uns rechts. Bald hinter dem letzten Haus nehmen wir die Treppe rechts, ab der uns ein Pfad auf die Höhe von Patersberg führt. Etwa 100 m nach der dritten Kurve folgen wir den Stufen rechts zu einem Pfad, der uns wieder zur Talkante führt.

Am **Dreiburgenblick** (30 Min.) mit drei Sichtschneisen und Schutzhütte sehen wir voraus jenseits des Rheins die Feste Rheinfels, links Burg Katz und rechts Burg Maus. Am letzten Aussichtspunkt gehen wir links weg. Eine Teerstraße führt uns zu einem Parkplatz in Patersberg — hier sofort nach rechts. Ein »gestickter«, d. h. mit senkrecht stehenden Schieferbruchsteinen befestigter Pfad führt uns durch aufgelassene Weinberge mit Trockenmauern ins **Forstbachtal** (1 Std.).

Wir kommen bis an den Rand des historischen Kerns von St. Goarshausen mit seiner nach 1324 begonnenen Stadtmauer und dem 1532 erbauten Rathaus. Noch vor der Bahnüberführung und dem runden Stadtmauerturm queren wir aber die Straße. Eine Gasse am Haus Nr. 5 führt uns zu einem Pfad, der sich felsig und mit einzelnen Stufen bis zum Fahrweg zur **Burg Katz** hinaufwindet; diesem folgen wir nach rechts (1.20 Std.).

Vor dem für Besucher verschlossenen Burgtor wenden wir uns scharf nach links und steigen weiter auf einem gestickten Weg hinauf. An der Gabelung vor einer Felswand gehen wir rechts. In einer Kurve liegt uns die Burg zu Füßen. Sie zeigt uns die Feindseite. Im Schutz des massigen runden Bergfrieds und der an ihn angeschlossenen Schildmauer liegt der Kern der Burg. Als Neukatzenelnbogen um 1371 erbaut, sicherte sie die Verbindung von Burg Rheinfels zu den Stammlanden der Grafen von Katzenelnbogen im Taunus. 1806 auf Abbruch verkauft, wurde Burg Katz 1896–98 im Kern neu errichtet.

Von hier führt uns ein Pfad an einem Sportplatz vorbei zur Loreleyschule im Ortsteil **Heide.** Kurz vor der Wohnbebauung liegt links im Wald der Rest des Abschnittswalls, der ab dem 6. Jh. v. Chr. eine 5 ha große Siedlung auf dem Bergsporn des Hühnerbergs schützte.

Wir gehen in Heide geradeaus, biegen am Ende rechts in einen Waldpfad ein, nehmen den rechten Abzweig einer Gabelung und kommen auf eine Wiesenfläche. Auf ihr biegen wir bald nach links ab und schlagen an einer Kreuzung von Wiesenwegen den Weg nach rechts ein. Das **Besucherzentrum Loreley** nach rechts umgehend, treffen wir auf die **Freilichtbühne.** Bis 1939 als nationalsozialistische »Thingstätte« gebaut, hat sie als legendäre Konzertstätte eine gelungene Umwidmung erfahren. Davor biegen wir links in einen Weg bis zur Felskante, an der uns eine Treppe hinaufbringt.

Wir halten uns geradeaus bis zum Felsplateau der **Loreley** (2 Std.). Unser Blick geht von dem Felsen, vor dem viele Schiffe zerschellten, tief zum Rhein hinab und zurück zur Burg Katz.

Rechts am Hotel vorbei kommen wir auf die Kreisstraße 89, der wir bergauf folgen. Rechts erspähen wir schon die Felsen der Spitznack. Wir queren bald die Straße, um auf dem geteerten Fußgängerweg daneben weiterzugehen. Nach 100 m queren wir die Straße erneut und nehmen nun geradeaus den Teerweg in den Wald. An einer Gabelung gelangen wir rechts durch ein Tor auf den **Weinlehrpfad Loreley** in den Bornicher Weinbergen; bei der nächsten gehen wir links auf dem ansteigenden Schotterweg weiter, durch aufgelassene, bewaldete Weinberge und zu einer Wiesenfläche.

Hier folgen wir an der Gabelung dem rechten Weg zur **Spitznack** (2.30 Std.). Diese schroffe Felsformation bietet mehrere Aussichtspunkte. Wir gehen zunächst nach rechts bis zu einer **Schutzhütte** vor, von der wir einen Blick auf die Loreley haben. Im Tal ist das Portal des Loreleytunnels (1859–61) der nassauischen Eisenbahn und auf der anderen Rheinseite das Portal des Kammereck-Tunnels der preußischen Eisenbahn (1859) auszuma-

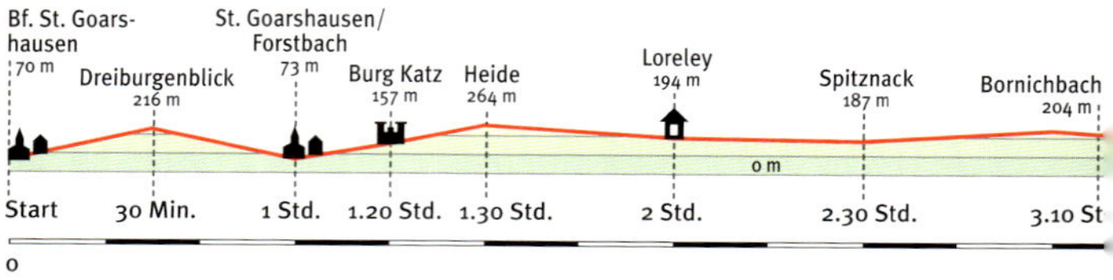

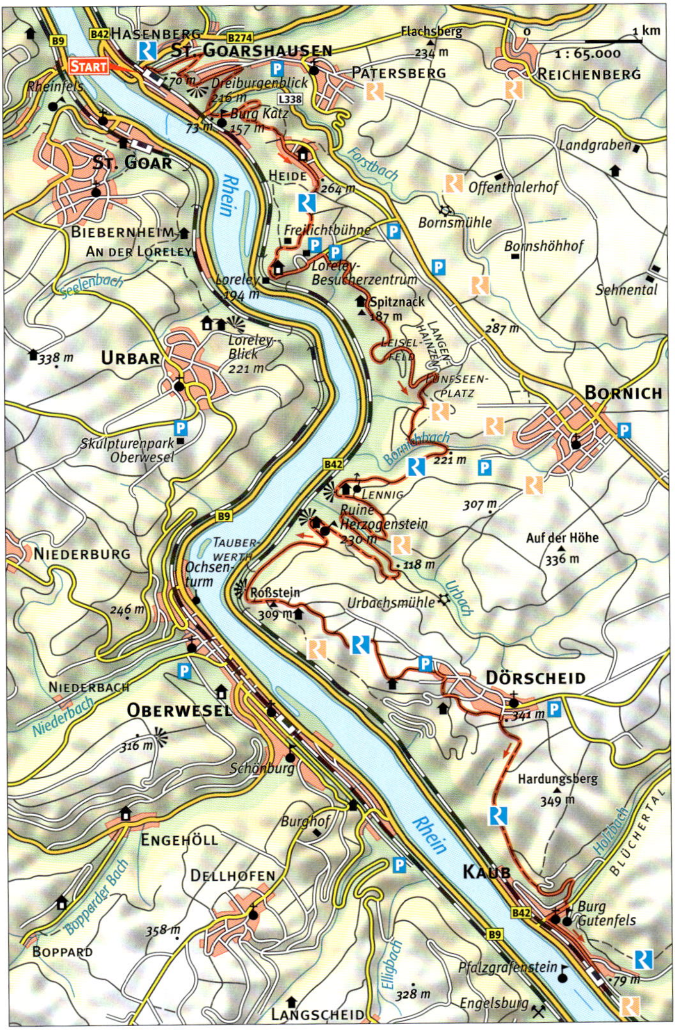
1 km
1 : 65.000
Start
St. Goarshausen
Hasenberg
Patersberg
Reichenberg
Flachsberg 234 m
Rheinfels
St. Goar
Dreiburgenblick 216 m
Burg Katz 157 m
73 m
70 m
Heide
264 m
Forstbach
Landgraben
Offenthalerhof
Bornsmühle
Bornshöhhof
Sehnental
Biebernheim
An der Loreley
Freilichtbühne
Loreley-Besucherzentrum
Loreley 194 m
Spitznack 187 m
Seelenbach
Rhein
287 m
338 m
Urbar
Loreley-Blick 221 m
Leiselfeld
Langenhainzen
Fünfseenplatz
Bornich
Bornichbach
221 m
Skulpturenpark Oberwesel
Lennig
307 m
Ruine Herzogenstein 230 m
Auf der Höhe 336 m
Niederburg
Tauberwerth
Ochsenturm
118 m
Roßstein 309 m
Urbachsmühle
Urbach
246 m
Dörscheid
341 m
Niederbach
Oberwesel
316 m
Schönburg
Hardungsberg 349 m
Engehöll
Burghof
Holzbach
Blüchertal
Dellhofen
Kaub
Burg Gutenfels
Bopparder Bach
358 m
Boppard
Elligbach
328 m
Pfalzgrafenstein
79 m
Engelsburg
Langscheid
B9
B42
B274
L338

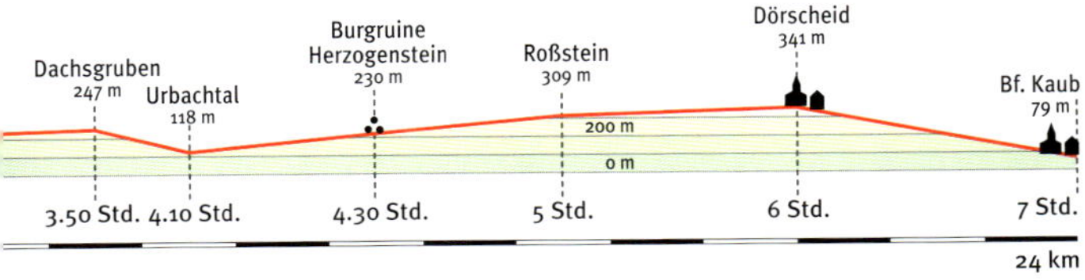
Dachsgruben 247 m
Urbachtal 118 m
Burgruine Herzogenstein 230 m
Roßstein 309 m
Dörscheid 341 m
Bf. Kaub 79 m
200 m
0 m
3.50 Std.
4.10 Std.
4.30 Std.
5 Std.
6 Std.
7 Std.
24 km

chen. Diese Tunnelportale fügen sich mit Formen der Burgenarchitektur gut in die Landschaft.

Von der Hütte zurückgekehrt, gehen wir auf einem Pfad nach rechts weiter zur Felsenkanzel, die einen Blick auf die senkrecht stehenden, zerklüfteten Schieferplatten der Spitznack, nach Oberwesel und zur Loreley sowie tief ins Rheintal hinab bietet.

Wir gehen auf den Rheinsteig zurück bis zum Rand einer Wiese, wo wir nach links abbiegen. Der grasbewachsene Weg führt uns am **Hof Leiselfeld** vorbei. Ab da folgen wir einem Teerweg Richtung Wald und gehen nach einer langen Kurve in der Gemarkung **Langenhainzen** rechts auf dem Schotterweg weiter.

An der nächsten Gabelung kommen wir auf dem linken Pfad zum 1911 angelegten **Fünfseenplatz,** der heute nur noch zwei Abschnitte des Rheins als See erscheinen lässt. Wir gehen landeinwärts weiter. An einer Gabelung biegen wir scharf rechts ab, an der folgenden halten wir uns nach links wieder rheinaufwärts und bis zu einem Querweg – hier links. An der nächsten Wegkreuzung, an der es links nach Bornich geht, erreichen wir die Talkante des **Bornichbachs** (3 Std.).

Wir kommen geradeaus zu einem steilen, gewundenen felsigen Pfad mit einigen Stufen, der uns zu einem Steg bei einem kleinen Wasserfall führt. Dahinter gehen wir den breiten Querweg links hinauf. An der folgenden Gabelung wenden wir uns scharf rechts und gehen nun bachabwärts Richtung Rhein auf einem Schotterweg, an der nächsten Gabelung weiter geradeaus. Am **Lennig** treffen wir auf einen Aussichtspunkt mit **Schutzhütte.** Wir sehen von hier noch einmal Spitznack und Loreley.

Vom Aussichtspunkt wandern wir über einen felsigen Pfad landeinwärts, rechts unter uns das Urbachtal. Im Bereich **Dachsgruben** gabelt sich der Pfad (3.50 Std.) – wir gehen nach rechts, steil, zum Teil über Stufen, ins Urbachtal hinunter, vorbei an Trockenmauern lange aufgelassener Weinberge; am Beginn passieren wir einen Unterstand der Winzer von 1931. Einem Querweg mit Holzgeländer folgen wir nach rechts, weiter bergab an aufgelassenen Weinbergen vorbei bis zum **Urbach,** den wir mit einem Steg überqueren (4.10 Std.). Dahinter bringt uns ein Pfad auf einen Schotterweg, dem wir nach links bergauf folgen. An der folgenden Gabelung gehen wir rechts ab, weiter bergauf.

Wir queren über einen Damm ein Seitental und biegen bald danach im Bereich Urbachsmühle scharf rechts ab, um wieder Richtung Rhein zu kommen. Wir queren das Seitental noch einmal weiter oberhalb. An der folgenden Weggabelung halten wir uns links und queren bald einen Weg, um bergab in den Bereich der **Burgruine Herzogenstein** zu kommen (4.30 Std.). Sie besetzte einen Felssporn und sollte das Gebiet des Pfalzgrafen sichern. Oberwesel fühlte sich bedroht, und so wurde sie 1361 kurz nach ihrer Erbauung zerstört. Vor allem ein großer Schutthügel ist erhalten. Wir gehen bis zum Rheinhang, dort an einer Schutzhütte vorbei und wieder landeinwärts.

An der folgenden Kreuzung halten wir uns rechts und wandern nun im Rheinhang bis zum **Roßstein** (5 Std.). Über einen felsigen Pfad mit Drahtseilen geht es steil bergan. Uns gegenüber erstreckt sich Oberwesel. Ein **Holzkreuz** im Hang erinnert an einen tödlich verunglückten Wanderer.

Blick von der Loreley aufs Kammereck und nach St. Goarshausen

In einigen Windungen bringt uns ein Pfad zu einer **Schutzhütte** auf der Höhe, vor der wir nach rechts weitergehen. Bald geht es links ab und auf einer Wiesen- und Ackerfläche weiter; auf der nächsten Kreuzung rechts weiter, an der folgenden geradeaus und an der dritten rechts ab, dann an einem Querweg nach links, bald wieder rechts bis zu einem **Sendemast** und dort wieder links weg, bis dahin parallel zum Rheinhang, nun etwas landeinwärts. Voraus liegen auf dem Taunus links Bornich, rechts Dörscheid. An der nächsten Kreuzung rechts weiter bis zu einer **Schutzhütte** mit direktem Blick auf die Schönburg und auf Kaub mit Burg Pfalzgrafenstein im Rhein. Von der Hütte wandern wir geradeaus vom Rhein weg bis zu einer Wiese, dort links weiter und an der nächsten Gabelung nach rechts bis in eine Wohnstraße in **Dörscheid** (6 Std.).

Dieser folgen wir nach rechts bis zu einer Kreuzung mit Spielplatz. Hier gehen wir rechts ab, verlassen den Ort bergab und folgen dann einem Querweg nach links. An der folgenden Kreuzung halten wir uns geradeaus, biegen erst in den bald folgenden Weg rechts ab und gehen an der nächsten Gabelung links weiter. An der folgenden Gabelung halten wir uns rechts, weiter parallel zum Ortsrand, an der nächsten Kreuzung wieder links, danach sofort wieder rechts bis auf einen Querweg beim **Landgasthof Blücher.**

Hier gehen wir nach rechts bergab, geradeaus über eine Kreuzung von Wiesenwegen, dahinter bald links. Durch Gebüsch führt der felsigschottrige Pfad bergab, durch einen kleinen Taleinschnitt, dann sind wir auf einem breiteren Weg. An der kommenden Gabelung halten wir uns rechts, gehen nun die meiste Zeit auf einem felsigen Pfad bergab; auch an den beiden folgenden Gabelungen halten wir uns rechts. Aufgelassene Weinberge und die **Dörscheider Heide** umgeben uns.

In den Wingerten im **Kauber Blüchertal** – der Kauber Weinbau begann vor 1194 – folgen wir einem Teerweg bergab. Uns gegenüber erhebt sich Burg Gutenfels. Wir gehen ins Blüchertal hinein. Eine Abraumhalde des Kauber Schieferbergbaus prägt die andere Talseite. An der nächsten Weggabelung bei einer sehr hohen Mauer wenden wir uns scharf nach rechts und gehen bergab weiter; an der folgenden Gabelung halten wir uns geradeaus. Eine Betontreppe links bringt uns hinab zur Pforte am **Leiterberger Turm,** der 1420 zum Schutz des Dörscheider und des Weiseler Tors der Kauber Stadtmauer errichtet wurde. Dahinter führt uns ein alter gestickter Weg zu einer Gasse, und wir gelangen zur Blücherstraße, der wir nach rechts zum **Marktplatz** (mit einem Denkmal für die Gefallenen des Krieges von 1870/71 mit zwei deutschen Feldkanonen) folgen. Die Kauber Kirchen bilden eine Einheit. Älter ist die **ev. Pfarrkirche St. Trinitatis** mit dem romanischen Turm und einem weiten Raum aus dem 15. Jh. mit großen Emporen. Die katholische Gemeinde baute 1770–72 die **Pfarrkirche St. Nikolaus** an. Sie birgt ein spätbarock-frühklassizistisches Inventar.

Am unteren Rand des Marktplatzes biegen wir nach links in die Metzgergasse. Im dortigen Hotel »Stadt Mannheim« erinnert das **Blüchermuseum** an das Hauptquartier von Feldmarschall Blücher beim Rheinübergang der Schlesischen Armee an Neujahr 1814 (s. Tour 26). Wir gehen unter dem **Zollschreiberturm** durch. Die Amtskellerei von 1722 und das Zollschreiberamtshaus des 16. Jh.s erinnern an die Geschichte Kaubs als Unteramt und Zollstation des Pfalzgrafen bei Rhein.

Wir folgen der Straße parallel zum Bahndamm weiter, noch vorbei am **Dicken Turm** der Stadtmauer und den Resten der angeschlossenen **Schiefergrube »Wilhelm-Erbstollen«,** bis zum **Bahnhof Kaub** (7 Std.).

Der Pfalzgrafenstein

Die Sage will, dass der Pfalzgraf bei Rhein hier mitten im Fluss seine Tochter Agnes von Hohenstaufen einsperrte, damit sie nicht Heinrich von Braunschweig heirate. Doch die Mutter ließ Heinrich auf die Burg, Agnes wurde prompt schwanger und die Hochzeit fand doch statt. Seitdem sollen alle Töchter des Pfalzgrafen hier ihre Kinder geboren haben. So weit die Sage. Tatsächlich heirateten Agnes und Heinrich 1194 auf Burg Stahleck. Ihre Ehe sollte Staufer und Welfen versöhnen. Der Pfalzgrafenstein freilich wurde erst 1327 begonnen! Der Pfalzgraf wollte mit einem Turm im Rhein seinen Zoll schützen. Der Papst exkommunizierte ihn deshalb, obwohl der Mainzer Erzbischof mit dem Mäuseturm ebenfalls seinen Zoll verstärkte. Ludwig der Bayer umzog den Turm 1339–42 mit einer Wehrmauer und nahm weiter den Zoll ein. Die Burg war eine von zwölf Zollstationen zwischen Bingen und Koblenz. 1606/07 erhielt sie ihre Spitze als Geschützstellung und Eisbreche. Mit den hölzernen Wehrerkern von 1658 wurde sie endgültig zu einem Schiff mitten im Rhein, wie es der Dichter Victor Hugo 1842 beschrieb. Zoll wurde hier bis 1866 eingenommen, seit 1803 durch Nassau.

Im Freistaat Flaschenhals

Von Kaub nach Lorch

Im »Freistaat Flaschenhals« führten Kaub und Lorch 1919–23 ein freies Leben. In den alten Wingerten verbindet diese Panoramawanderung mit vielen Blicken auf die Nachbarburgen die beiden Orte, die selbst mit besonderen Baudenkmälern gesegnet sind.

DIE WANDERUNG IN KÜRZE

++ Anspruch

4.30 Std. Gehzeit

13 km Länge

Charakter: Streckenwanderung durch meist offenes Gelände und Weinberge mit kurzen alpinen Elementen

Wanderkarte: »Rheinsteig«. Topographische Freizeitkarte 1 : 50 000

Einkehrmöglichkeiten: Kaub, Lorchhausen, Lorch; unterwegs keine

Anfahrt: Mit der **Bahn** aus Richtung Koblenz oder Wiesbaden bis Kaub; zurück ab Lorch, Mit dem **Pkw** auf der B 42 bis Kaub; zurück mit der Bahn.

Aus dem **Bahnhof Kaub** gehen wir nach links bis zum **Dicken Turm** der Stadtmauer, an den Bauten der ehemaligen Schiefergrube »Wilhelm-Erbstollen« anschließen, und rechts in die Adolfstraße hinauf. Neben den Bauten, in denen der Schiefer verarbeitet wurde, sehen wir den Stolleneingang von 1837.

An einem **Wasserbehälter** wenden wir uns nach links in die weitgehend aufgelassenen Weinberge, von denen wir den Pfalzgrafenstein im Rhein und dahinter den Steinbruch beim Haus Engelsburg sehen. Bald erhebt sich vor uns die im frühen 13. Jh. erbaute **Burg Gutenfels** mit ihrem mächtigen Bergfried in der Mantelmauer. Die Schießscharten in der Bergseite sowie Zubauten im Hang erinnern an den Ausbau für Feuerwaffen nach 1508.

Noch weit vor der Burg geht es rechts weiter durch felsiges Gelände und verbuschte Wingerte ins **Volkenbachtal** (45 Min.). Im weiteren Fortgang führt uns diese Tour besonders drastisch vor Augen, welch große Rebflächen in den vergangenen Jahrzehnten am Mittelrhein aufgegeben wurden. Die Landschaft hat sich damit massiv gewandelt.

Im Tal sehen wir Zeugnisse des Kauber Schieferbergbaus, so Bauten des Ernestineschachts und nahe am Weg die Abraumhalden des Barbarastollens. Im Bereich der Tennisplätze, an denen wir rechts vorbeigehen, befand sich der Rennseiterstollen. Einer Teerstraße folgen wir kurz nach links, gehen dann rechts ab und auf einem breiten Schotterweg konsequent bergauf. Unterhalb einer Kurve auf der Rheinseite blicken wir von einer Schutzhütte nach rechts auf Kaub und Oberwesel und nach links auf Bacharach. Wir folgen dem Weg weiter, rechts an einem Sendemast vorbei und an der folgenden Gabelung rechts. Nach einer langgezogenen Rechtskurve treffen wir auf eine Kreuzung mit einem **Abzweig nach Sauerthal** (1.10 Std.). Wir wenden uns nach rechts und gehen vorbei an einer Schutzhütte ins **Schenkelbachtal** hinunter.

Nach Querung des Baches (1.20 Std.) folgen wir diesem nach rechts und passieren eine Höhle im Fels. Der Weg führt uns allmählich auf die Rheinseite zurück, der wir nun, am Abzweig Hasselborn vorbei, flussaufwärts folgen. Ein Panorama von Oberwesel über Kaub bis Bacharach tut sich auf. Im Hang finden sich Spuren alter Weinbergsterrassen. In Höhe des Bacharacher Werths biegt der Weg ins **Niedertal** ein. An einer Gabelung gehen wir nach rechts zum Bach hinunter.

Wir queren ihn (2 Std.) und kommen damit von Rheinland-Pfalz nach Hessen. Ein »Grenzhäuschen« markiert die durch das Niedertal verlaufende historische Grenze zwischen Kurpfalz mit Kaub im Norden und Kurmainz im Süden. Wir befinden uns hier auch in der Mitte des »Freistaates Flaschenhals«, eines von 1919 bis 1923 während der alliierten Besetzung des Rheinlandes auf sich gestellten Gebietes zwischen den mit einem Zirkelschlag umrissenen Brückenköpfen Mainz und Koblenz, in dem sich die Bürger selbst organisieren mussten und der Schmuggel blühte.

Wir gehen bachabwärts und bei der Gabelung nach 600 m links hinauf und wieder zur Rheinseite. Unterhalb des Scheibigkopfes blicken wir nach Bacharach und ins Steeger Tal. Der Weg führt uns bald ins **Obertal** hinein. Der Schieferabbau hat hier eine riesige **Abraumhalde** hinterlassen. An dieser entlang queren wir das Tal und steigen Richtung Rhein bergauf. Von der **Wirbeley** (2.45 Std.) unterhalb des Engweger Kopfes mit Pflanzen, die trockene, felsige Lagen bevorzugen, wie Felsenahorn und Traubeneichen, bietet sich noch einmal ein guter Blick nach Bacharach. Die zinnenbewehrte, aus Bruchstein erbaute Sektkellerei nahe dem Ort ist ein markantes Zeugnis der Burgenromantik.

Wir passieren den Abzweig nach Lorchhausen und bleiben auf der Höhe. An der nächsten Gabelung halten wir uns geradeaus. Auch bei Lorchhausen, wo schon vor 1209 Wein angebaut wurde, liegen große Weinbergsflächen brach. Wir wenden uns ins **Retzbachtal** (3.10 Std.). Uns gegenüber setzt die 1908 erbaute Clemenskapelle einen malerischen Akzent.

Im Tal gehen wir zunächst die Teerstraße links hinauf und folgen an der nächsten Gabelung dem Betonweg nach rechts, hinauf in die

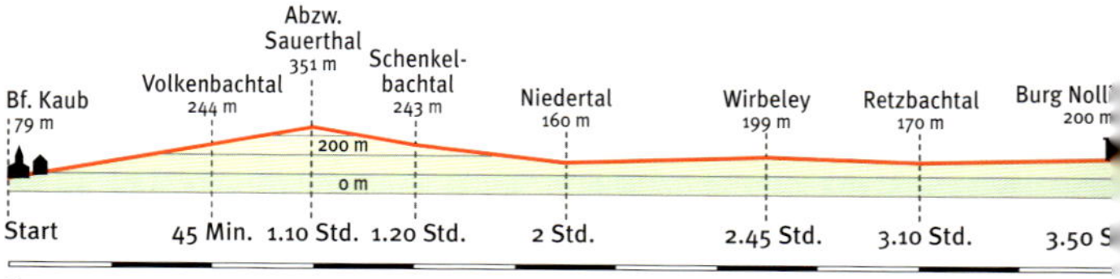

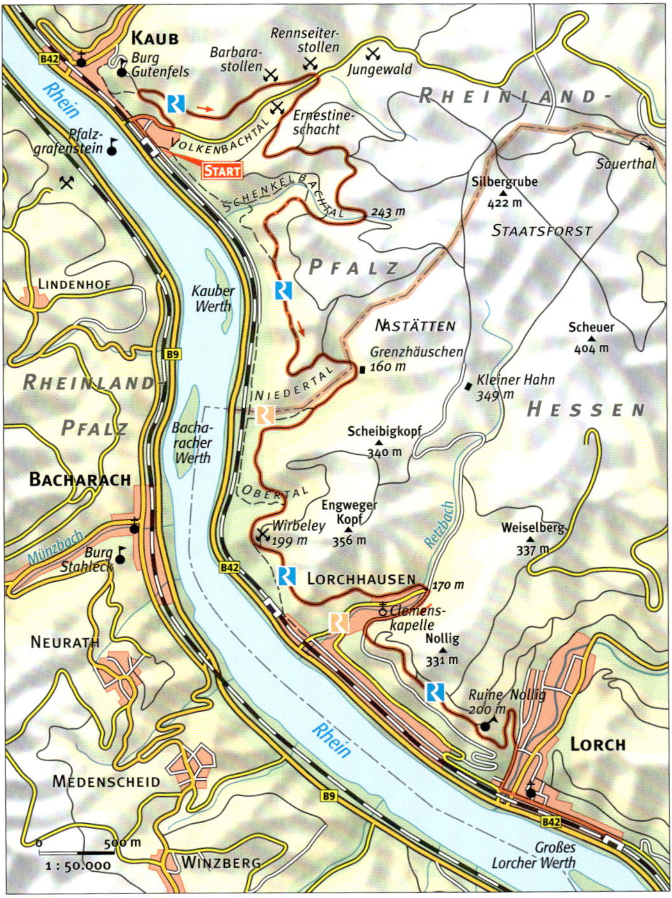

weitgehend aufgelassenen Weinberge, durch ein Wildgatter hindurch und am Abzweig zur Clemenskapelle vorbei. Wieder auf der Rheinseite angelangt, wechseln wir vom Beton- auf einen Teerweg, der uns weiter hinaufführt. An der nächsten Gabelung wenden wir uns nach links, um wieder auf die Rheinseite zu gelangen, in der noch vereinzelt Wein angebaut wird. Wir sind im Hang des **Nolligs** unterwegs.

Auf der anderen Rheinseite sehen wir die Burgruine Fürstenberg über Rheindiebach, 1219 vom Kölner Erz-

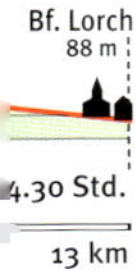

bischof zum Schutz seines Gebietes rund um Bacharach erbaut. Sie ist neben den Burgen Hammerstein und Ehrenfels die einzige größere Burgruine direkt am Mittelrhein, die ihre Gestalt zur Zeit der Rheinromantik bewahrt hat.

Wir folgen unserem Weg geradeaus bis zur **Burg Nollig** (3.50 Std.). Dieser im 14. Jh. mit Mauern ummantelte und mit einer Schildmauer verstärkte ehemals hölzerne Wohnturm diente als Außenposten der Lorcher Ortsbefestigung.

Wir gehen am Turm rechts vorbei durch das Wildgatter. In der Kurve verlassen wir den gemächlich nach

Hohlweg bei Lorch

Lorch laufenden Weg und nehmen rechts einen felsigen gewundenen Pfad in den verbuschten Hang hinunter. Der schon vor 1085 bezeugte Weinbau ist auch hier stark zurückgegangen.

Am Ende der alpinen Passage geht es auf ebenem Weg ins **Wispertal.** Auf einer Brücke queren wir einen tief in den Felsen geschroteten Weg, in den Wagenräder Rillen geschnitten haben. Dieser Weg bringt uns nach **Lorch** hinunter. Dort folgen wir der Straße »Weiselberg«, die in der Wisperstraße weiterläuft, und passieren ein Fachwerkhaus, dessen Tor auf 1591 datiert ist. An einer Kreuzung queren wir die Wisper über eine verbreiterte Kopie der 1556 erbauten Wisperbrücke. Rechts steht der 1567 erbaute **Strunk,** ein Turm der Ortsbefestigung, der auch als Gefängnis diente.

Wir gehen geradeaus durch die Marktgasse und zur **kath. Pfarrkirche St. Martin** hinauf. Die gotische Kirche aus dem späten 13. bis 14. Jh. mit der Westfront von 1480 wirkt wegen des versetzten Turmes malerisch. Der reich gegliederte Bau birgt als besondere Höhepunkte das Chorgestühl aus dem 13. Jh., das Grabmal des Feldmarschalls Johann Hilchen (gest. 1548) und den detailreichen Schnitzaltar von 1483 mit Maria und dem hl. Martin im Mittelpunkt.

Vor der Kirche gehen wir rechts die Kirchgasse hinunter und folgen nach links der Rheinstraße. Hier passieren wir das **Hilchenhaus,** dessen Bau Feldmarschall Hilchen in den Jahren 1546–48 begann. Die monumentale, reich gegliederte Fassade ist ein rares Beispiel der Renaissance am Mittelrhein. Die Rheinstraße bringt uns zum **Bahnhof Lorch** (4.30 Std.).

Teufelskadrich und Höllenberg

Von Lorch nach Assmannshausen

Von Lorch führt diese Tour mit weiten Blicken auf gleich sieben Burgen über Weinbergslagen und das felsenreiche Naturschutzgebiet Teufelskadrich. Sie endet im Assmannshäuser Höllenberg, der den Most für hervorragende Rotweine liefert.

DIE WANDERUNG IN KÜRZE

++ Anspruch

5 Std. Gehzeit

16 km Länge

Charakter: Eine Wanderung mit gemäßigten Steigungen, vorwiegend durch Weinberge und schütteren Wald

Wanderkarte: »Rheinsteig«. Topographische Freizeitkarte 1 : 50 000

Einkehrmöglichkeiten: Lorch, Assmannshausen; unterwegs keine

Anfahrt: Mit der **Bahn** aus Richtung Koblenz oder Wiesbaden bis Lorch; zurück ab Assmannshausen. Mit dem **Pkw** auf der B 42 bis Lorch; zurück mit der Bahn.

Vom **Lorcher Bahnhof** begeben wir uns zunächst nach links in den Ortskern. Hinter dem Hilchenhaus mit seiner reichen Renaissancefassade gehen wir rechts durch die Kirchgasse zur **kath. Pfarrkirche St. Martin** hinauf, die uns mit prächtiger Gotik empfängt. Dahinter rechts in den »Römerberg« hinauf, an der nächsten Gabelung links und vorbei an **Kriegerdenkmal** und **Friedhof.** Nach einer Spitzkehre kommen wir wieder auf die Rheinseite und gehen auf einem Schotterweg weiter, die Abzweige ignorierend (40 Min.).

In den Weinbergen um uns herum sind nur noch wenige Flächen bestockt. Ziegen halten die Brachflächen frei. An einer Gabelung nehmen wir den rechten, tieferen Schotterweg. Uns gegenüber liegt Niederheimbach mit der Heimburg. Wir passieren den Abzweig nach Lorch. An der folgenden Gabelung nehmen wir den mittleren Weg, der uns bald durch mit Gebüsch und Bäumen bewachsene Weinbergslagen führt. Über eine weite Strecke haben wir den Blick auf die von preußischen Prinzen bis 1862 schonend ausgebaute Hangburg Sooneck, die gegenüber dem Quarzitsteinbruch von Trechtingshausen winzig wirkt.

Nahe dem Südende des Lorcher Werths mitten im Rhein führt uns der Weg in den **Bächergrund** (1.20 Std.). Dort treffen wir auf die Kurve eines Schotterweges und folgen ihm nach rechts, weiter ins Tal hinunter. An der Kurve einer Teerstraße queren wir den Bachgrund und folgen der Straße bergab. An Gärten vorbei gehen wir in eine größere Kurve, in der wir nach links einen Schotterweg bergauf einschlagen. Er bringt uns zum Rhein, dem wir oberhalb der Wingerte folgen.

Vor der Umzäunung eines von Bäumen umschlossenen **Quarzitsteinbruches** gehen wir nach rechts hinunter. Auf einem Querweg halten wir uns dann rechts. Über Lorch mit dem Nollig hinweg geht hier unser Blick zurück bis zu den Burgen Fürstenberg und Stahleck.

Nach einer scharfen Linkskurve treffen wir auf einen weiteren Querweg. Diesem Schotterweg folgen wir konsequent nach links. Bald blicken wir über den Rhein schon zur Burg Reichenstein bei Trechtingshausen, dahinter auf Burg Rheinstein und auf unserer Rheinseite auf Assmannshausen.

Nach dem Aussichtspunkt unter der **Lehnhecke** wendet sich der Weg ins Bodental. An der Gabelung bei der Platt halten wir uns links bergauf und queren einen Bachlauf. Dahinter geht es wieder bergauf bis zu einer Gabelung, an der wir nach rechts ins **Bodental** hineingehen (2.30 Std.). Wir folgen dem Bach bergauf, queren ihn nahe einer Schutzhütte und eines Teiches und steigen auf dem breiten Schotterweg nach rechts hinauf; der Bachlauf verliert sich bald unter uns im Wald. Wir nähern uns wieder dem Rhein. An der Gabelung hinter einer scharfen Linkskurve halten wir uns rechts. Auf dem Felsweg durchmessen wir nun das Naturschutzgebiet **Teufelskadrich.** Dieses urwüchsige Gebiet

Blick auf Burg Rheinstein

dominieren Felsen und Blockschutthalden, die sich vorwiegend im Quarzit im Süden des Mittelrheintals finden. Genügsame Pflanzen und verkrüppelte Bäume wachsen hier ebenfalls.

Vorbei an der **Paul-Claus-Hütte** (3 Std.), durchschreiten wir in einer Linkskurve einen größeren aufgelassenen **Quarzitsteinbruch.** Wieder in den Wald hinaufgestiegen, wen-

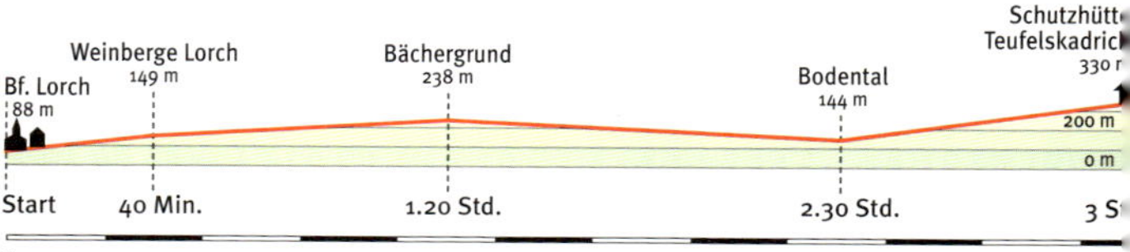

den wir uns an einer Gabelung rechts und gehen ins Tal des **Speisbaches** hinunter (3.20 Std.). Nach dessen Querung nähern wir uns wieder der Rheinseite des Taunus. Wir gehen bergauf und an den Spuren des Bergwerkes **»Eisenkaut«** vorbei (3.30 Std.). Dahinter führt uns im Eichenwald ein Pfad an einer Gabelung rechts hinunter. Unterhalb des **Bacharacher Kopfes** wird es steinig;

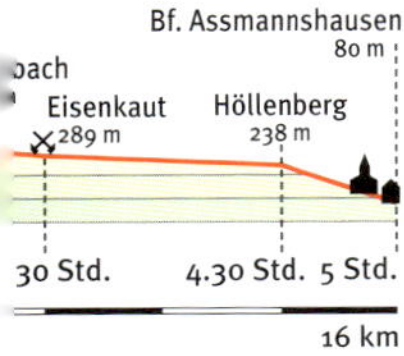

Felsen und Felsbrocken durchziehen den steilen Hang. Wie die Trockenmauern zeigen, wurde selbst in dieser extremen Lage Wein angebaut. Bald erblicken wir die Ausläufer von Assmannshausen und auf der anderen Rheinseite Burg Rheinstein. Links davon steht etwas erhöht auf einer Felswand das Schweizerhaus, das Gästehaus der Burg.

Ein Schotterweg bringt uns in die Weinberge von Assmannshausen. Am Ortseingang fällt das ehemalige Kurhaus von 1877 mit seinem von der Burgenromantik inspirierten Turm ins Auge. Einer Betonstraße in den Weinbergen folgen wir nach links; nach einer Kurve gehen wir am Rand des Waldes rechts auf einem

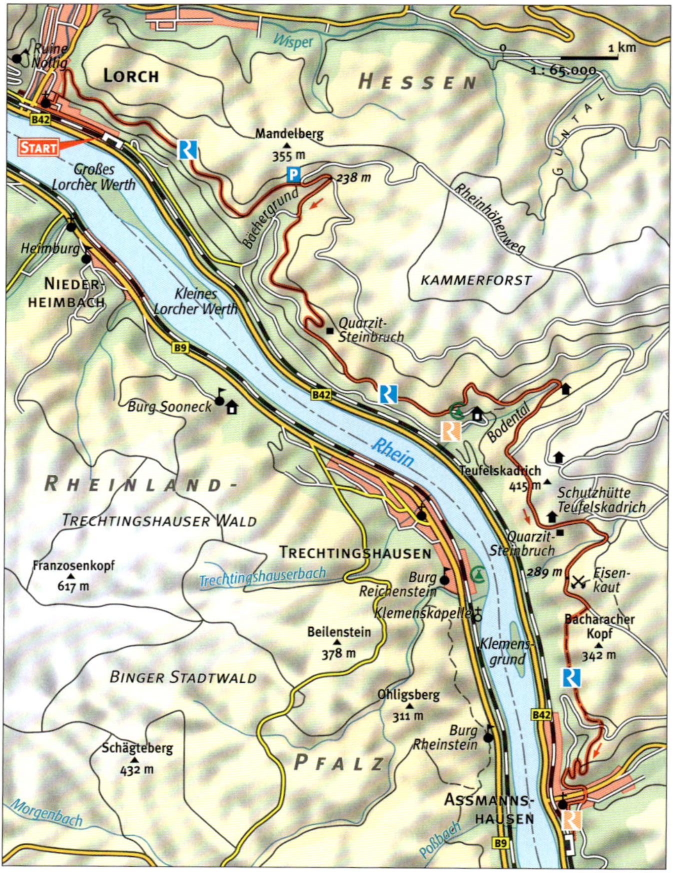

Schotterweg hinunter. Geradlinig nähern wir uns der legendären Rotweinlage **Assmannshäuser Höllenberg** (4.30 Std.).

In einer großen Kurve wenden wir uns an einer Gabelung nach links. An der Gabelung nach der nächsten Kurve folgen wir dem Betonweg nach links bergab. Weiter unten bringt uns eine Betontreppe zu einem Schotterweg, der uns nach rechts nach **Assmannshausen** führt. Nach weiteren Stufen erreichen wir die Höllenbergstraße. Sie führt uns zunächst an der **kath. Pfarrkirche zur Kreuzerhöhung** vorbei. Der spätgotische Bau mit seinem spitz behelmten Ostturm datiert weitgehend aus dem 15. Jh.

Hinter der Kirche folgen wir einer Linkskurve. Gleich neben dem Bahnübergang erreichen wir den **Bahnhof Assmannshausen** (5 Std.).

Germania und Hildegard

Von Assmannshausen nach Johannisberg

Diese Wanderung durch die weinbestockten Weiten des Rheingaus verbindet das pathetische Niederwalddenkmal mit einem Landschaftspark und den Erinnerungen an Hildegard von Bingen. Sie endet bei einer der Hochburgen des Weinbaus am Rhein.

DIE WANDERUNG IN KÜRZE

+++ Anspruch

5.30 Std. Gehzeit

22 km Länge

Charakter: Lange Streckenwanderung mit einigen stärkeren Steigungen bei vorwiegend ebeneren Wegen, über weite Strecken in den Weinbergen

Wanderkarte: »Rheinsteig«. Topographische Freizeitkarte 1 : 50 000

Einkehrmöglichkeiten: Am Niederwalddenkmal, Marienthal, Haus Neugebauer, Schloss Johannisberg

Anfahrt: Mit der **Bahn** aus Richtung Koblenz oder Wiesbaden bis Assmannshausen. Mit dem **Pkw** auf der B 42 bis Assmannshausen. **Rückfahrt** mit **Bus** oder **Anrufsammeltaxi** von Johannisberg (Rosengasse) zum Bahnhof Geisenheim, ab da mit der Bahn nach Assmannshausen.

Vom **Bahnhof Assmannshausen** gehen wir in die Niederwaldstraße und an der gotischen kath. Pfarrkirche zur Kreuzerhöhung vorbei. An der Gabelung dort halten wir uns rechts. Eine steile Straße führt uns an der **Talstation der Seilbahn** zum Niederwald vorbei und lässt uns links den Höllenberg überblicken. Hinter dem **Friedhof** biegen wir scharf rechts in die Waldstraße. An der Kreuzung nach 100 m halten wir uns geradeaus, passieren das Ausbildungszentrum für das Baugewerbe und gehen auf einem Waldpfad weiter.

Nach ein paar Minuten treffen wir auf einen Querweg, dem wir nach rechts folgen, noch immer bergauf. Den Hang füllen einige Blockschutthalden. Bei der **Bergstation** der Seilbahn gehen wir nach links am **Jagdschloss Niederwald** vorbei (40 Min.), dahinter nach rechts in den Wald. Das 1763–66 erbaute und mehrfach erweiterte Jagdschloss ist der Ausgangspunkt eines englischen Landschaftsparks. Graf Karl Maximilian von Ostein ließ den Wald als Park mit Blickachsen und verschiedenartigen »Waldhäusern« als Aussichtspunkten gestalten.

An einer Gabelung im Wald halten wir uns rechts. Wir können nun eine erste Anlage des Parks erleben, der die Rheinlandschaft einbezieht. Zur **Zauberhöhle** (1787–94) führt ein 60 m langer finsterer Gang. Aus einem Rundbau können wir danach einen überraschenden Blick auf Burg Rheinstein genießen.

Bei den nächsten beiden Gabelungen geht es rechts weiter. Stufen bringen uns zum **Rittersaal** hinunter. Die Aussichtsplattform mit Blick auf Burg Rheinstein und Bingen ersetzte 1876 einen Pavillon von 1791. Oberhalb der Stufen wenden wir uns nach rechts. Der nächste Querweg bringt uns nach rechts zur künstlichen **Ruine Rossel** (1774). Unter uns steht die Burgruine Ehrenfels mit ihrer starken Schildmauer (um 1211 erbaut, 1356 ausgebaut). Sie schützte mit dem Mäuseturm im Rhein (14. Jh.) den Zoll des Mainzer Erzbischofs. Der Blick auf Bingen und die Nahemündung begleitet uns später wieder.

Bei der nächsten Kreuzung wenden wir uns nach rechts und nach 20 m wieder rechts. Wir kommen bergab zu einer Gabelung vor einer Blockschutthalde. Hier links weiter, nun vorbei an Weinbergen, einem Wegekreuz und einem Unterstand (1 Std.) und wieder bergauf. Bei der versetzten Kreuzung im Wald halten wir uns rechts bergab und gehen durch Wald- und Weinbergsstücke. Bei einer Wegespinne an einem Betonweg nehmen wir von den drei Wegen links den mittleren bergauf durch den Wald; bei der nächsten Gabelung geradeaus.

An einer Wegespinne folgen wir dem ersten Weg nach rechts bis zum unteren Weg vor dem **Niederwalddenkmal** (1.20 Std.). Das 1877–83 von dem Architekten Weißbach und dem Bildhauer Schilling geschaffene Nationaldenkmal mit der riesigen Germania erinnert mit großem Pathos an den deutschen Sieg über Frankreich 1871 und die Gründung des Deutschen Reiches.

Wir gehen bis zur Gabelung am Restaurant und dann rechts weiter am **Rundtempel** vorbei (um 1790 für den osteinschen Park errichtet). An der nächsten Gabelung im Wald gehen wir geradeaus. Wir unterqueren die Seilbahn und halten uns an der Kreuzung rechts. Am Rand der Weinberge halten wir uns scharf rechts. Bei Schuppen geht es abwärts und dahinter bei den Weinbergen links weiter.

Der Teerstraße, auf die wir stoßen, folgen wir nach links bergauf, queren dann die **Landesstraße 3034** und folgen dem rechten Weg, der parallel zur Straße in die Weinberge führt. Nach 300 m halten wir uns an einer Gabelung links und gehen konsequent geradeaus.

Am Beginn der **Benediktinerinnenabtei St. Hildegard** (2.30 Std.) führt der Rheinsteig rechts hinunter, doch sollte man zuerst die Abtei besuchen. 1900–1939 von P. Ludger Rincklage aus Maria Laach in strengen neoromanischen Formen erbaut, knüpft sie seit 1904 an die Tradition des Klosters Eibingen an. Die hl. Hildegard von Bingen (1098–1179) siedelte dort im Jahr 1165 Benediktinerinnen an.

Die 1907–13 von P. Paulus Krebs im Beuroner Stil geschaffene Aus-

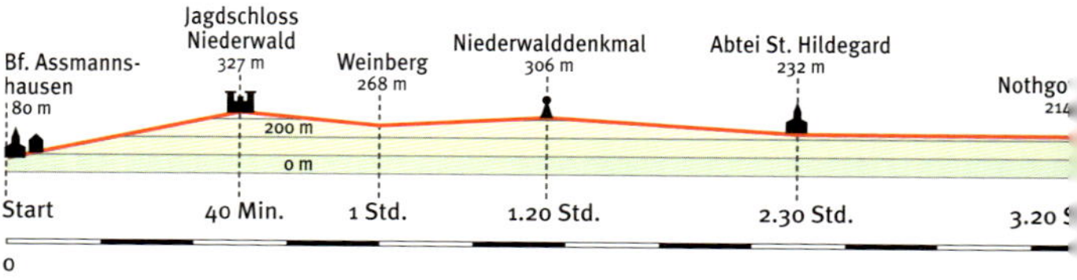

Vor dem Niederwald-denkmal

malung verleiht der Kirche eine geheimnisvoll friedliche Stimmung. Bezugspunkt ist der die Menschen einladende Christus im Apsisgemälde. Ein Zyklus schildert das Leben Hildegards, die als unbeugsam ihrem Glauben folgende Äbtissin ebenso wie als Visionärin und Autorin liturgischer Gesänge sowie theologischer und medizinischer Schriften eine der großen Frauengestalten des Mittelalters ist.

Nun folgen wir dem Rheinsteig im Weinberg bergab bis zu einer Teerstraße, auf der wir nach rechts gehen, um dann einem Schotterweg nach links zu folgen. Bei einem **Bildstock** von 1783 mit Christus am Ölberg queren wir die Nothgottesstraße und folgen ihr nach links, nach 50 m dann rechts einem Feldweg. Er trifft auf einen Schotterweg – hier gehen wir rechts, auf der folgenden Kreuzung links. Nach 500 m queren wir eine Betonstraße und gelangen zu einem **Schießstand.** Wir gehen nach rechts zu einer Teerstraße, dort links, an der nächsten Gabelung rechts bergab weiter und über den **Blaubach.** Wir folgen dem breiten Schotterweg nach links, vorbei an der im Wald gelegenen **Nonnenmühle.** Am Ende des Jugendzeltplatzes geht der Rheinsteig rechts

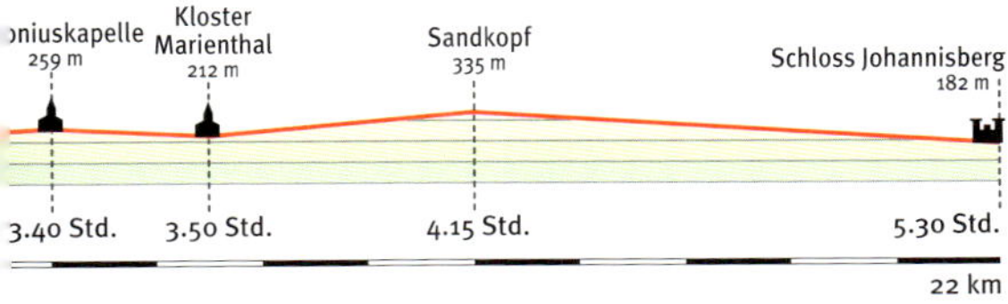

weiter. Voraus führt ein kurzer **Abstecher** zum ehemaligen **Kloster Nothgottes** (3.20 Std.). 1390 wurde hier eine Wallfahrtskirche geweiht. Von 1620 bis 1813 bestand daneben ein Kapuzinerkloster.

Auf dem Rheinsteig gehen wir nun am Jugendzeltplatz links bergauf und folgen konsequent dem alleeartigen Waldweg bis zur 1744 erbauten **Antoniuskapelle** (3.40 Std.). Von hier gehen wir über die Teerstraße halblinks weg und folgen einem Schotterweg zwischen Äckern nach **Marienthal.** Dort queren wir einen Spielplatz, dann eine Straße und folgen einem Pfad geradeaus zu einer Kreuzung, über die wir geradeaus bis

zum Waldrand weitergehen. Ein Pfad führt uns links steil hinunter zu einer Teerstraße.

Auf ihr gelangen wir nach links zum **Kloster Marienthal** (3.50 Std.). In der Beschaulichkeit des Waldtales betreuen seit 1872 Franziskaner die 1330 geweihte, im 19. Jh. ausgebaute gotische Wallfahrtskirche. Das Tympanon über dem Portal (15. Jh.) zeigt die Verkündigung an Maria, die hier mit Bezug auf ein Gnadenbild aus dem 14. Jh. seit gut 700 Jahren verehrt wird.

Wir gehen rechts an der Kirche vorbei und wenden uns dann links. Hinter einer **Kreuzwegstation** geht es rechts hinauf, bis uns links ein

Pfad in Serpentinen bis zu einem Schotterweg hinaufführt. Ihm folgen wir nach links, gehen an einer Gabelung geradeaus weiter. Nach ca. 1 km nehmen wir einen Pfad links hinunter zum **Elsterbach,** dem wir nach rechts folgen. Nach 200 m gehen wir vor einer Lichtung wieder nach rechts auf den Schotterweg zurück, dem wir weiter nach links folgen. Auf einem Querweg gehen wir bald links weiter bis zu einem Teerweg, der uns nach rechts zu einer Straße am **Sandkopf** führt (4.15 Std.).

Nach Querung der Straße gehen wir im Wald bis zu einer Kreuzung an einer Acker- und Wiesenfläche, dort rechts einen grasbewachsenen Weg hinunter. Nahe dem Waldrand führt uns links ein grasbewachsener Weg weiter, der zum Waldpfad wird. Im Wald biegen wir rechts in einen Querpfad, der bald am Wald entlangführt. An der nächsten Kreuzung gehen wir geradeaus, ebenso an der folgenden Gabelung. An der nächsten Gabelung geht es rechts weiter, am **Haus Neugebauer** vorbei.

Den Teerweg am Waldrand queren wir nach halblinks und wandern zwischen Wingerten, Gärten und Äckern bergab. Nach 1 km biegen wir an einer Gabelung links ab Richtung Schloss Johannisberg. Auf dem folgenden Querweg halten wir uns rechts und tauchen bald ganz in die Weinberge ein. Es geht bald nach links zum **Schützenhaus,** dort rechts bis zu einem Teerweg und wieder rechts. Dem nächsten Teerweg folgen wir nach links bergauf, um nach 100 m rechts einen Waldpfad einzuschlagen. Wir stoßen auf eine Weinbergsmauer, die zur Verbesserung der klimatischen Bedingungen für die Reben beiträgt, und folgen einem grasbewachsenen Weg. An der nächsten Gabelung wenden wir uns links, bei einem **Strommast** dann nach rechts.

Auf dem nächsten Querweg geht der RS in der Weinlage **Dachsberg** nach links Richtung Schloss Vollrads weiter. Wir verlassen ihn hier und wenden uns auf dem RS-Zubringer nach rechts Richtung Johannisberg. Wir queren bald eine Teerstraße und gehen in einer Linkskurve weiter. Der folgenden Straße folgen wir nach rechts, um uns am Ortseingang von **Johannisberg** nach links zu wenden. An einer Kreuzung halten wir uns rechts Richtung **kath. Pfarrkirche St. Johannes der Täufer.** Seit einem Brand 1942 ist das Gotteshaus — ehemals Kirche eines Benediktinerklosters — auf die romanischen Formen des frühen 12. Jh.s reduziert.

Wir umrunden die Kirche entlang der Weinberge nach links, um dann hinter der Stützmauer nach rechts zum **Schloss Johannisberg** (5.20 Std.) hinaufzugehen, auf dessen Fassade das metternich-winneburgische Wappen prangt. Die Fürstabtei Fulda erbaute das Schloss 1718–25 an der Stelle des Klosters. Das 1803 säkularisierte Schloss schenkte der österreichische Kaiser 1815 seinem Kanzler Fürst Clemens Wenzeslaus von Metternich für seine Verdienste beim Wiener Kongress. Der Fürst ließ den dreiflügeligen Bau 1826–35 klassizistisch umgestalten. Die zugehörigen hervorragenden Weinlagen bewirtschaften Metternichs Nachfahren noch heute. Mit Goethe, der hier am Abend des 2. Septembers 1814 weilte, können wir von hier den weiten Blick in den Rheingau genießen.

Vom Schloss gehen wir geradeaus bis zu einer Querstraße, der wir 100 m nach links folgen, um auf der nächsten Straße nach rechts zur **Bushaltestelle Rosengasse** zu gelangen (5.30 Std.).

Kirche und Wein

Von Oestrich-Winkel/Johannisberg nach Kiedrich/Erbach
Schloss Vollrads und Kloster Eberbach sind die Bezugspunkte dieser Tour durch die Weiten der Rheingauer Weinberge. Kloster Eberbach und die St.-Valentin-Kirche in Kiedrich setzen dazu künstlerische und spirituelle Höhepunkte.

DIE WANDERUNG IN KÜRZE

++ Anspruch

6.30 Std. Gehzeit

23 km Länge

Charakter: Weite Tour mit moderaten Steigungen, vorwiegend durch Weinberge und offenes Feld

Wanderkarte: »Rheinsteig«. Topographische Freizeitkarte 1 : 50 000

Einkehrmöglichkeiten: Schloss Vollrads, Kühnsmühle, Kloster Eberbach

Anfahrt: Mit der **Bahn** aus Richtung Koblenz oder Wiesbaden bis Mittelheim; zurück ab Erbach. Mit dem **Pkw** auf der B 42 bis Mittelheim (Oestrich-Winkel); zurück mit der Bahn.

Öffnungszeiten: Kloster Eberbach tgl. April–Okt. 10–18, Nov.–März 11–17 Uhr; **St. Valentin (Kiedrich)** Sa 10.30–12.30, So 14.30 bis 16, März–Okt. werktags 10.30–12.30 Uhr, sonst tagsüber Vorraum offen

Vom **Bahnhof Mittelheim** in Oestrich-Winkel gehen wir nach rechts durch die Rheingaustraße, vorbei am 1504 erbauten Rathaus mit seinen offenen Arkaden. Links steht nahe der B 42 die romanische kath. Pfarrkirche St. Aegidius aus dem 12. Jh. in ihrer wuchtigen Einfachheit.

Wir gehen weiter zur kath. **Pfarrkirche St. Walburga** in Winkel. Der gotische Bau mit romanischem Turm (12. Jh.) erfuhr im 17. Jh. eine barocke Umgestaltung. Vor der Kirche erinnert ein Denkmal an Rhabanus Maurus. 850 rettete der damalige Mainzer Erzbischof 300 Winkeler Bürger vor dem Hungertod.

Nach Passieren der Kirche gehen wir rechts in der Kirchstraße weiter, die die Bahn unterquert. Nach dem Verlassen von Winkel halten wir uns an der Gabelung bei einem **Heiligenhäuschen** und der Feuerwache rechts. Hinter der Brücke über den Ansbach wenden wir uns links; voraus sehen wir über die Weinberge schon Schloss Vollrads. An der nächsten Gabelung halten wir uns links, an der nächsten Kreuzung rechts.

Am nächsten Abzweig im **Dachsberg** gehen wir geradeaus (55 Min.). Wir sind nun wieder auf dem Rheinsteig unterwegs. An der nächsten Gabelung gehen wir nach rechts bis zu einer Kreuzung mit Wegekreuz, an der wir uns geradeaus halten. Wir erreichen **Schloss Vollrads,** wie Schloss Johannisberg eine Hochburg des Rheingauer Weinbaus (1.10 Std.). Der Querstraße folgen wir nach rechts zum Tor. Der Wohnturm aus dem 14. Jh. inmitten eines Weihers ist das Zentrum des Ensembles aus dem um 1680 erbauten Schloss und dem Wirtschaftshof der Grafen von Matuschka-Greiffenclau.

Aus dem Schloss wenden wir uns nach links bis zu einem Querweg, der uns nach rechts führt. Bei einem alten **Walnussbaum** stoßen wir auf eine Teerstraße – hier links. An der nächsten Gabelung halten wir uns geradeaus, an der Kreuzung »Friesental« links bergauf. Über einige Windungen kommen wir zu einem Querweg – wieder links. An der nächsten Gabelung gehen wir auf dem breiten Schotterweg weiter. Den nächsten Querweg kreuzen wir am **Honigberg,** um dem nächsten Querweg nach links zu folgen. Bei der Gabelung an einem Wegekreuz nehmen wir den Schotterweg nach rechts.

An der **Kühnsmühle** queren wir den **Pfingstbach.** Hinter der Mühle kommen wir wieder in die Weinberge und halten uns geradeaus bis zum Standort **Mühlberg** (1.50 Std.). Hier gehen wir auf der Kreuzung links und an der folgenden Kreuzung rechts. Nach 200 m halten wir uns auf einem Betonweg links und an dem Wegekreuz dann rechts. Bei einer Schutzhütte biegen wir links ab und folgen dem Waldrand an der Modellflugwiese am **Kerbesberg** entlang.

Der Weg vollzieht am Waldrand entlang eine Rechtskurve und führt uns nun zum um 1900 im Geiste der Burgenromantik erbauten **Jagdhaus Philippsburg** (2.10 Std.). Dahinter halten wir uns rechts und folgen dem nächsten Weg nach links, wieder am Waldrand entlang.

Bei einer Schutzhütte geht es nach links in den Wald, bis zu offenem Feld geradeaus, dort auf einer Kreuzung rechts, über eine Teerstraße und im Wald weiter. Der Weg wird nach 300 m zu einem Teerweg; an der folgenden Gabelung gehen wir links der Teerstraße nach. Bei einem Wasserbehälter und zwei Häusern queren wir eine Straße, folgen dem Teerweg, biegen vor einer Schutzhütte links ab und umrunden eine Streuobstwiese. Bei einem Garten erreichen wir einen Schotterweg und gehen nach links.

Der nächste Querweg bringt uns nach rechts zu einem Schotterweg, auf dem wir nach links zur Siedlung **Am Rebhang** gelangen (3 Std.). Schon nach 50 m gehen wir rechts auf einem Schotterweg weiter, der als Waldpfad weiterläuft. Er stößt auf einen breiten Weg, dem wir nach rechts folgen, an offenem Feld vorbei und bald wieder im Wald. 1 km nach der Siedlung gehen wir rechts hinunter und stoßen auf die Umfassungsmauer des **Steinbergs.** Im Schutz der Mauer des alten Eberbacher Klosterweinbergs reifen die Trauben besonders gut.

Von hier gehen wir auf dem breiteren Pfad zurück und an einer Streuobstwiese entlang in den Wald zurück. Wir queren einen Teerweg und stoßen auf einen als Schießstand genutzten **Steinbruch,** an dessen Kante wir nach links bergab gehen,

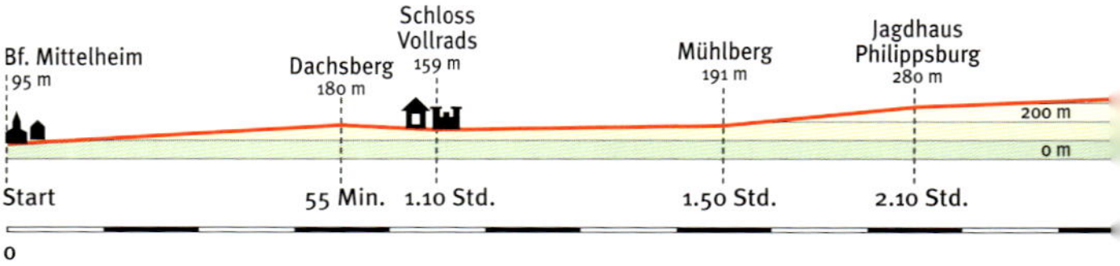

über einen Querweg, bis wir beim **Kloster Eberbach** aus dem Wald treten (3.50 Std.).

Der Rheinsteig umgeht das Kloster nach links. Wir gehen aber rechts herum zu den Klosterpforten. Sowohl die Bauten des 1136 im abgeschiedenen Eberbachtal gegründeten Zisterzienserklosters und ihr Park als auch die Hessischen Staatsweingüter laden hier zum Verweilen und Genießen ein.

Wir verlassen das Kloster, indem wir es entweder mit dem Rheinsteig von den Pforten aus umrunden oder auf der oberen Ebene des Klosters durch das hintere Holztor im Norden hinausgehen. Dahinter wandern wir nach rechts weiter, über den **Eberbach** und in Serpentinen zu einem Schotterpfad hinauf, dem wir nach rechts hinauffolgen. An einer **Schutzhütte** gehen wir rechts weiter und überblicken noch einmal das Kloster. Am Rand eines Ackers wenden wir uns nach links. Unser Waldpfad kreuzt zwei Wege und den **Grünbach.** Dahinter gehen wir über eine Wiese hinauf, um einem breiteren Weg nach rechts zu folgen. Bei einem Gehölz treffen wir einen Querweg, dem wir nach rechts bis zu einem Teerweg folgen. Über die Weinberge sehen wir schon den Kirchturm von Kiedrich. Einem Querweg folgen wir bei einer Hütte nach links und dem nächsten Weg nach rechts. Dem nächsten Querweg folgen wir nach rechts und machen im Wald eine scharfe Linkskurve. Wir kommen nun

Die Kirche von Kloster Eberbach

mit dem Grünbach zwischen Wingert und Gärten nach **Kiedrich** hinein.

Beim Kreisel halten wir uns links. Die Bingerpfortenstraße führt uns am Wiesbadener Platz rechts in die Oberstraße. Inmitten des an Fachwerkhäusern und Adelshöfen reichen Ortes empfängt uns die **kath. Pfarrkirche St. Valentin** (5.50 Std.). In einem wehrhaften Kirchhof bildet die Wallfahrtskirche mit der Totenkapelle St. Michael ein gotisches Ensemble, einzigartig am Mittelrhein.

Von der Kirche zurückgekehrt, verlassen wir den Rheinsteig, gehen die Oberstraße rechts hinauf und biegen

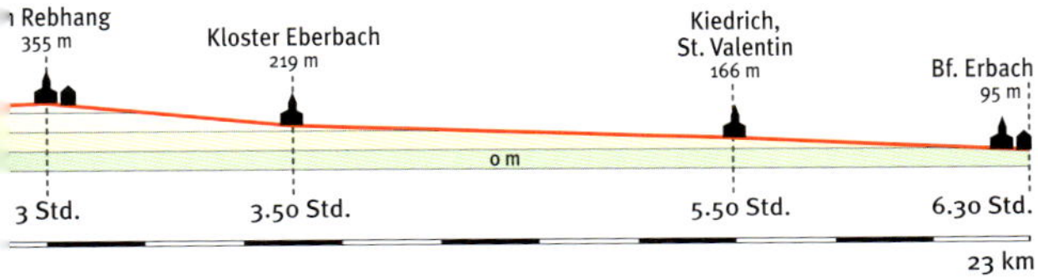

dann am Zehnthof links in die Aulgasse. Ein RS-Zubringer führt uns nach Erbach. Wir queren die Sonnenlandstraße und gehen an der **ev. Gustav-Adolf-Kirche** rechts vorbei. Am Ortsrand geht es auf einem Feldweg weiter. An der nächsten Kreuzung biegen wir bei einem **Wegekreuz** links ab und bei der nächsten Gelegenheit rechts. Wir kommen nun geradewegs nach **Erbach.** Dort folgen wir der Gartenstraße zum **Bahnhof** (6.30 Std.).

Kloster Eberbach

Mitten im Wald gelegen, ist Kloster Eberbach ein Ort der Spiritualität und des Genusses. Bernhard von Clairvaux gründete das Zisterzienserkloster 1136; es bestand bis zur

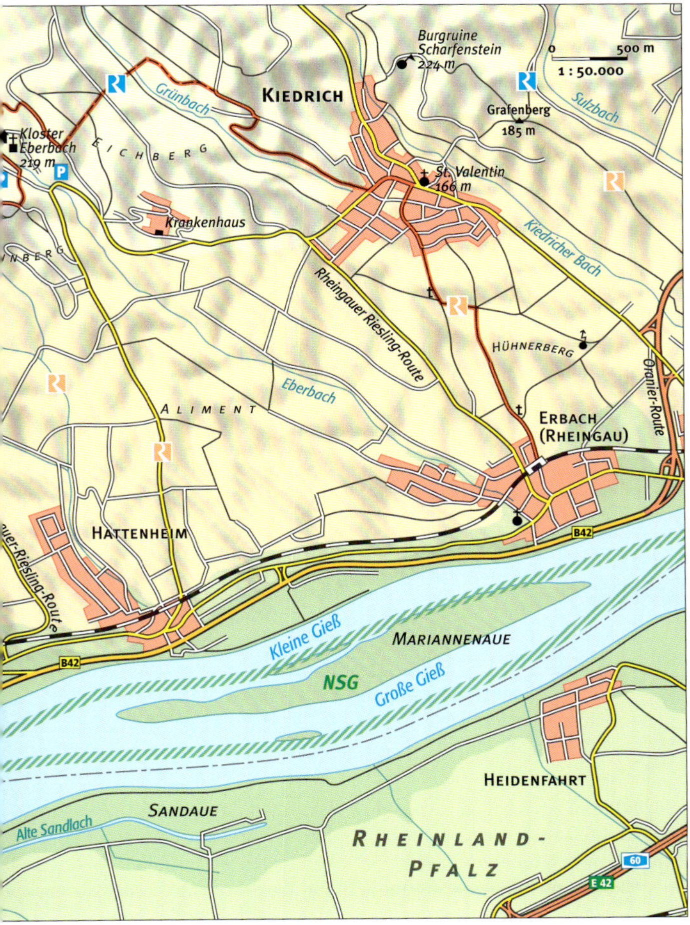

Säkularisation 1803. Um den Kreuzgang stehen die Kirche (um 1140 bis 1186) in ihren auf das Wesentliche konzentrierten zisterziensischen Formen, der Schlafsaal der Mönche, einer der grandiosesten Räume des 13. Jh.s, der Kapitelsaal und der barocke Speisesaal. Das Klostermuseum sowie die Grabmäler der Äbte und verschiedener Ritter und Bischöfe in der Kirche lassen das klösterliche Leben wieder lebendig werden. Für Jean-Jacques Annauds Verfilmung von Umberto Ecos Roman »Der Name der Rose« (1986) dienten Kirche, Kapitelsaal und Schlafsaal (als Skriptorium) als Kulisse.

Heute ist das Kloster eine beliebte Konzertstätte. Und die Hessischen Staatsweingüter Kloster Eberbach führen die Tradition des klösterlichen Weinbaus fort.

Tour 20

Wasser und Wein

Von Erbach/Kiedrich nach Schlangenbad

Die Weinberge im Schatten des gotischen Kirchturms von Kiedrich und das Heilwasser des beschaulichen Kurortes Schlangenbad sind die Pole dieser gemächlichen Rheingau-Wanderung in Weinbergen und Wäldern.

DIE WANDERUNG IN KÜRZE

+ Anspruch

4 Std. Gehzeit

14 km Länge

Charakter: Eher gemächliche Wanderung durch Wald und Weinberge mit vorwiegend moderaten Steigungen und Gefällen

Wanderkarte: »Rheinsteig«. Topographische Freizeitkarte 1 : 50 000

Einkehrmöglichkeiten: Kiedrich, Waldgaststätte Rausch am Sülzbach (werktags ab 15 Uhr), Schlangenbad

Anfahrt: Mit der **Bahn** aus Richtung Wiesbaden oder Koblenz bis Erbach

Übernachtung: Es empfiehlt sich wegen der komplizierten Verkehrsanbindung eine Übernachtung in Schlangenbad (Hotels sind zu finden unter: www.schlangenbad.de) und Fortsetzung der Wanderung bis Wiesbaden (Tour 21).

Öffnungszeiten:
St. Valentin (Kiedrich) Sa 10.30–12.30, So 14.30 bis 16, März–Okt. werktags 10.30–12.30 Uhr, sonst tagsüber Vorraum offen

Vom **Bahnhof Erbach** folgen wir dem Rheinsteig-Zuweg nach Kiedrich: Hinter dem Bahnübergang wenden wir uns nach rechts in die Gartenstraße. In einer Linkskurve kommen wir zu einem Teerweg in die Weingärten hinauf. Bei einem **Wegekreuz** gehen wir links weiter, an der Kreuzung mit Strommast geradeaus. Dem folgenden quer verlaufenden Weg folgen wir nach links bis zu einem **Wegekreuz,** vor dem wir nach rechts nach Kiedrich abbiegen.

In **Kiedrich** gehen wir an der ev. Gustav-Adolf-Kirche vorbei, über die Sonnenlandstraße hinweg bis zum

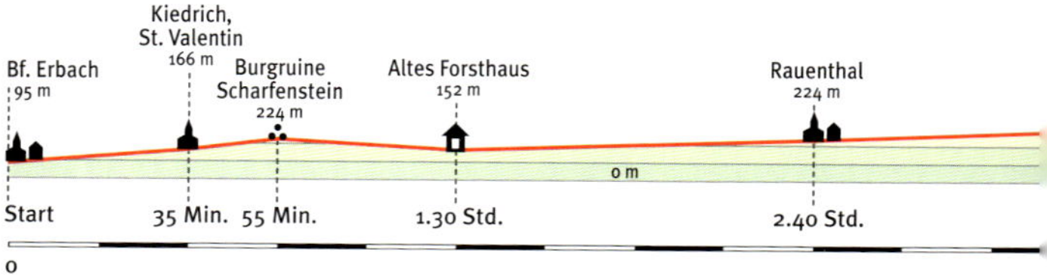

etwa 1591 erbauten Zehnthof, an dem wir den Rheinsteig erreichen. Wir gehen nach rechts zur **kath. Pfarrkirche St. Valentin** (35 Min.). Ein Tor lädt uns ein, den umfriedeten Bereich von Kirche, Kirchhof und Beinhaus zu besuchen. Wir tauchen ein in die Welt der Gotik, die hier besonders dicht überliefert ist.

Nach Verlassen der Kirche gehen wir nach rechts weiter durch die Suttonstraße, vorbei an zum Teil prächtigen **Hofhäusern** wie dem schon vor 1200 betriebenen und bis 1735 erneuerten Eberbacher Hof. Vor dem Kölner Hof gehen wir nach rechts in den Tränkweg hinab bis zu einer Kurve, in der wir nach links auf einem Schotterweg weitergehen, nun konsequent am **Kiedricher Bach** entlang. Vor uns ragt die Burgruine Scharfenstein auf.

Etwa 50 m hinter dem **Cratzischen Hof,** einem Anwesen des 19. Jh.s, das auf einen Hof der Burg Scharfenstein zurückgeht, folgen wir einer Rechtskurve. Von dort bringen uns rechts Stufen und ein Pfad hinauf zur **Burgruine Scharfenstein** (55 Min.). Nur der runde Bergfried zeugt noch von der um 1215 errichteten Burg des Mainzer Erzbischofs, die die Straße von Eltville in den Taunus schützte. Um 1500 gab man sie auf, da das nun ausgebaute Rheingauer Gebück, eine von etwa 1200 bis 1771 bestehende Landwehr aus einer dicht geflochtenen Hainbuchenhecke, genug Schutz bot.

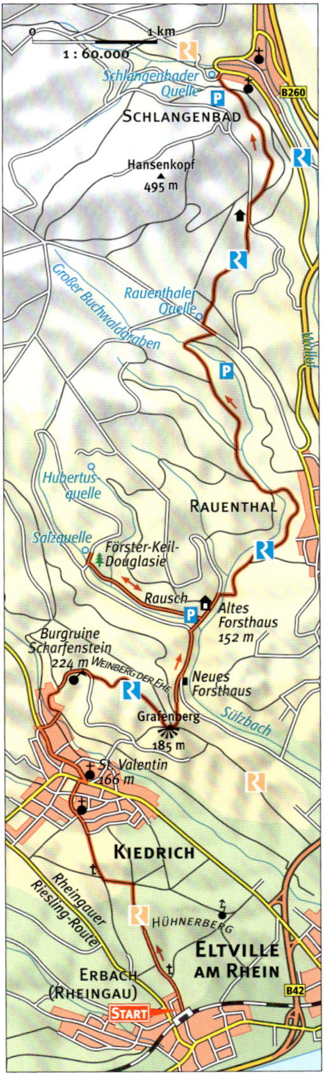

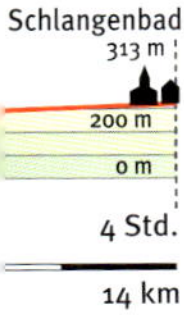

Wir gehen rechts am Bergfried vorbei und folgen einem Teerweg bergauf durch die Wingerte, vorbei am **»Weinberg der Ehe«,** in dem jedes in Kiedrich standesamtlich ge-

Burgruine Scharfenstein

traute Paar einen Weinstock erhält. Auf dem bald folgenden Querweg gehen wir nach rechts, bei einem **Grenzstein** von 1782 gleich links auf einem Schotterweg zwischen Waldrand und Weinbergen weiter. An der folgenden Gabelung gehen wir nach links in den Wald, wo wir uns bei einer Gabelung links und an der nächsten rechts halten. Wir schauen vom Waldrand noch einmal auf Kiedrich. Nach etwa 500 m biegen wir an einer versetzten Kreuzung nach links wieder in den Wald ein und gehen geradeaus weiter.

Unser Weg führt uns am **Neuen Forsthaus** vorbei bergab. Dahinter gehen wir von der geteerten Zufahrt nach links auf einem naturbelassenen Pfad weiter, der uns bald wieder auf den Teerweg zurückbringt. Nach Querung des **Sülzbachs** erreichen wir das **Alte Forsthaus** (Waldgaststätte Rausch; 1.30 Std.).

Hier machen wir einen **Abstecher** nach links entlang dem Sülzbach mit seinen Fischteichen und der stattlichen **Förster-Keil-Douglasie** zur 1,5 km entfernten **Salzquelle.** Ihr nicht den Trinkwassernormen entsprechendes Wasser hat einen Salzgehalt von 8 g/l und ist stets etwa 15 °C warm. Die für die Salzgewinnung nicht ergiebige Sole kommt wohl aus der Salzlagerstätte bei Worms.

Wir kehren zum Alten Forsthaus zurück. Bei der Gabelung 100 m dahinter gehen wir nach rechts bergab weiter, nun am **Großen Buchwaldgraben** entlang, dessen Bachlauf wir bald queren. Hinter einer Lichtung gehen wir nach links bergauf im Wald weiter, der typische Niederwaldbäume zeigt. Der Weg gabelt sich bald; wir halten uns links, weiter im Großen Buchwaldgraben. Einem Querweg nahe **Rauenthal** folgen wir nach links bergab (2.40 Std.).

Wir queren nochmals den Bach, gehen dahinter nach rechts weiter, nach etwa 200 m über einen Nebenbach und nach links bergauf. Auf der Höhe angelangt, gehen wir über eine Lichtung, dann im Wald über einen Bach und bergauf unter einer **Stromleitung** hindurch. Am Waldrand biegen wir links ab. Kurz vor der **Rauenthaler Quelle** gehen wir nach rechts in den Wald. Am Wasserwerk halten wir uns geradeaus, ebenso an der nächsten Gabelung mit Schutzhütte.

Nach 200 m gehen wir an einer Gabelung rechts bergab weiter. Der Wald wird über ein längeres Stück lichter und gewährt uns nach rechts einen Blick nach Georgenborn und ins Tal der Walluf. In dichterem Wald geht unser Pfad in einen Schotterweg über, dem wir nach links bergauf folgen. Zwischen den Bäumen sehen wir rechts schon den Turm der Herz-Jesu-Kirche von Schlangenbad. Unmittelbar hinter einer Kreuzung geht es nach rechts auf einem breiten Pfad weiter.

Auf dem Teerweg am Rand von **Schlangenbad** folgen wir nach rechts den Kolonnaden am **Kurpark.** An deren Ende gehen wir nach links und beenden unsere Wanderung an der Treppe nahe dem Park-Hotel (das 1912 erbaute Neue Kurhaus) und unweit der **Schlangenbader Quelle** (4 Std.).

Der 1694 gegründete beschauliche Kurort Schlangenbad mit modernen Kurkliniken sowie Hotels und Wohnhäusern der Zeit um 1900 liegt mitten im Wald, durchzogen vom Kurpark am Warmen Bach. Die neogotische **Herz-Jesu-Kirche** (1895 bis 1902) am Rand des Kurparks birgt noch das alte Inventar.

Kiedrich

Höfe von Adelsfamilien wie auch der Hof des Klosters Eberbach belegen Alter und Bedeutung des Weinbaus rund um Kiedrich. Inmitten der Höfe und der Fachwerkhäuser des 16.–18. Jh.s wird seit etwa 1300 der hl. Valentin von Rätien verehrt, der Patron der Pilger und Notleidenden. Ihm ist die reizvollste Kirche am Mittelrhein geweiht. Der gotische Bau entstand von etwa 1380 bis 1493. Selten sind Bau und Inventar einer Kirche so vollständig erhalten wie hier: Altäre der Gotik und Renaissance, ein reich geschnitztes Gestühl, die um 1500 gebaute Orgel und die zarte Kiedricher Madonna aus der Zeit um 1330. Seit 1333 wird im Hochamt der gregorianische Choral in der Mainzer Singweise gepflegt. Die Kirche umschließt ein wehrhafter Friedhof. Seine 1445 geweihte Totenkapelle diente im Erdgeschoss als Beinhaus; hier hinein wurden die Gebeine der Toten gebettet, wenn Gräber neu belegt wurden. Sie ist dem Erzengel Michael geweiht, der die Verstorbenen beim Jüngsten Gericht ins Paradies geleitet.

Tour 21

Mit Goethe vom Bad ins Schloss

Von Schlangenbad nach Wiesbaden-Biebrich

Die letzte Rheinsteig-Tour beginnt beschaulich in Schlangenbad und führt auf den Spuren Goethes durch Wälder und Weinberge nach Wiesbaden-Biebrich. Hier endet der Rheinsteig am Rheinufer im Glanz des Biebricher Schlosses und der Idylle seines Parks.

DIE WANDERUNG IN KÜRZE

++ Anspruch

5.30 Std. Gehzeit

18 km Länge

Charakter: Abwechslungsreiche Wanderung durch Wald, Weinberge und Obstwiesen mit einer sehr steilen Passage

Wanderkarte: »Rheinsteig«. Topographische Freizeitkarte 1 : 50 000

Einkehrmöglichkeiten: Weingut Hof Nürnberg bei Frauenstein, Café im Schloss Biebrich

Anfahrt: Wegen der komplizierten Verkehrsanbindung empfiehlt es sich, die Touren 20 und 21 mit Übernachtung in Schlangenbad zu koppeln. Rückfahrt ab Wiesbaden-Biebrich mit der **Bahn**.

In **Schlangenbad** beginnen wir die Wanderung unweit des Neuen Kurhauses (heute: Park-Hotel) am oberen Ende des Kurparks. Eine Treppe führt uns zunächst zum **Brunnen,** an dem wir uns für die letzte Rheinsteig-Tour stärken können. Wir gehen dann rechts an der Kurklinik vorbei durch den Kurpark mit dem Warmen Bach bis zu einer Straße. Ihr folgen wir nach rechts bis zu einer Gabelung, an der wir geradeaus weitergehen. Bald bringt uns links eine Treppe hinunter ins Tal der **Walluf.**

Wir queren den Bach und folgen ihm abwärts bis zur **Lochmühle.** Das riesige Mühlrad, heute historischer Teil einer Fabrik, erinnert an die wirtschaftliche Bedeutung des Baches, der dank der Thermalquellen nicht zufror. In Höhe der Brücke gehen wir nach links hinauf, unter der Bundesstraße 260 hindurch und zwischen Weiden in den Wald hinein. An der

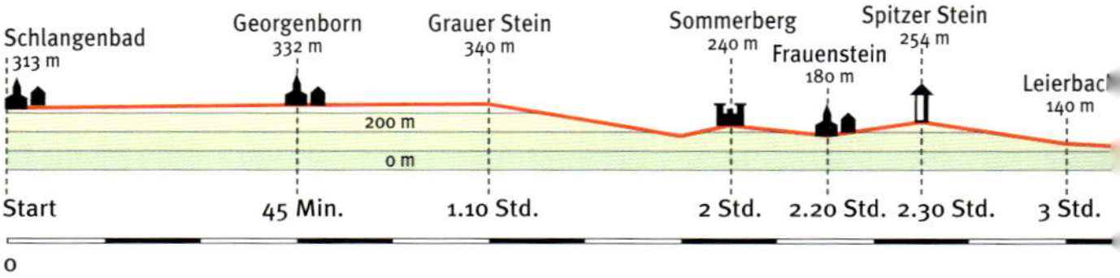

folgenden Kreuzung kommen wir geradeaus auf einen ansteigenden Schotterpfad.

Am Ortsrand von **Georgenborn** (45 Min.) gehen wir nach rechts am Waldrand entlang bis zu einem quer verlaufenden Schotterweg. Hier biegen wir nach rechts in den Wald ab, um bald auf einem breiten Schotterweg links weiterzugehen. An der nächsten Kreuzung halten wir uns geradeaus bis zu einer Kreuzung unweit von Sportplatz und Bogenschießanlage. Wir gehen hier rechts am Waldrand weiter. Nach etwa 150 m gewährt ein Waldpfad rechts einen Blick auf markante Felsen im Wald. Wir gehen bergab in den Wald und queren den **Rechtebach.**

Nach wenigen Schritten wandern wir rechts auf einem Pfad zwischen Felsen und Felsbrocken weiter, der uns an einer Schutzhütte vorbei zum Naturdenkmal **Grauer Stein** bringt (1.10 Std.). Von Bäumen umschlungen, erhebt sich diese zerklüftete Felsformation. Wir queren einen Schotterweg, folgen dem Felsen auf der linken Seite auf einem Pfad und gehen nach 200 m auf einer Kreuzung geradeaus weiter, vorbei an einem Pendant des Grauen Steins.

Auf einem Parkplatz im Wald finden wir den **Monstranzenbaum,** heute nur noch ein Torso. Wir gehen nach rechts am Baum vorbei wieder in den Wald hinunter, an der folgenden Kreuzung geradeaus weiter. Unser Weg führt uns in einer Linkskurve in ein Bachtal, dem wir nun bis zum Naturschutzgebiet Sommerberg abwärts folgen. Wir queren den Bach und folgen ihm, bis wir ihn mit einem links abgehenden Pfad erneut queren. Nun geht es bergauf, an den Resten einer Weinbergsmauer und Streuobstwiesen vorbei.

Dem Schotterweg auf der Höhe folgen wir nach links; an der folgenden Gabelung gehen wir geradeaus und dann am Zaun von **Schloss Sommerberg** entlang (2 Std.). Wir queren die Landesstraße 3441, gehen bis zum zweiten Sendemast hinunter, davor nach links weiter zwischen Streuobstwiesen und Gärten. Hinter einem **Strommast** nehmen wir rechts einen der Stromleitung nach **Wiesbaden-Frauenstein** folgenden Pfad zwischen Gärten hinab. Vor uns taucht der Turm der Burgruine auf einem bizarren Felsen auf.

Im Ort folgen wir der Straße »Am Lindenbaum«. Vorbei an einem mit barockem Sgraffito verzierten Fachwerkbau, kommen wir zur etwa tausendjährigen **Blutlinde** und zur **Pfarrkirche St. Georg.** Die Kirche birgt Stücke des barocken Inventars der 1509 erbauten alten Kirche, darunter den Hochaltar des Klosters Tiefenthal von 1713 und die steinerne Altarmensa des 12. Jh.s vom Hochaltar des Klosters Eberbach.

Von der Kirche aus queren wir die Kirschblütenstraße, gehen nach links, an einem mit Sgraffito verzierten Fachwerkhaus vorbei und dann nach rechts. Über uns ragt die **Burgruine** auf. Im 13. Jh. von den Rittern von Frauenstein erbaut, kam die Burg um 1300 an den Erzbischof von Mainz. Der Verfall seit dem 18. Jh. ließ nur Graben, Schildmauer und den fünfeckigen Turm übrig. Hinter dem Treppenaufgang zur Burgruine und dem Burggraben gehen wir auf einer

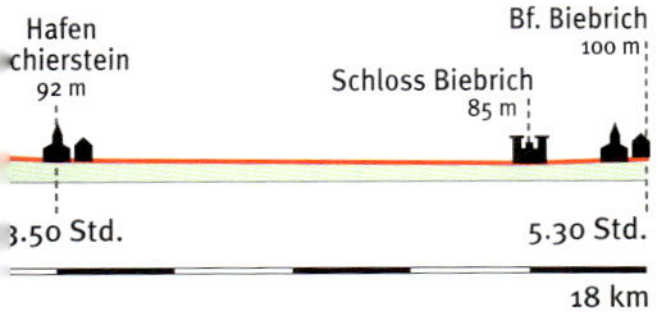

Betontreppe zu einem steil ansteigenden Pfad. Wir queren mit ihm zwei Wege bis zur Kurve eines dritten Weges, dem wir nach rechts folgen, um schon nach 20 m links auf einem Pfad weiterzugehen. Vom Aussichtsturm auf dem **Spitzen Stein** mit seinen 56 Stufen blicken wir knapp über die Baumwipfel im Süden zum Rhein und im Osten auf weitere Vororte von Wiesbaden (2.30 Std.).

Vom Turm kommen wir geradewegs zum **Goethestein.** Die dreiseitige Pyramide aus Taunusquarzit mit einem Portraitrelief erinnert daran, dass Johann Wolfgang von Goethe 1814 und 1815 bei seinen Kuren in Wiesbaden auf Landpartien nach Frauenstein und zum Weingut Nürnberger Hof kam, mit Interesse an der Geologie wie am Wein. Auf einem Teerweg gehen wir von hier weiter

bergab zu den Weinbergen. An einer Gabelung halten wir uns rechts. Vor dem **Nürnberger Hof** wenden wir uns nach links bis zum Parkplatz, ab dem wir nach links auf einem Teerweg weitergehen. Äcker und Obstwiesen, bald auch Weinberge prägen die Umgebung. Nach 100 m biegen wir nach rechts ab; nach weiteren 100 m gehen wir nach links weiter, auf dem folgenden Schotterweg rechts, an einer Kreuzung mit Schutzhütte geradeaus.

Wir ignorieren den nächsten Abzweig und gehen danach an einer Gabelung links weiter ins Tal des **Leierbachs** (3 Std.), in dem wir nach rechts weitergehen, den Bach einmal querend. Einem Teerweg folgen wir nach links bergauf. Nach 150 m gehen wir rechts weiter bis zu einem Querweg, dem wir nach links folgen, um schon nach 30 m rechts abzubiegen. Die Weinberge sind nun von Gärten abgelöst. Nach Unterquerung einer **Hochspannungsleitung** gehen wir auf einem Teerweg nur 20 m nach rechts weiter, dann biegen wir links ein. Nahe Schierstein treffen wir auf einen Teerweg, der uns nach rechts zu einer Unterführung unter der Autobahn 66 bringt. Dahinter folgen wir dem **Lindenbach** bis zur Bahnlinie. Rechts stoßen wir bald auf eine Unterführung, hinter der wir am Lindenbach entlang nach **Wiesbaden-Schierstein** hineingehen. Wir queren die Moselstraße und gehen gut 30 m vor der nächsten Straße rechts weg zwischen Wohnblocks hindurch bis zur Neckarstraße, die wir queren, um nach links zur Söhnleinstraße zu gelangen. Diese queren wir ebenfalls, gehen am Sportplatz entlang bis zum Campingplatz weiter, hier kurz nach links und dann nach rechts über einen gepflasterten Weg zum **Schiersteiner Hafen** (3.50 Std.).

Diesen umrunden wir rechts herum bis zu einem Damm am Rhein, dem wir nach links folgen. Ein Steg bringt uns über die Hafeneinfahrt auf den **Alten Damm.** Wir nähern uns Lagergebäuden, die wir nach links umgehen, bis uns der Hafenweg unter der Schiersteiner Brücke hindurchbringt. Nun gehen wir zum Rheinufer zurück und stromaufwärts weiter.

In **Wiesbaden-Biebrich** gehen wir an einer Gabelung links hinauf zur Rheingaustraße und jenseits zum **Schloss** weiter (5 Std.). Vor dessen prächtiger Rheinseite endet der Rheinsteig. Das von 1700 bis 1720 erbaute Schloss, 1744–1840 Residenz und 1840–66 Sommerresidenz der Fürsten von Nassau-Usingen und der Herzöge von Nassau, hat drei Flügel mit markanten Eckrisaliten und einem zentralen, von Götterstatuen bekrönten Rundbau. Goethe, zur Kur in Wiesbaden, wurde zum 65. Geburtstag, dem 28. August 1814, zum Mittagessen ins Biebricher Schloss geladen und genoss den Blick auf Park und Rhein wie ein Märchen.

Wir gehen vor dem Schloss links weiter in den **Schlosspark,** dessen barocke Grundplanung (Maximilian von Welsch, 1708) 1817–23 von Friedrich Ludwig von Sckell im Sinne eines englischen Landschaftsparks umgestaltet wurde. Die alten Bäume, verschlungenen Wege, Wasserläufe und Ausblicke verzaubern noch heute. Hinter dem Schloss gehen wir rechts die Treppe hinauf und schreiten die Parkseite ab. Dann halten wir uns links, auch an den beiden nächsten Gabelungen, und kommen dann auf einem breiten Schotterweg zur künstlichen **Ruine Mosburg** (1805–16). Vor ihr gehen wir nach links, um den Teich bis zur Brücke nahe der Ruine und nach links zu einem Tor. Wir queren dort die Straße und gelangen nach links zum **Bahnhof Wiesbaden-Biebrich** (5.30 Std.).

Die künstliche Ruine Mosburg

Caput limitis

Von Rheinbrohl nach Leutesdorf

Vom Beginn des obergermanischen Limes an erkundet diese Tour durch die Wälder rechts des Rheins die ersten 9 km des größten archäologischen Bodendenkmals in Deutschland, das vom 1. bis 4. Jahrhundert die Grenze des Römischen Reiches sicherte.

DIE WANDERUNG IN KÜRZE

++ Anspruch

5.30 Std. Gehzeit

18 km Länge

Charakter: Trotz längerer Steigungen im ersten Drittel eine eher moderate Waldwanderung

Wanderkarten: »Rheinsteig«. Topographische Freizeitkarte 1 : 50 000. »Der Limes. Rheinbrohl–Holzhausen«. Topographische Freizeitkarte 1 : 25 000, 2006

Einkehrmöglichkeiten: Landhaus Arienheller, Brombeerschenke, Leyscher Hof (Leutesdorf)

Anfahrt: Mit der **Bahn** aus Richtung Koblenz oder Köln-Deutz bis Rheinbrohl; zurück ab Leutesdorf. Mit dem **Pkw** auf der B 42 bis Rheinbrohl; zurück mit der Bahn.

Vom **Bahnhof Rheinbrohl** nehmen wir die Hauptstraße nach links, an der evangelischen Kirche vorbei, in den Ort. Am Römerplatz gehen wir links hinunter bis zum Rathaus und der Gertrudenkapelle. Wir wenden uns nach rechts und folgen ab hier dem **Limes-Wanderweg** (Markierung: stilisierter Wachturm) durch Vogtstraße und Pfarrer-Volk-Straße, am Friedhof vorbei.

Hinter einer **Bahnunterführung** biegen wir scharf rechts ab; jenseits des Rheins ruht Burg Rheineck auf der Höhe. Wir nähern uns der riesigen Abraumhalde am Ufer. An der Kreuzung davor, rechts in dem umzäunten Gelände, befand sich einstmals das steinerne Kleinkastell Rheinbrohl.

Der 1973 rekonstruierte **Limes-Wachtposten 1/1** (40 Min.) erinnert an den Beginn des obergermanischen Limes am Rhein.

Wir gehen vom Turm aus nach links an der Landesstraße 87 entlang, unterqueren die Bahn und kreuzen die Kreisstraße 15. Vor einem Fußgängersteg gehen wir nach rechts in den Hönninger Pfad, gleich hinter dem ersten großen **Schulgebäude** links unter der Überdachung hindurch und am Sportplatz vorbei. Wir queren eine Straße und gehen links auf einem Pfad weiter, folgen der L 87 nach rechts und überqueren die Bundesstraße 42 mit einer Brükke. Links von uns, hinter den Zufahrten zur B 42, befand sich Limes-Wachtposten 1/2.

Wir kommen mit einem Teerweg zur Straße nach **Arienheller,** der wir nach rechts folgen. Nahe Gut Arienheller befand sich Wachtposten 1/3.

Am »Landhaus Arienheller« gehen wir vor rekonstruierten Palisaden nach links. Ab hier sind wir sehr dicht am Verlauf des Limes. Bis zum Wachtposten 1/9 sind wir nun auf einem **Rheinsteig-Zuweg** unterwegs. Im Wald führt ein sehr tief eingeschnittener Hohlweg bergauf.

An der Gabelung nach 500 m gehen wir rechts weiter; links von uns stand Wachtposten 1/4, links einer Lichtung, die wir queren, Wachtposten 1/5, in Höhe des Gutes Dielsberg links nahe am Waldrand **Wachtposten 1/6** (1.30 Std.).

200 m nach Waldeintritt queren wir am **Steinbrink** den gut sichtbaren Limes. Der Graben ist als Mulde zu erkennen, der dahinter aufgeschüttete Wall ist noch 2 m hoch. Links vor dem Graben stand die Palisade, vor der sich eine breite Schneise im Wald befand. Hinter dem Wall lag weiter aufwärts **Wachtposten 1/7,** an einem Schutthügel am Rand einer Streuobstwiese zu erkennen (1.40 Std.).

Der Weg folgt sehr dicht dem Limes-Verlauf. An einer Lichtung wenden wir uns rechts. Sogleich erreichen wir **Wachtposten 1/8** unweit einer Schutzhütte. Hier fand man bei einem Durchgang zwei Steintürme; unter dem linken (weil baufällig, aufgegeben) wurde der vorher hier stehende Holzturm nachgewiesen.

An der folgenden Gabelung gehen wir links bergauf, weiter dicht am Limes-Verlauf. Oben im Hang wartet der Aussichtsturm auf dem **Beulenberg** (2.10 Std.). Von oben lässt sich gut nachvollziehen, dass die Türme Sichtkontakt hatten und sich bei der Beobachtung des Limes unterstützten.

Der Rheinsteig-Zuweg endet hier; wir folgen dem **Limes-Wanderweg** weiter hinauf. 100 m nach Waldeintritt führt rechts ein Pfad zum Schutthügel des Wachtpostens 1/9. Der Limes verlief hier etwa auf dem heutigen Weg. Nach 200 m halten wir uns an einer Gabelung geradeaus. Kurz dahinter sehen wir rechts wieder gut Wall und Graben des Limes. Wenn wir diesem folgen, kommen wir zum Schutthügel des Wachtpostens 1/10 beim Jagdhaus **Wilhelmsruh** (2.20 Std.).

Wir gehen zum festen Waldweg zurück und nach rechts weiter zu einem Querweg, dem wir nach rechts folgen, an der **Turnerhütte Rheinbrohl** links vorbei. Ab der Zufahrt zum Jagdhaus Wilhelmsruh gehen wir auf der Kreisstraße 1 bergauf. Der Limes verlief links. Rekonstruierte Palisaden machen unterwegs auf Reste aufmerksam. Bei einer Lichtung geht rechts im Wald ein Schotterweg zum Schutthügel des Wachtpostens 1/11 auf dem **Fresshelder.**

Die Straße führt auf der Lichtung weiter. Rechts kreuzt eine mittelalterliche Landwehr den nicht mehr erkennbaren Limes. Sie bestand aus zwei Wällen und einem Graben da-

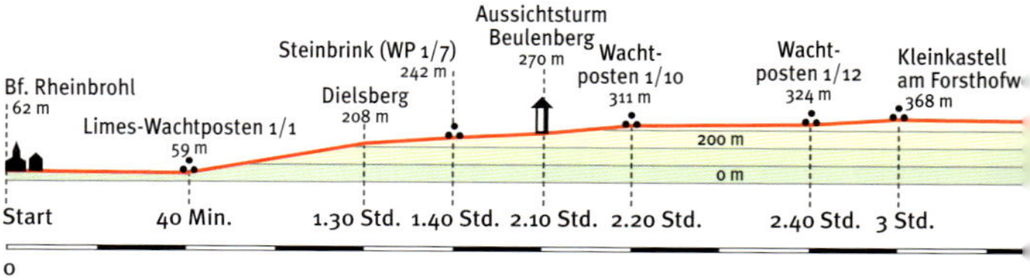

zwischen als Postenweg. Der vordere Wall trug ein »Gebück«, eine dichte Hecke. In diesem Bereich befand sich wohl ein Durchgang mit Schlagbaum.

Inmitten der Wiesen ist rechts, von einem Geländer umschlossen, der Schutthaufen von **Wachtposten 1/12** zu sehen (2.40 Std.). Wir passieren den **Weierhof** und treten wieder in den Wald ein. Hier geht bei einer **Schutzhütte** rechts der alte **Forsthofweg** ab, an dem wir links die Position des Wachtpostens 1/13 erkennen.

Wir gehen zur Hütte zurück und halten uns rechts. An der nächsten Kurve lag etwa der vermutete hölzerne Wachtposten 1/13a. In diesem Bereich hatte der Limes möglicherweise einen Durchgang, wie er für Militäroperationen jenseits des Limes und für den regen Warenaustausch nötig war.

Wir gehen rechts auf einem Waldweg weiter. Über einen Pfad links ist der Schutthügel des Wachtpostens 1/14 zu erreichen. Der Waldweg führt zum **Kleinkastell am Forsthofweg** (3 Std.). Das Holzkastell hat eine Seitenlänge von 40 m. Der erodierte Wall hat den Graben und das Innere des Kastells weitgehend verfüllt. Der Eingang lag im Norden; im Inneren stand ein zentrales Gebäude, wahrscheinlich die Kommandantur. Die Soldaten wohnten wohl rings um diesen Bau in Zelten. Rechts am Kastell vorbei gehen wir auf einem Pfad zu einem breiten Schotterweg, dem wir nach rechts folgen. Etwa hier lag Wachtposten 1/15. Wir sind nun links des Limes-Verlaufs unterwegs; im Wald liegen hier auch die noch nicht zugänglichen Wachtposten 1/16 und 1/17. Grenzsteine des 18. Jh.s erinnern an die alte Grenze des Neuwieder Waldes.

Kurz vor der **Christianhütte** biegen wir rechts ab, dem Wegweiser nach Leutesdorf folgend. Ein erdiger Waldweg führt uns weiter. Bei einer Kreuzung halten wir uns rechts und sind jetzt nahe am gut erkennbaren Limes, dessen Wachtposten 1/18 in der Nähe stand; bei ihm ist ein Durchgang sichtbar erhalten. Wir queren den Limes bald in der Nähe von **Wachtposten 1/19.**

An einer Gabelung verlassen wir den Pfad des Limes-Wanderweges und nehmen rechts den **Rheinhöhenweg** (R). Wir queren einen Wirtschaftsweg und gehen an einer Lichtung entlang. Nun sind wir auf einem breiteren Weg und halten uns bei einer Gabelung rechts. Zwischen Äckern passieren wir die Siedlung **Jakobshof** (4 Std.). Hier halten wir uns an einer Gabelung rechts. In einer langgezogenen Kurve im Wald verlassen wir den Rheinhöhenweg und passieren auf dem Teerweg Haus Haselberg (**Brombeerschenke;** 4.30 Std.). An der nächsten Gabelung halten wir uns rechts und folgen dem Teerweg bergab.

An einer Gabelung nach einer Schutzhütte folgen wir nach links dem Neuen Weg, der in den ehemaligen Weinbergen eine Spitzkehre vollzieht. Vor dem **Marienborn** mit seiner neogotischen Brunnenschale von 1870 biegen wir auf den ersten Weg links ab. An der folgenden Gabelung gehen wir geradeaus weiter,

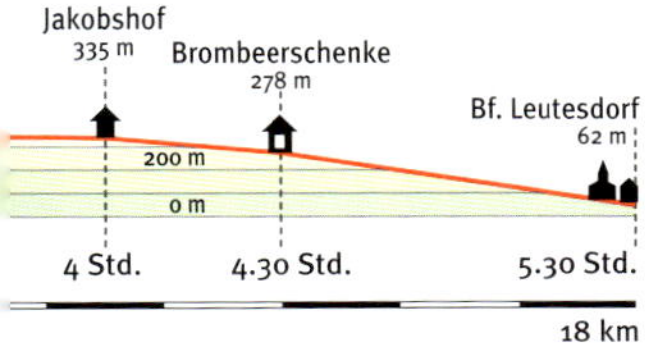

an einem Schießstand vorbei und dann nach links. Wir nähern uns nun Leutesdorf, gehen hinter dem alten **Umspannwerk** dort rechts und an der **kath. Pfarrkirche St. Laurentius** vorbei. Wir überqueren die Bundesstraße 42 und gehen durch die Bahnunterführung und die Kirchstraße bis zum Rheinufer. Flussaufwärts ist hinter dem Bungert-Haus der **Bahnhof Leutesdorf** erreicht (5.30 Std.).

Der Limes

Der Limes diente als Grenzsicherung des Römischen Reiches und schützte am Mittelrhein vor allem das fruchtbare Neuwieder Becken. Um 100 n. Chr. wurde er als Patrouillenweg mit Holztürmen angelegt. Kaiser Hadrian (117–138) ließ dazu eine Palisade errichten. Antoninus Pius (138–161) ersetzte die Holz- durch Steintürme. Zuletzt wurden um 300 n. Chr. zwischen Palisade und Türmen ein bis zu 3 m tiefer Graben und ein 3 m hoher Wall angelegt. Die Steintürme mit einer Grundfläche von etwa 4 mal 4 m waren meist dreigeschossig und massiv gebaut. Der Eingang lag zum Schutz erhöht. Ein hölzerner Umgang ermöglichte der Besatzung die Überwachung des Limes und die Übermittlung von Feuer-, Rauch- und Hornsignalen zur Alarmierung der Nachbartürme und der Kastelle. Kleinkastelle besetzten mit ihren Soldaten die Wachtposten, sicherten Durchgänge und griffen bei gewaltsamen Grenzübertritten ein. Ihr Rückgrat waren größere Auxiliarkastelle wie Neuwied-Niederbieber und Koblenz-Niederberg.

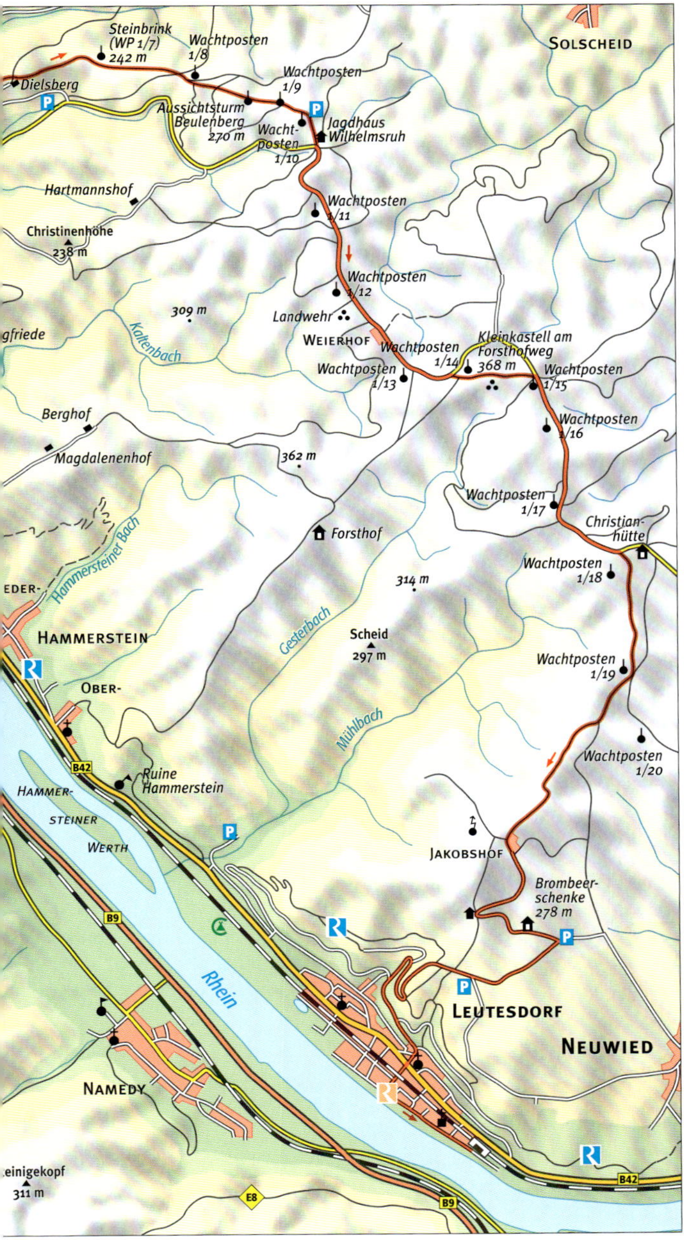
Steinbrink (WP 1/7) 242 m
Wachtposten 1/8
Dielsberg
Wachtposten 1/9
Aussichtsturm Beulenberg 270 m
Wacht-posten 1/10
Jagdhaus Wilhelmsruh
Solscheid
Hartmannshof
Christinenhöhe 238 m
Wachtposten 1/11
Wachtposten 1/12
309 m
Landwehr
Weierhof
Kaltenbach
Wachtposten 1/13
Wachtposten 1/14
Kleinkastell am Forsthofweg 368 m
Wachtposten 1/15
Wachtposten 1/16
Berghof
Magdalenenhof
362 m
Wachtposten 1/17
Christian-hütte
Forsthof
Hammersteiner Bach
Wachtposten 1/18
314 m
Hammerstein
Gesterbach
Scheid 297 m
Wachtposten 1/19
Ober-
Mühlbach
Wachtposten 1/20
B42
Ruine Hammerstein
Hammer-steiner Werth
Jakobshof
Brombeer-schenke 278 m
B9
Rhein
Leutesdorf
Neuwied
Namedy
B42
E8
B9
311 m

Im Schussfeld einer Festung

Rundwanderung bei Ehrenbreitstein

Im Schussfeld der Feste Ehrenbreitstein liegen weitere Festungswerke wie das Fort Asterstein. Hier sprudelt aber auch Mineralwasser, gedeiht Wein und liegen Erze im Boden. Durch Wald und Tal führt die Wanderung auch zur Ruine der Wasserburg Mühlenbach.

DIE WANDERUNG IN KÜRZE

++ Anspruch

4 Std. Gehzeit

14 km Länge

Charakter: Zwei tüchtige Anstiege auf Straßen; sonst eine eher moderate Rundwanderung

Wanderkarte: »Rheinsteig«. Topographische Freizeitkarte 1 : 50 000

Einkehrmöglichkeiten: Koblenz-Ehrenbreitstein (z. B. Weinhaus Wagner im Mühlental)

Anfahrt: Mit der **Bahn** aus Richtung Bonn bis Ehrenbreitstein; aus Richtung Wiesbaden bis Koblenz Hbf und **Bus**linie 8 bis Ehrenbreitstein Bahnhof. Mit dem **Pkw** auf der B 42 bis Koblenz-Ehrenbreitstein.

Öffnungszeiten: Rhein-Museum Di–So 10–17 Uhr

Am **Bahnhof Ehrenbreitstein** empfängt uns der Glanz der kurtrierischen Residenz: Ab 1739 baute Balthasar Neumann das schlossartige **Dikasterialgebäude;** sein Schüler Johannes Seiz fügte 1762 den **Marstall** hinzu. Das Residenzschloss Philippsburg, das weiter links ab 1629 im Schutz der Festung Ehrenbreitstein stand, wurde 1801 mit derselben zerstört. Vom Felsen beherrscht die 1817–28 erbaute preußische Feste das Umland.

Wir queren die Hofstraße (B 42) und wenden uns nach rechts. Das erste Haus rechts ersetzte das Haus der Schriftstellerin Sophie von La Roche, die hier 1771–80 Dichter und Gelehrte empfing. Ihr Enkel, der Romantiker Clemens Brentano, wurde hier 1778 geboren. Barockbauten zeugen vom einstigen Glanz der Residenz. Durch die Straße Am Markt kommen wir links zum Geburtshaus der Mutter Ludwig van Beethovens. Die Kapuzinerstraße bringt uns vom

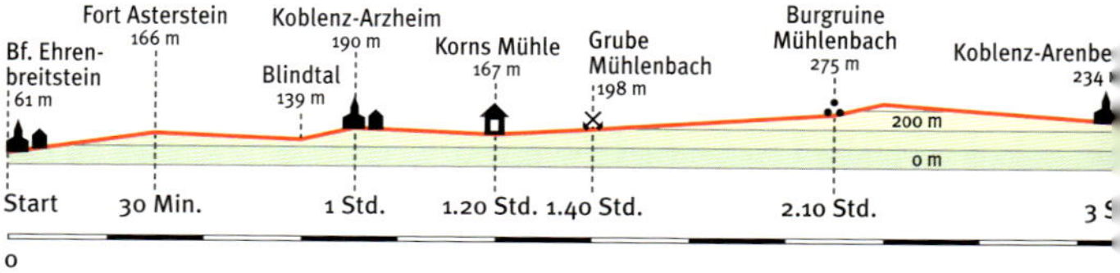

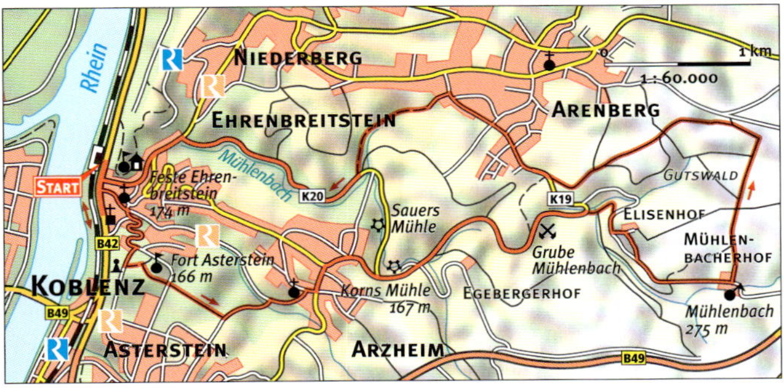

Markt zum **Kapuzinerkloster.** Der Trierer Erzbischof gründete es 1627. Die eher karge Franziskuskirche schmücken drei Rokokoaltäre von Seiz (1755).

Wir gehen ein kurzes Stück auf der Kapuzinerstraße zurück und folgen der Humboldtstraße auf einem **Rheinsteig-Zuweg** bergauf. Von ihr gehen wir nach rechts zum Kolonnenweg und weiter bergauf. Knapp über dem Ort stehen zwei Zeugnisse der Burgenromantik, die neogotische **Klausenburg** (1858) und die **Rheinburg** (1901). Letztere war 1850–90 als Kaponniere Klausenberg Teil der preußischen Ortsbefestigung.

Am Weg berühren wir das eiserne Tor eines Pulvermagazins sowie ein Mauerstück mit Kaponniere der 1854–57 erbauten Ortsbefestigung. Mit der Zufahrt zum Friedhof kommen wir zum **Denkmal** für die Gefallenen des VIII. preußischen Armeekorps im Deutschen Krieg von 1866.

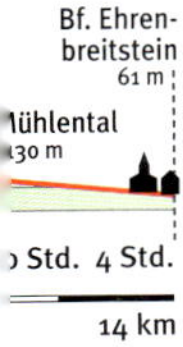

Koblenz liegt uns hier zu Füßen. Wir gehen zum Friedhofseingang zurück. Ein Pfad führt uns zum **Fort Asterstein,** an dem wir den RS-Zuweg verlassen (30 Min.). Das 1818–26 erbaute Festungswerk war als Teil der preußischen Festung Koblenz ein Vorposten des Ehrenbreitsteins. Das runde Reduit — Geschützstellung und Kaserne — überrascht durch eine klassizistische Hoffassade. Unser Weg führt uns rechts herum, vorbei am Tor zu den Wallanlagen, die einst vor dem Reduit standen und mit ihren Geschützen nach Süden wirkten. Wir gehen rechts um den **Sportplatz** herum und dann links versetzt von der Lindenallee an den **Tennisplätzen** vorbei auf einem Schotterweg weiter.

Über Streuobstwiesen und Äcker sehen wir links schon Arzheim. Rechts stehen die Blocks der Goeben-Siedlung, 1938 als Infanteriekaserne erbaut. Auf einem Teerweg gehen wir ins **Blindtal** hinab (50 Min.). Einen guten Kilometer links von uns liegt die Ostfront des Ehrenbreitsteins, deren Kanonen im frühen 19. Jh. gerade bis hierher gewirkt hätten.

Vom Tal gehen wir steil nach **Koblenz-Arzheim** hinauf (1 Std.). Dort empfängt uns die **kath. Pfarrkirche**

St. Aldegundis. Romanisch-gotischer Turm, gotischer Chor (15. Jh.), neogotisches Schiff (1901) und moderne Erweiterung (1971) bilden ein reizvolles Ensemble. Eine Statue des 15. Jh.s und ein neogotischer Altar erinnern an die Patronin der Kirche. Die qualitätvolle Muttergottes vor der Kirche entstand um 1700 für das Westtor der Festung Ehrenbreitstein.

Der Ort wurde 1688 zerstört, als die Franzosen vergeblich Koblenz und den Ehrenbreitstein belagerten. Während der Belagerungen des Ehrenbreitsteins 1795–99 litt der Ort wie viele andere im Umland durch die Belegung mit französischen Truppen.

Wir gehen die Straße weiter hinauf, dann ein kurzes Stück rechts und folgen der Hinterdorfstraße nach links bis zum Ortsausgang. Uns gegenüber liegt die markante Formation des **Hannarsch.** In den Blütezeiten des Weinbaus im Spätmittelalter und im 18. Jh. reichten die Wingerte des Mühlentals bis zu seinen Hängen herauf.

Wir folgen der Straße ins Mühlental hinunter. An **Korns Mühle** (1.20 Std.) wechseln wir auf die Straße, die uns nach rechts im **Mühlental** hinaufführt. An der Schwarzmühle und dem etwas zurückgelegenen Egebergerhof vorbei kommen wir zur **Grube Mühlenbach** (1.40 Std.). Sie förderte von etwa 1790 bis 1960 Blei- und Zinkerz, zuletzt auf einer Teufe von 550 m. Ab 1939 sollte ein 2786 m langer Stollen den Erztransport nach Nievern/Lahn erleichtern. Wir passieren die Aufbereitungsanlage des Heinrich-Schachts; auf dem Gelände dahinter stand der Förderturm, links von uns verlief die Transportbahn. Der Talhang diente rechts von uns als Abraumhalde.

In einer Spitzkehre der Teerstraße gehen wir geradeaus auf einem

Reduit des Forts Asterstein

Schotterweg bergauf. An seiner Gabelung wenden uns nach links zum **Elisenhof,** in Höhe seines Tors nach rechts. Am Waldrand halten wir uns bei einem Strommast links und folgen einem Pfad. An den Weiden des Mühlenbacher Hofs führt uns ein Teerweg weiter.

Im Talgrund beim Hof steht die **Burgruine Mühlenbach** (2.10 Std.). Die von etwa 1300 bis ins 17. Jh. bestehende Burg gehörte den Herren von Helfenstein, Dienstmannen des Trierer Erzbischofs. Erhalten sind der Bergfried mit Spuren von Anbauten und die Konturen des Wassergrabens.

Am Wohnhaus des Hofes (Mitte 19. Jh.) vorbei gehen wir zum **Immendorfer Wald** hinauf. Hier umgehen wir einen Hohlweg, hinter dem unser Pfad bald zum Schotterweg wird. Nach Unterquerung einer Stromleitung kommen wir über eine Streuobstwiese und folgen der Linkskurve. An der Gabelung nach Wiedereintritt in den Wald geht es rechts zu »Gintgens Galgen« an der Dreispitz, der ehemaligen Richtstätte der Herrschaft Mühlenbach. Wir halten uns aber links und unterqueren erneut die Stromleitung. An einer Wegespinne folgen wir geradeaus dem Schotterweg bis zur **Kreisstraße 19** hinab.

Ihr folgen wir nach rechts nach **Koblenz-Arenberg** (3 Std.). Wir gehen auf der Silberstraße, bis wir links in die Straße »Auf dem Forst« einbiegen können, um in das **Eselsbachtal** hinunter zu gelangen. Hier führt uns ein Pfad nach links weiter. Der Brunnen links von uns, der **Riddelsborn,** versorgte 1866–1909 die Feste Ehrenbreitstein und alle übrigen rechtsrheinischen Festungswerke, das Fort Asterstein sogar bis 1918.

Der Pfad mündet auf eine Straße, die uns an Wohnhäusern vorbei wieder ins **Mühlental** führt (3.30 Std.). Wir folgen dem Mühlbach auf der Teerstraße nach rechts. Am unteren Ende des Tales bestellen noch zwei Weingüter den Ehrenbreitsteiner Kreuzberg. So bleibt die im 14. Jh. begonnene Weinbautradition des Tales lebendig. Die Koblenzer Sektkellerei Deinhard bezog von hier im 19. Jh. ihre Grundweine.

Das Mühlental mündet in Ehrenbreitstein in die Straße »Vor dem Sauerwassertor«; sie führt uns nach links zu einem Turm dieses Tores, das Teil der preußischen Ortsbefestigung war. Beim **Sessellift** zum Ehrenbreitstein befindet sich ein Eingang zum Luftschutzbunker tief im Fels, der ab 1943 vielen tausend Menschen Schutz bot.

Links von unserer Straße führt bald eine Straße zum **Dähler Born.** Hinter der klassizistischen Fassade befindet sich eine seit gut 700 Jahren sprudelnde Mineralwasserquelle. Eine Vermarktung lohnte sich nie, und so labt sie heute den Wanderer frisch aus der Tiefe.

Wir kehren ins **Obertal** zurück. Die Barockbauten uns gegenüber ersetzten um 1770 kurfürstliche Weinberge, damit der Ort ein besseres Entrée erhalte. 1883–1978 nutzte der Pallottinerorden diese Häuser. In der alten Grundschule wurde 1903 der Schriftsteller Joseph Breitbach geboren. Heute dokumentiert hier das **Rhein-Museum** Schifffahrt und Leben am Rhein. Gleich dahinter lag der Wassergraben der Festungsanlage Nieder-Ehrenbreitstein, dessen vorderer Teil bis ins 18. Jh. kurfürstlicher Jachthafen war. Wir gehen zur Hofstraße weiter und kommen rechts zum **Bahnhof Ehrenbreitstein** zurück (4 Std.).

Tour 24

»Hoch auf dem alten Turme ...«

Auf Burg Lahneck und dem Koppelstein

Diese Wanderung auf Teilen des Rheinburgenwegs berührt die kurmainzischen Burgen Lahneck auf der Höhe und Martinsburg am Rheinufer und verbindet sie mit dem Panoramablick vom schroffen Felsen des Koppelsteins.

DIE WANDERUNG IN KÜRZE

++ Anspruch

3.45 Std. Gehzeit

14 km Länge

Charakter: Zwei stärkere Steigungen am Beginn, felsiger Gang zum Ausblick, ansonsten eher leichter Weg

Wanderkarte: »Rheinsteig«. Topographische Freizeitkarte 1 : 50 000

Einkehrmöglichkeiten: Burg Lahneck, Im Einmuth, Oberlahnstein

Anfahrt: Mit der **Bahn** aus Richtung Koblenz oder Wiesbaden bis Oberlahnstein. Mit dem **Pkw** auf der B 42 bis Oberlahnstein, Parkmöglichkeit nahe dem Bahnhof am Rheinufer

Öffnungszeiten: Burg Lahneck Führungen April–Nov. 10–17 Uhr

Vom **Bahnhof Oberlahnstein** gehen wir nach links zur Kirchstraße, auf dieser nach rechts zur kath. **Pfarrkirche St. Martin.** Die erstmals 977 erwähnte Kirche verbindet spätromanische Türme aus der Zeit um 1200 mit einem gotischen Chor (1332 begonnen) und einem barocken Schiff (1775–77). Ihr großzügiges Inneres birgt u. a. ein im Raum Koblenz geschnitztes Vesperbild des frühen 15. Jh.s.

Wir gehen links in der Hochstraße weiter und queren dann rechts den Salhofplatz. Ihn begrenzt ein gut erhaltenes Stück Stadtmauer mit dem imposanten **Hexenturm.** 1324 begonnen, ist die Stadtmauer direktes Spiegelbild der Stadtrechte Oberlahnsteins, das bis 1803 Amtsstadt des Kurfürstentums Mainz war. Der **Salhof** des Mainzer Erzstiftes links lässt an den romanischen Bögen zur Straßenseite noch seine Anfänge im 12. Jh. erkennen.

Durch die Stadtmauer kommen wir auf die Adolfstraße, um gleich links versetzt in der Gymnasialstra-

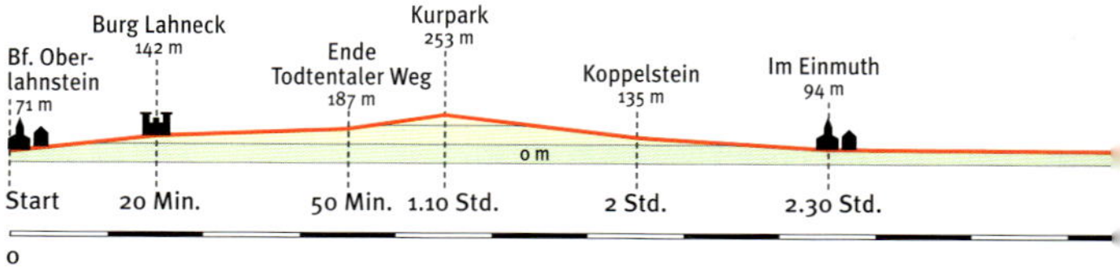

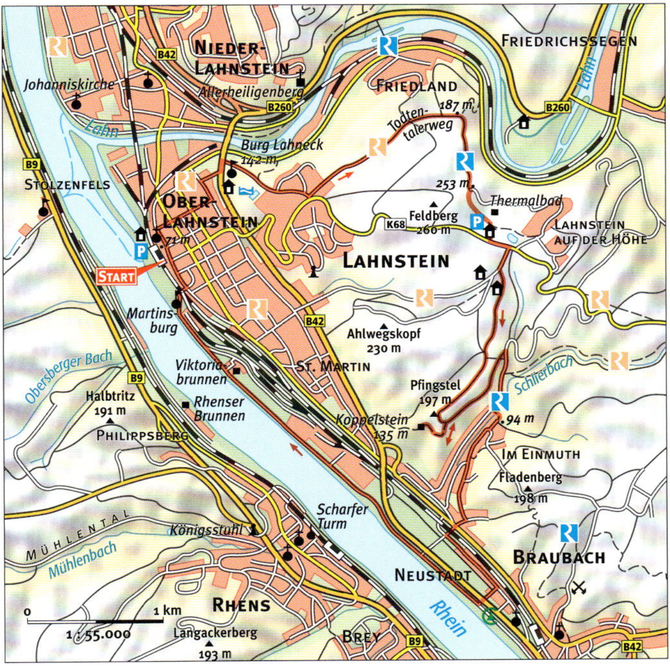

ße weiterzugehen. Ab hier folgen wir einem Rheinsteig-Zuweg. Wir queren die Wilhelmstraße und folgen dann der Ostallee nach links. Vor dem St.-Elisabeth-Krankenhaus gehen wir rechts auf einem Pfad weiter. Eine Treppe bringt uns zur Bundesstraße 42. Wir gehen nach links, wo uns Stufen und ein Pfad über den Straßentunnel im Burgberg bringen.

Der Pfad windet sich hinauf zum Halsgraben von **Burg Lahneck** (20 Min.). Links geht es durch den äußeren Zwinger aus dem 15. Jh. zum Tor des inneren Zwingers. Hinter dieser turmbewehrten Mauer erhebt sich die Kernburg mit einer starken Schildmauer und dem Bergfried in der Feindseite sowie einer Kapelle. Die Burg wurde 1240–45 vom Mainzer Erzbischof zur Sicherung eines Silberbergwerks errichtet. Gegenüber markierte Schloss Stolzenfels ab 1242 das Gebiet des Trierer Erzbischofs. 1688 zerstört, wurde Burg Lahneck ab 1854 im Stil der englischen Neogotik wiederaufgebaut und birgt eine reizvolle Ausstattung.

Mit der Burg verbunden ist die schaurige Geschichte von Idilia Dubb. Die Stufen des Bergfrieds sollen 1851 hinter der siebzehnjährigen Schottin zusammengebrochen sein. Sie rief und winkte – vergeblich:

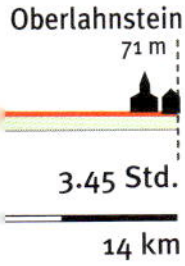

Vorbeifahrende Touristen winkten bloß freundlich zurück. 1862 soll man ihre Gebeine entdeckt haben.

Aus der Burg gehen wir im Halsgraben durch das Burgtor und dann rechts den Teerweg hinauf, nun auf dem **Rheinburgenweg.** Am Freibad vorbei folgen wir der Straße »Am Burgweg« durch ein Wohngebiet, bis uns kurz vor dem Rheinhöhenweg der **Todtentalerweg** nach links führt (50 Min.)

An einer Josefskapelle vorbei wandern wir zwischen Gehöften, Pferdekoppeln und Streuobstwiesen über die Niederterrasse des Rheins. Ab dem letzten Gehöft läuft der Todtentaler Weg als Schotterweg weiter bis zu einem Querweg an der Kante des Lahntals. Hier gehen wir nach rechts im Wald tüchtig bergauf. An einer Gabelung halten wir uns rechts und erreichen **Lahnstein auf der Höhe.** Hier gehen wir nach rechts, dann kurz vor dem Rheinhöhenweg links auf einem Pfad am **Kurpark** entlang (1.10 Std.).

Eine Unterführung bringt uns auf die andere Seite des Rheinhöhenwegs (K 68) und zu einer Teerstraße, der wir nach rechts folgen. Wir verlassen hier den RBW, nehmen den zweiten Weg links und folgen an einer Tennisanlage vorbei dem **Wanderweg D 4.** Der Waldweg bringt uns an den Rand der großen, mit einzelnen Obstbäumen besetzten Trokkenrasenfläche des **Naturschutzgebietes Koppelstein.** Hier wenden wir uns nach links und folgen dem Waldrand bzw. einem Acker.

Im Waldrand biegen wir rechts ab. Über einen kleinen Trockenrasen kommen wir zu einer ersten Aussicht. Von dort geht es auf einem Berggrat zwischen verkrüppelten Eichen und Buchen weiter nach vorn auf den **Koppelstein** (2 Std.).

Von der Schutzhütte gehen wir auf dem Felsgrat noch weiter vor, bis uns das »Bärenbrückchen« über einen Felsspalt auf einen mit Ketten gesicherten steilen Felsvorsprung bringt. Wir blicken von der Marksburg links von uns über Rhens bis nach Lahnstein rechts von uns und sogar zum Schloss Stolzenfels.

Auf dem Felsgrat gehen wir wieder bis zum Waldrand hinauf und nun nach rechts, bergab im Hang des Schlierbachtales, das wir im Wald bei einem Querweg erreichen. Nun folgen wir auf dem Rheinsteig dem **Schlierbach** zum Ortsteil **Im Einmuth** (2.30 Std.). Wir wenden uns nach links, halten uns an einer Gabelung rechts, queren den Bach und folgen ihm. Wir verlassen den Rheinsteig, queren die Straße Im Wiesengrund und gehen weiter am Bach entlang, bis dieser unterirdisch weiterfließt.

Die Schlierbachstraße bringt uns zur Straße »Im Schützweil«, auf der wir nach links bis zur Einmuthstraße bleiben. Diese führt uns nach rechts bis zur Straße »Im Rosenacker« — hier links. Mit der Unterführung queren wir die Lahnsteiner Straße und die Bahnstrecke. Dahinter gehen wir am Bahndamm entlang durch die Charlottenstraße Richtung Braubach-Neustadt.

Nach 200 m könnten wir rechts in den Finkenweg einbiegen und geradeaus zum Rheinufer gelangen. Da dieser Durchgang wegen Hochwasserschutzarbeiten gesperrt ist, gehen wir aber in der Charlottenstraße weiter in den Ort hinein und biegen dann rechts in die Herrengartenstraße ein, die die Bundesstraße 42 unterquert. Dem **Rheinufer** folgen wir nach rechts. Pappeln begleiten uns. Gegenüber liegt die malerische Rheinfront von Rhens mit

Die Martinsburg

dem Scharfen Turm und einem Stück der Stadtmauer mit Rheintor und Josefstor sowie Fachwerkgeschossen aus dem 16. Jh. Auf unserer Rheinseite begleiten uns eine chemische Fabrik und der Victoria-Brunnen, der Mineralwasser fördert. Bei der Gabelung nahe den Schrebergärten wenden wir uns nach links, um nun nahe am Rhein weiterzugehen.

Bald ragt vor uns der Bergfried der **Martinsburg** auf. Die 1298 begonnene, einst von Wasser umgebene Burg des Mainzer Erzbischofs schützte den alten Rheinzoll, der um 1292 aus Boppard hierher verlegt worden war. Der Bergfried schützte ab etwa 1400 die damals ausgebaute Burg. Die Rheinseite erhielt um 1720 eine schlossartige barocke Prägung. Wir gehen rechts herum und sehen nun die Wehrmauer der Zeit um 1400 mit einem Fallgatter über dem Burgtor. Nach links kommen wir wieder zum Rhein, vorbei an dem schon um 1360 erbauten Wohnturm.

Wir folgen dem Rhein nach rechts. Durch das **Kihrstor,** den letzten Torturm der Stadtmauer, seit 1862 Bahnunterführung, kommen wir in die Brunnenstraße und zur Hochstraße. Hier treffen wir auf einen im Mittelalter gegrabenen städtischen Brunnen. Links dahinter steht die ehemalige **Hospitalkapelle St. Jakobus** aus dem 14. Jh., in der man das Grab eines Jakobspilgers gefunden hat. Wir wenden uns nach links und gehen durch die Arkaden des **Alten Rathauses** (heute Stadtarchiv), eines um 1500 errichteten spätgotischen Fachwerkbaus. In der Kirchstraße wenden wir uns nach links, um vor der Bahnunterführung nach links zum **Bahnhof Oberlahnstein** zurückzukehren (3.45 Std.).

Rund um die Loreley

Von St. Goarshausen über die Loreley zur Burg Reichenberg

Im Mittelpunkt dieser Wanderung im Gebiet der Grafen von Katzenelnbogen stehen der sagenumwobene Fels der Loreley und die katzenelnbogischen Burgen Katz und Reichenberg.

DIE WANDERUNG IN KÜRZE

++ Anspruch

5 Std. Gehzeit

15 km Länge

Charakter: Starker Anstieg am Beginn, ansonsten keine allzu steilen Anstiege und Gefälle, auf der Höhe Wald und eine längere Strecke über offenes Feld

Wanderkarte: »Rheinsteig«. Topographische Freizeitkarte 1 : 50 000

Einkehrmöglichkeiten: St.Goarshausen-Heide, Loreley, Wirtshaus Am Teufelstein in Patersberg

Anfahrt: Mit der **Bahn** aus Richtung Koblenz oder Wiesbaden bis St. Goarshausen. Mit dem **Pkw** auf der B 42 bis St. Goarshausen.

Vom **Bahnhof St. Goarshausen** folgen wir nach links der Bundesstraße 42. Wir passieren die kath. Pfarrkirche St. Johannes mit ihrer barockisierenden Ausstattung (1923–25) und die neoromanische ev. Kirche (1860–63). Am Rheinufer sieht man im Süden bereits den schroffen Felsen der Loreley. Davor steht ein Rheinkran von 1917. Gegenüber thront Burg Rheinfels über St. Goar. Mit Burg Katz über St. Goarshausen schützte sie die Verbindung in die Kernlande der Grafen von Katzenelnbogen und später der Landgrafen von Hessen. Vor dem weißen **Rundturm** der Stadtmauer, der mit dem eckigen Turm im Süden den historischen Ortskern mit seinen Fachwerkbauten markiert, biegen wir links ab, nach Unterquerung der Bahnstrecke rechts. Zwischen zwei weißen Häusern beginnt der Fußweg zur Burg Katz und zum Ortsteil Heide. Wir folgen nun bis zur Loreley der Markierung des **Rheinsteigs.** Der nach einigen Treppen in einen felsigen Pfad übergehende Weg gibt den

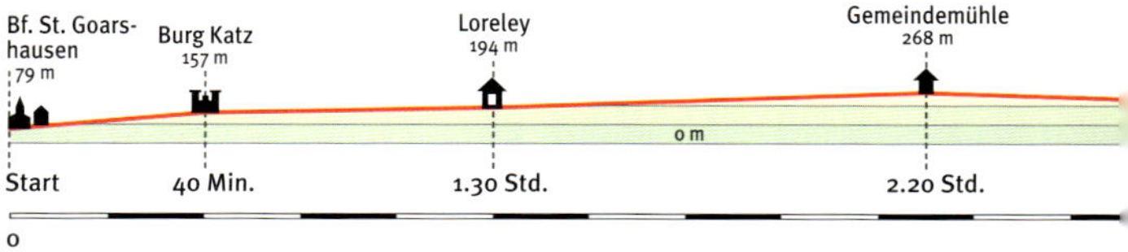

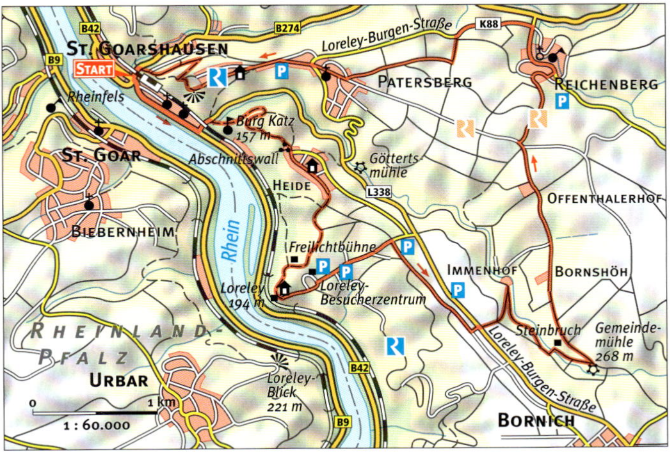

Blick frei in das Forstbachtal mit Spuren des Weinbaus und gelegentlich hinüber zur Burg Rheinfels.

Ab der vierten Kehre gehen wir an den Wehrmauern von **Burg Katz** entlang (40 Min.). Auf der geteerten Zufahrtsstraße zur Burg wenden wir uns nach rechts, vor dem für Besucher verschlossenen Tor links hinauf, bei der Weggabelung rechts. Die nächste Kehre bietet einen eindrucksvollen Blick auf die Angriffsseite der Burg Katz. Der Bergfried deckte den dreieckigen Kern der Burg. Links steht der rekonstruierte Palas, vor dem Bergfried liegt eine Vorburg mit Graben. Um 1371 als Burg Neukatzenelnbogen erbaut und im 17./18. Jahrhundert verstärkt, sicherte die Burg die Verbindung zur Burg Rheinfels. Sie wurde 1806 zerstört und ab 1896 wieder aufgebaut.

Wir gehen weiter hinauf, an einer **Sportanlage** und an der **Loreley-Schule** vorbei; rechts sind Durchblicke zur Loreley möglich. Unterhalb der Loreley ist der Schutzhafen zu sehen, in dem man einst die Schiffe bei Eisgang in Sicherheit brachte. Wir passieren Reste eines Walles, der im 6. Jh. v. Chr. eine Siedlung auf dem Berg schützte.

Wir gehen geradeaus durch den Ortsteil **Heide** und nehmen den rechten Pfad in den Wald hinein; an der Gabelung rechts. Am Waldrand folgen wir dem Pfad in die Acker- und Heidefläche, um dann auf dem Wirtschaftsweg nach links weiterzugehen. Nach wenigen Metern biegen wir rechts in einen nur wenig er-

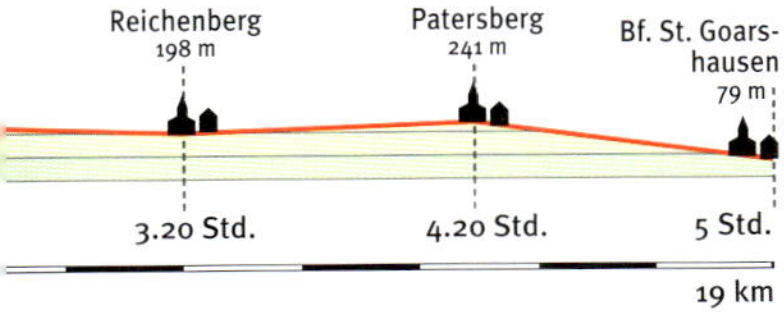

kennbaren Wirtschaftsweg, der auf einen **Hochsitz** zuläuft. Wenige Schritte vor der Waldkante wenden wir uns links hinauf, nach 200 m gehen wir rechts zum Loreley-Besucherzentrum und zur Loreley-Freilichtbühne.

Die **Freilichtbühne** wurde bis 1939 als »Thingstätte« für nationalsozialistische Aufmärsche und Feierstunden erbaut. Nach 1945 wurde sie vor allem durch Musikfestivals bekannt. Vor der Thingstätte gehen wir nach links über einen Pfad zum **Loreley-Felsen** (1.30 Std.) mit der schönen Aussicht auf den Rhein, Burg Katz und die Portale der Eisenbahntunnels (1859/60), die Formen der Burgenarchitektur aufgreifen.

Wir gehen rechts um das Hotel herum und folgen der Teerstraße Richtung Wald. In Höhe des **Campingplatzes** verlassen wir den Rheinsteig, wechseln auf die linke Straßenseite und gehen auf dem Teerweg weiter an der Straße entlang. Äcker, Weiden, Streuobstwiesen und Weingärten prägen die Flächen der sanft ansteigenden Rheinterrasse. Am Waldrand queren wir die Straße nach rechts und folgen der Teerstraße am Waldrand.

An dessen Ende überqueren wir die Landesstraße 338, gehen auf einem Schotterweg in den Wald hinein, dort an einer Kreuzung geradeaus bergab weiter, an der folgenden Gabelung links, bei der nächsten nach rechts in den Hohlweg hinunter. An der Wegkreuzung vor dem **Immenhof,** einer der alten Mühlen am Forstbach, biegen wir nach rechts ab und folgen dem Verlauf des **Forstbaches.** An der nächsten Wegkreuzung biegen wir nach links Richtung Bach ab und überqueren ihn.

Durch die Bachaue wandern wir zu dem aufgelassenen Taunusquarzit-Steinbruch und halten uns rechts. Vor der **Gemeindemühle** (2.20 Std.) biegen wir nach links weg und auf einem Schotterweg hinauf in den Wald hinein. Wir biegen nach einer Weile wieder links ab. Der Weg löst sich bald vom Waldrand und läuft zwischen den Äckern weiter. Wir passieren den Bauernhof **Bornshöh.** Durch eine Senke kommen wir am weitläufigen **Offenthalerhof** mit zentralem Wohngebäude und großen Wirtschaftsgebäuden in Bruchstein und Fachwerk vorbei. Nach ca. 400 m passieren wir einen Schotterweg rechts und biegen kurz danach rechts in eine Teerstraße ein. An Wald und Streuobstwiesen entlang geht es bergab.

Im Hintergrund tauchen bereits die Ruinen der über dem Ort gelegenen **Burg Reichenberg** auf. Ab 1319 erbaut, schützte sie die Verbindung der Grafen von Katzenelnbogen vom Rhein zu ihren Stammlanden an der Lahn. Von der nie vollendeten Burg ist vor allem der Kern mit dem vorspringenden Saalbau erhalten. Die mächtige Schildmauer flankierten einst schlanke Türme. Eine Besichtigung der stattlichen Burgruine ist leider nicht möglich.

In **Reichenberg** (3.20 Std.) folgen wir an der Weggabelung der nach rechts hinunterführenden Kurve; an der folgenden Gabelung gehen wir geradeaus weiter bis zur Kreisstraße im **Hasenbachtal,** dort nach links. In der nächsten Kurve der Straße »Obertal« folgen wir dem Wegweiser nach St. Goarshausen. Mit der Straße »Untertal« überqueren wir den Bach, gehen durch eine Gasse und dann nach rechts über Treppen zur 1380 begründeten und 1737/38 erneuerten **Kirche** hinauf, die mit der Burg verbunden war. Ihr Inneres birgt noch Teile der barocken Aus-

Burg Reichenberg

stattung. Auf dem Kirchhof finden sich neben einem Kriegerdenkmal zum Ersten Weltkrieg auch Gräber von Besitzern des Hofgutes Offenthalerhof und der Burg.

Über die Treppe gehen wir ins Tal zurück. Wir folgen der Kreisstraße bis zum Ortsausgang und biegen links in die Kreisstraße 88 nach Patersberg ein. Fast auf der Höhe angelangt, schlagen wir in einer Kurve links einen Wirtschaftsweg ein. An der nächsten Gabelung halten wir uns rechts. Über den Ackerflächen ist noch einmal Burg Reichenberg zu sehen. Einem Teerweg folgen wir bald nach rechts bis **Patersberg** (4.20 Std.).

An einer Straßengabelung bei einer Kastanie halten wir uns rechts und gehen geradewegs auf die Kirche zu. Fachwerkhäuser des 16./17. Jh.s prägen den Ort. Das romanische Schiff der evangelischen Kirche stammt aus dem 12., Chor und Turm aus dem 14. Jh.

Wir folgen der Kirchgasse und biegen dann nach rechts in die Hauptstraße. An der Straßengabelung am Parkplatz nehmen wir die linke Straße und folgen ab jetzt dem Rheinsteig, zunächst bis zum **Dreiburgenblick,** von dem wir voraus die Feste Rheinfels, links Burg Katz und rechts Burg Maus sehen.

Wir gehen an der Talkante nach rechts bis zu einem Pfad bergab. Stufen führen uns auf einen Querpfad, dem wir nach links bergab folgen. Nach drei Windungen kommen wir über Stufen auf einen breiteren Weg, auf dem wir immer bergab nach links gehen. Hinter einem **Supermarkt** wenden wir uns nach rechts, gehen bis zur Unterführung, unterqueren die Bahnstrecke und stehen schließlich am **Bahnhof St. Goarshausen** (5 Std.).

Blüchers Truppen am Rhein

Von Kaub über die Taunushöhen

Die Tour erschließt Bereitstellungsräume und Aufmarschwege der Schlesischen Armee des Feldmarschalls Blücher bei Kaub, die ab Neujahr 1814 den Rhein überquerte und Napoleons Truppen nach Westen verfolgte.

DIE WANDERUNG IN KÜRZE

++ Anspruch

5 Std. Gehzeit

16 km Länge

Charakter: Längere, zum Teil felsige Steigungen am Beginn, ansonsten moderat, weite Strecken auf offenem Feld

Wanderkarte: »Rheinsteig«. Topographische Freizeitkarte 1 : 50 000

Einkehrmöglichkeiten: Dörscheid (Landgasthof Blücher), Weisel, Kaub

Anfahrt: Mit der **Bahn** aus Richtung Koblenz oder Wiesbaden bis Kaub. Mit dem **Pkw** auf der B 42 bis Kaub oder linksrheinisch auf der B 9 und mit der Fähre übersetzen.

Öffnungszeiten: Pfalzgrafenstein: Mo geschl.; Jan., Feb., Nov. nur Sa/So 10–17, März 10–17, April–Okt. 10–18 Uhr; **Blücher-Museum:** Di–So, April–Okt. 11–16, Nov.–März 14–17 Uhr

Wir gehen aus dem **Bahnhof Kaub** nach links, am Bahndamm entlang. Der nach einigen Metern auftauchende **Dicke Turm,** seit 1485–87 der äußerste südliche Posten der Stadtmauer, gehörte ab 1837 auch zur Dachschiefergrube »Wilhelm-Erbstollen«.

Bei der ersten Gelegenheit nehmen wir eine Bahnunterführung zum Rhein. Bei Blüchers Rheinübergang spielte **Burg Pfalzgrafenstein** eine zentrale Rolle: Die Armeekorps Yorck und Langeron überquerten hier den Strom.

Jäger sicherten von der Burg ihre Kameraden, die am 1. Januar 1814 ab 2.30 Uhr mit Booten vorstießen und auf dem linken Rheinufer einen Brückenkopf bildeten. 15 000 Mann wurden mit Nachen übergesetzt, während die Schiffsbrücke über den

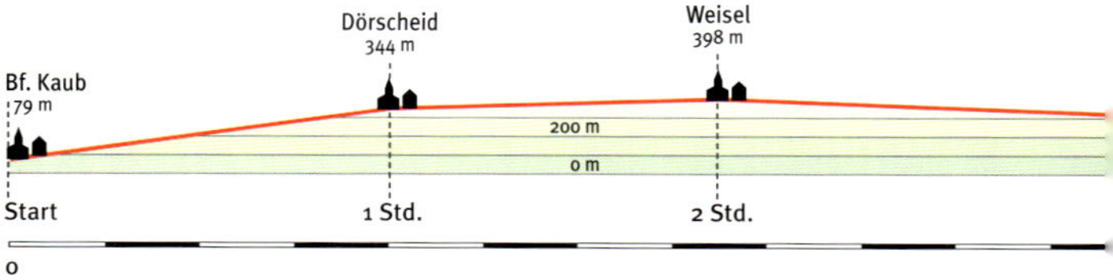

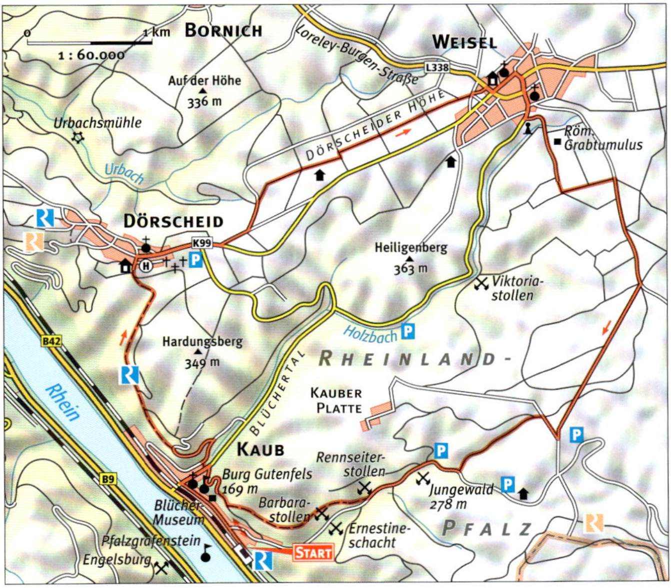

Pfalzgrafenstein gebaut wurde. Darüber gingen vom 2. bis 5. Januar 1814 35 000 Soldaten, 15 000 Pferde und 182 Geschütze. Der Widerstand der französischen Zollwächter in der Engelsburg und der Truppen, die von Bacharach mit Kanonen kamen, brach schnell zusammen. Blüchers Truppen konnten mit geringen Verlusten nach Oberwesel und Bacharach vorstoßen und über den Hunsrück gen Westen marschieren.

Etwas flussabwärts zeigt das **Blücherdenkmal** von 1894 den Feldmarschall. Wir gehen wieder unter dem

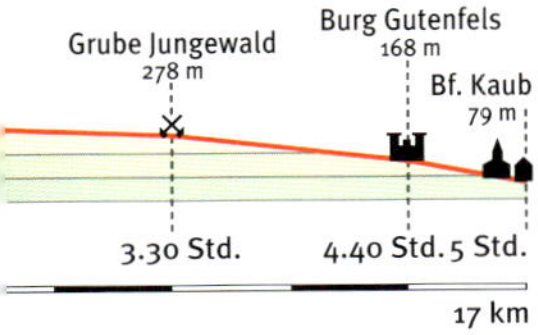

Bahndamm hindurch. Rechts stehen das stattliche **Amtshaus** von 1722 und die 1552 erbaute verschieferte **Zollschreiberei** der Pfalzgrafen bei Rhein, letztere Dienstsitz der Zollbeamten. In den Häusern von Kaub lagen schon ab dem November 1813 preußische Truppen im Quartier.

Wir gehen nach links, durch den Torbogen am Zollturm, in die Metzgergasse. Hier, im ehemaligen Hotel »Zur Stadt Mannheim«, erinnert seit 1913 das **Blücher-Museum** in den authentischen Räumen an Blüchers Hauptquartier. Wir gehen zu den Kirchen weiter. In der ev. Kirche wurden am 31. Dezember 1813 die Kauber Schiffer vereidigt, die die Soldaten über den Rhein bringen sollten; eine Tafel hinter dem Altar erinnert daran.

Die Metzgergasse mündet auf einen Platz mit einem **Denkmal** für die Gefallenen des Deutsch-Französischen Krieges 1870/71, davor deutsche Feldkanonen (Konstruktion 1873).

Auf den Platz mündet das **Blüchertal.** Dort, bis über das 5 km entfernte Weisel hinaus, stauten sich Blüchers Soldaten, als die Schiffsbrücke beim Bau abtrieb und neu verankert werden musste. In der Winterkälte griffen sie sich alles, was sich verheizen und essen ließ.

Nach etwa 100 m nehmen wir bei der Garage links die Treppe und folgen dem **Rheinsteig** und dem **Rheinburgenweg.** Die Treppen führen durch ein Tor der Stadtmauer in die Weinberge. Am Ende der folgenden Betontreppe biegen wir nach rechts auf die Teerstraße ein.

In den Weinbergen wandern wir zunächst parallel zum Blüchertal vom Rhein weg. Bei der nächsten Abzweigung folgen wir der links weggehenden Kurve weiter den Berg hinauf. Bei Burg Gutenfels auf der anderen Seite des Tals ließ Blücher am 31. Dezember 1813 vier zwölfpfündige Kanonen aufstellen; acht weitere standen hier in der Weinlage Blüchertal. Sie deckten den Rheinübergang unten am Pfalzgrafenstein.

In einer Kurve geht die Teerstraße in einen Pfad über, der uns ins **Naturschutzgebiet Dörscheider Heide** führt, zunächst am Fels entlang und dann in ein Biotop aus Trockenwiesen, Büschen und verwilderten Obstbäumen. Aufgegebene Äcker und Weinberge, von denen noch Trockenmauern zeugen, wurden ab dem Spätmittelalter zu dieser Heidelandschaft, die bis ins 19. Jahrhundert Schafweide war.

Nach dem Panoramablick über den Rhein hinweg auf Oberwesel und die Schönburg steigt der Weg auf dem nackten Felsen an und führt vom Rhein weg. Bei der folgenden Gabelung halten wir uns geradeaus. Wir kommen in einen Wald, der sich um ein Seitental des Rheins gebildet hat, und überqueren einen kleinen Bachlauf. Jenseits geht der Wald wieder in Wiesen und Büsche über. Am Ortsrand von **Dörscheid** (1 Std.) bietet sich ein weiter Blick über die Wiesen und Felder auf der Hauptterrasse am Rand des Taunus.

RS und RBW verlassend, gehen wir nach Dörscheid hinein, am **Landgasthof Blücher** vorbei und bei der Bushaltestelle rechts. Inmitten der Umfriedung des ehemaligen Kirchhofs steht die **ev. Kirche,** ein Bau aus dem frühen 14. Jh. Im Ortskern dominieren kleine Gehöfte und Fachwerkhäuser. In Dörfern wie Dörscheid und Weisel lagen Blüchers Soldaten ab dem 30. Dezember 1813 im Quartier. Die Bauern mussten den Soldaten Kost und Unterkunft geben und die Pferde versorgen.

Wir gehen an der Kirche vorbei Richtung Ortsausgang und auf die Kreisstraße 99, am Friedhof vorbei. Hinter einem Waldstück biegen wir links auf einen Teerweg zwischen Feldern ab. Bei der Gabelung gehen wir nach rechts. Bei einem **Wasserbehälter** stößt der Weg wieder auf die Kreisstraße. Wir folgen ihr nach links bis in die Ortsmitte von **Weisel** (2 Std.), überqueren die Landesstraße 338 und gehen am Gasthaus »Nassauer Hof« vorbei zur **ev. Kirche.** 1776/77 anstelle eines romanischen Baus errichtet, sah die junge Kirche Blüchers Truppen, die in Weisel in Quartier lagen. Das angrenzende neugotische Gemeindehaus aus Ziegeln greift mit seinen Ecktürmchen Elemente des Burgenbaus auf.

Auf dem Parkplatz mit Brunnen und Bänken biegen wir nach rechts in die Altpforter Straße und gelangen, an der katholischen Bruchsteinkapelle mit Dachreiter vorbei, zu einem

Denkmal für Blüchers Rheinübergang.

In den Wäldern bei Weisel bauten die russischen Pioniere der Schlesischen Armee die Pontons für die Schiffsbrücke, bootsförmige Konstruktionen, bespannt mit Leinwand, die einen Teeranstrich bekam.

Wir folgen der Straße kurz talwärts und biegen nach links auf einen geteerten Weg ab. Auf halber Höhe erhebt sich links eine rekonstruierte **römische Grabstätte** des 2. Jh.s. Der Teerweg gabelt sich auf der Höhe; wir nehmen den linken Feldweg. Bei der nächsten Kreuzung gehen wir wieder nach links, bis zur Teerstraße. Ihr folgen wir nach rechts, dem Wald entgegen. Hier folgen wir der geradlinigen Teerstraße. Nach 1,5 km nehmen wir kurz die rechts abgehende Schotterstraße zur »Kauber Platte« und dann den zweiten Waldweg links, der sich in Sichtweite der Straße gabelt. Dort schlagen wir den linken Weg ins Tal hinunter ein. Er endet auf einer Teerstraße, der wir nach rechts talwärts folgen.

Vorbei an Bauten und Abraumhalden des Kauber Schieferbergbaus, gehen wir bei einem Haus rechts weiter, dann an den Tennisplätzen vorbei und dahinter schräg nach rechts auf einen Pfad, der uns durch aufgelassene Weinberge zur Burg Gutenfels bringt.

Wir überblicken den gesamten Schauplatz von Blüchers Rheinübergang: Pfalzgrafenstein, Burg Gutenfels, Kaub mit seinen Wehrtürmen (links der Dicke Turm) und den Steinbruch am »Haus Engelsburg« auf dem anderen Ufer, von dem die Vorhut bis nach Henschhausen hinaufging.

Wir gehen auf **Burg Gutenfels** zu (4.40 Std.). Ihr Bergfried ist gegen die Höhe gerichtet und hat wie die vorgelagerte Mauer Feuerwaffenscharten. Hinter ihm steht der stauferzeitliche Palas mit den auf Fernwirkung angelegten großen Bögen der Saalgeschosse. Die Burg des frühen 13. Jh.s wurde nach ihrer erfolgreichen Verteidigung im Pfälzischen Erbfolgekrieg ab 1508 mit Schießscharten und Bastionen für Feuerwaffen nachgerüstet. Der Wiederaufbau von 1889–92 ging schonend mit der Substanz um.

Wir kommen durch den Halsgraben vor das Burgtor und gehen auf der Zufahrtsstraße bis zum **Blüchertal** hinunter. Hier folgen wir dem Weg der Truppen, die von Weisel her durch das Tal kamen, nach Kaub hinein.

Hinter den Kirchen geht es nach links in die Metzgergasse und dann geradeaus bis zum **Bahnhof Kaub** (5 Std.).

Burg Pfalzgrafenstein und Burg Gutenfels

Tour 27

Burgen und Schieferbergbau

Von Lorch nach Kaub

Etwas versteckten Wehrbauten abseits des Rheins spürt diese Wanderung nach, die von Lorch durch das verträumte Tiefenbachtal und zu Spuren des Kauber Schieferbergbaus führt.

DIE WANDERUNG IN KÜRZE

++ Anspruch

4.30 Std. Gehzeit

15 km Länge

Charakter: Abgesehen von den Anstiegen zu den Burgen eine eher moderate Tour

Wanderkarte: »Rheinsteig«. Topographische Freizeitkarte 1 : 50 000

Einkehrmöglichkeiten: Lorch, Kaub; unterwegs keine

Anfahrt: Mit der **Bahn** aus Richtung Koblenz oder Wiesbaden bis Lorch; zurück ab Kaub. Mit dem **Pkw** auf der B 42 bis Lorch; zurück mit der Bahn.

Vom **Bahnhof Lorch** gehen wir nach links Richtung Ortskern. Wir passieren das 1546–73 errichtete **Hilchenhaus** und erblicken bald den Turm der malerisch gelegenen gotischen Pfarrkirche St. Martin. An der Wisper stoßen wir auf den **Strunk,** einen 1567 erbauten Turm der Ortsbefestigung. Daneben erinnert ein Denkmal an die im Deutsch-Französischen Krieg 1870/71 gefallenen Lorcher.

Wir queren die **Wisper.** Die 1556 erbaute Brücke wurde 1978 durch eine breitere Nachbildung ersetzt, damit die Bundeswehr-Lastwagen das in den 1970er Jahren angelegte Geräte-Hauptdepot Lorch besser anfahren können. Der hl. Johannes von Nepomuk, eine Statue aus dem 18. Jh., steht hier als Patron der Schiffer und gegen Gefahren des Wassers.

Auf der Höhe über uns sehen wir den **Nollig,** der seit etwa 1300 als Vorposten der Ortsbefestigung diente. Hinter der Brücke wenden wir uns nach rechts und folgen der **Wisperstraße,** bis nach Sauerthal der Mar-

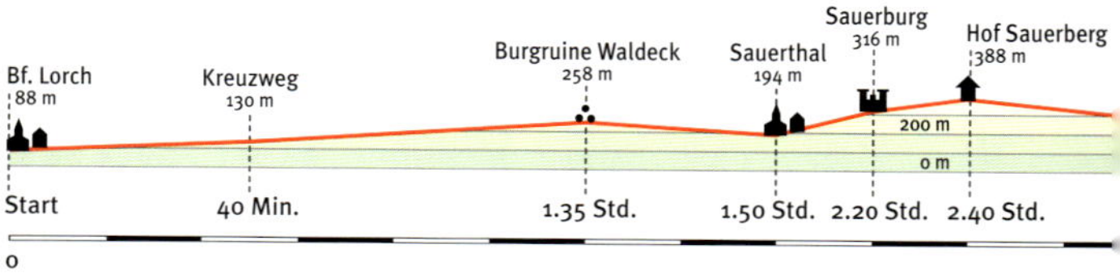

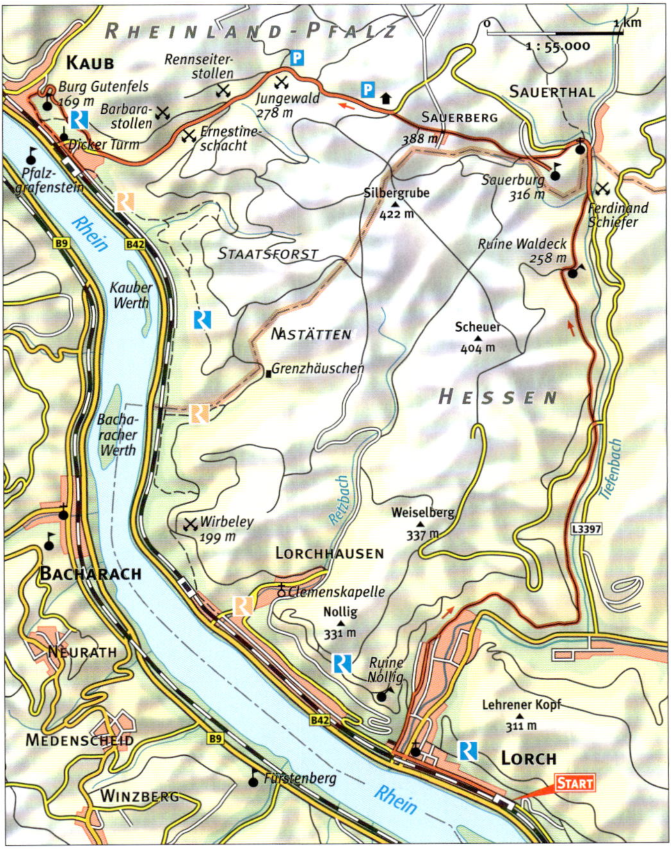

kierung des **Wisperwanderwegs** (W) nach. Kurz hinter dem auf 1591 datierten Haus mit Hofeinfahrt und barockem Aufbau wenden wir uns nach rechts, um der Wisper zu folgen.

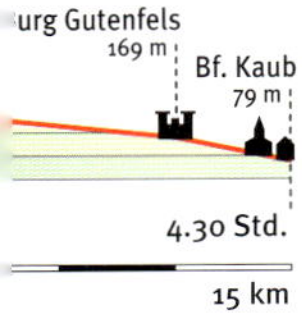

An der Kreuzung in Höhe der **Wisper-Schule** wenden wir uns links in den Wispergrund, der am Ortsrand in einen Weinbergspfad ausläuft. Diesem folgen wir bergauf durch weitgehend aufgelassene Wingerte, Zeugen einer Weinbautradition seit dem 11. Jh. Im Talgrund der Wisper erspähen wir Kaserne und Sanitätsdepot Lorch. Wir folgen konsequent dem Weg im Hang der Wisper. In der Nähe der Kaserne führen uns Serpentinen ins Tal. Bei einem **Kreuzweg** (40 Min.) wenden wir uns nach links Richtung

Sauerthal. Bei der nächsten Gabelung halten wir uns rechts.

Wir folgen nun im Wald dem **Tiefenbachtal.** Der Bach fließt über eine weite Strecke durch eine schmale Wiese. Links von uns zeugen im Hang Terrassenmauern von längst aufgegebenem Weinbau in einer eher ungünstigen Ostlage. An der Wegegabelung bei umzäunten Grundstücken halten wir uns rechts. Ab hier geht es merklicher bergauf.

In der Nähe eines Parkplatzes und einer Brücke sehen wir auf dem anderen Bachufer ein Tunnelportal. Es gehört zum Geräte-Hauptdepot Lorch der Bundeswehr, das tief in den Felsen eingebaut ist.

Wir queren die Teerstraße zum Standortübungsplatz am **Weiselberg** und nehmen an der Gabelung den linken Weg steil bergauf. Am nächsten Abzweig gehen wir geradeaus weiter. Der Weg wird zunehmend felsiger. Nach 1,5 km geht es eben weiter. Wir queren ein Seitental des Tiefenbachs.

Nach 300 m treten wir in den tief eingeschnittenen Halsgraben der **Burgruine Waldeck,** die nach drei Seiten von Bachtälern geschützt war (1.35 Std.). Der Mainzer Erzbischof sicherte mit der Burg das Rheingauer »Gebück«, eine dichte Grenzhecke, die etwas oberhalb der Burg das Sauertal querte. Schon 1147 werden Ritter von Waldeck erwähnt.

Ein Pfad mit Holzstufen geht steil auf die Ruine hinauf. Zum Halsgraben hin und ebenso links ist noch ein gutes Stück der Wehrmauer erhalten, durch die eine kleine Pforte führt. Von den auf den Felsen gesetzten Bauten ist nur wenig übrig, so die Mauern eines großen Gebäudes mit in den Felsen gehauenem Keller, weitere Reste der Umfassungsmauer und der Brunnen. Bis zu 22 Familien besaßen Anteile an der Burg.

Durch den Halsgraben verlassen wir die Ruine nach rechts. An der nächsten Gabelung gehen wir von Hessen nach Rheinland-Pfalz und erreichen das am Fuß der Sauerburg gelegene **Sauerthal** (1.50 Std.).

Auf dem Friedhof erinnert ein neogotisches Grabmal an Reichsgraf Franz von Sickingen, der 1834 »im Elend« starb, der letzte der Familie, die seit 1686 die Sauerburg bewohnt hatte. Der Ort zieht sich durch ein abgelegenes Tal. In seiner Mitte stehen

Burgruime Waldeck

einige Fachwerkhäuser aus dem 18. Jh. und die 1748 erbaute **kath. Pfarrkirche St. Anna.** Hinter der Kirche gehen wir nach links, ab hier auf einem Rheinsteig-Zuweg. Am Ortsende gehen wir scharf links auf einem Schotterweg weiter und biegen vor einem einzelnen Haus scharf rechts ab. Ein steiler Weg führt uns hinauf zu einer Teerstraße, auf wir nach links zur **Sauerburg** kommen (2.20 Std.).

Der mächtige quadratische Bergfried zeigt noch die Spuren der Zerstörung der Burg durch die Franzosen im Jahr 1689. Er deckte den Kern der Burg, die der Pfalzgraf bei Rhein ab 1355 als Sicherung gegen Burg Waldeck baute. Gut zu erkennen ist noch der breite Graben, der wohl im 17. Jh. um die Kernburg gezogen wurde, eine für rheinische Höhenburgen merkwürdige Anlage. Die 1909–12 zum Teil ausgebaute Burg kann leider nicht besichtigt werden.

Wir gehen auf der Zufahrtsstraße zurück und an dem Weg nach Sauerthal vorbei. An der nächsten Gabelung nehmen wir den linken Abzweig und sogleich den rechten Schotterweg bergauf. Wir bewegen uns inmitten offener Bogenschießbahnen — also Vorsicht! An der nächsten Gabelung gehen wir auf dem mittleren Weg weiter.

Vom offenen Feld sehen wir noch einmal auf die Sauerburg zurück. Wir nähern uns dem **Hof Sauerberg** (2.40 Std.). Hier kreuzen wir die Zufahrt zum Hof, verlassen den Rheinsteig-Zuweg und gehen dann geradeaus in den Wald, nach Querung eines Weges auf einem Pfad, der uns am **Parkplatz Sauerberg** zur geteerten Loreley-Burgenstraße bringt. Dieser folgen wir nach links bergab.

Im Tal begegnen wir Spuren des vom 14. Jh. bis 1972 in Kaub betriebenen Schieferabbaus: links einem verschütteten Stollen und gegenüber dem Rastplatz einem intakten Stollen der **Grube Jungewald.** Die Straße hinunter ins Volkenbachtal ist über 1 km gesäumt von Abraumhalden. Bei den Häusern und dem Tennisplatz rechts befand sich der **Rennseiterstollen.** Unterhalb geht der Weg zwischen Trockenmauern hindurch, die vor allem Abraumhalden stützen. Links treffen wir Bauten des **Barbarastollens,** rechts befand sich der 1905 vollendete Schacht der **Grube Ernestine.** Dahinter taucht rechts eine hohe Halde auf, die eine Ahnung von den Ausmaßen des Bergbaus gibt.

Wir erreichen die ersten Häuser von **Kaub** und nehmen den ersten Teerweg rechts, an einem Plätzchen mit Bank vorbei zu einem geschotterten Pfad. Er führt uns durch aufgelassene Weinberge zur **Burg Gutenfels** (s. Tour 27). Wir überschauen von hier oben Kaub mit dem Pfalzgrafenstein und gehen an der mächtigen Feindseite der Burg vorbei (3.40 Std.). Am für Besucher verschlossenen Burgtor vorbei wandern wir die Zufahrtsstraße zur Burg hinunter.

In der zweiten Kurve biegen wir mit dem RS in einen felsigen Pfad Richtung **Kaub** ein. Dort gehen wir nach links und entlang einer Grundstücksmauer bergab. Über Felsenstufen kommen wir in eine Gasse. Bei einer Gabelung neben einem Strommast biegen wir scharf rechts ab und erreichen die 1722 erbaute kurpfälzische Amtskellerei. Wir wenden uns nach links und passieren die im 16. Jh. erbaute kurpfälzische **Zollschreiberei** und später den **Dicken Turm** (1485–87). Er war ab 1837 Teil der Dachschiefergrube »Wilhelm-Erbstollen«, eines Zusammenschlusses von 14 der damals 100 Kauber Schiefergruben. Wir folgen weiter dem Bahndamm bis zum **Bahnhof** (4.30 Std.).

Tour 28

Mineralwasser, Burgen, Stein

Von Bad Breisig nach Andernach

Auf den Rheinhöhen von Bad Breisig bis Andernach wandern wir gleichsam von der Zeit der Kelten über die Römerzeit bis ins Mittelalter. Wehrbauten, Kirchen und ein Steinbruch machen diese Zeiten erlebbar.

DIE WANDERUNG IN KÜRZE

++ Anspruch

7 Std. Gehzeit

22 km Länge

Charakter: Zwei steile bis alpine Pfade und Anstiege im ersten Drittel, sonst eher moderate Wege, weitgehend im Wald

Wanderkarte: »Rheinsteig«. Topographische Freizeitkarte 1 : 50 000

Einkehrmöglichkeiten: Bad Breisig, Brohl, Andernach

Anfahrt: Mit der **Bahn** aus Richtung Bonn oder Koblenz bis Bad Breisig; zurück ab Andernach. Mit dem **Pkw** auf der B 9 bis Bad Breisig; zurück mit der Bahn.

Öffnungszeiten: Stadtmuseum Andernach Di–Fr 10–12 u. 13–17, Sa/So und feiertags 14–17 Uhr

Vom Hinterausgang des **Bahnhofs Bad Breisig** wenden wir uns nach links. Entlang der Bahnlinie gehend, überqueren wir den **Vinxtbach,** der die Grenze zwischen den römischen Provinzen Obergermanien im Süden und Untergermanien im Norden bildete. In Verlängerung der Grenze nach Osten beginnt bei Rheinbrohl der obergermanische Limes.

Wir folgen ab jetzt dem **Rheinhöhenweg** (R), gehen rechts die Rheinecker Straße hinauf und von dort im Burgweg weiter. Nach wenigen Metern zweigt links ein Pfad zu dem bis 1878 benutzten **jüdischen Friedhof** am Fuß der Burg Rheineck ab. Dort finden sich Grabmäler des 17./18. Jh.s mit hebräischen Inschriften, einige der jüngeren mit dem Motiv der segnenden Hände, und die Gruft der Familie von Bethmann-Hollweg, die auf Burg Rheineck lebte.

Wir gehen auf dem steilen Burgweg weiter hinauf bis zu einem neogotischen Steinmal. Links geht es weiter zur **Burg Rheineck** (50 Min.); da sie für Besucher verschlossen ist,

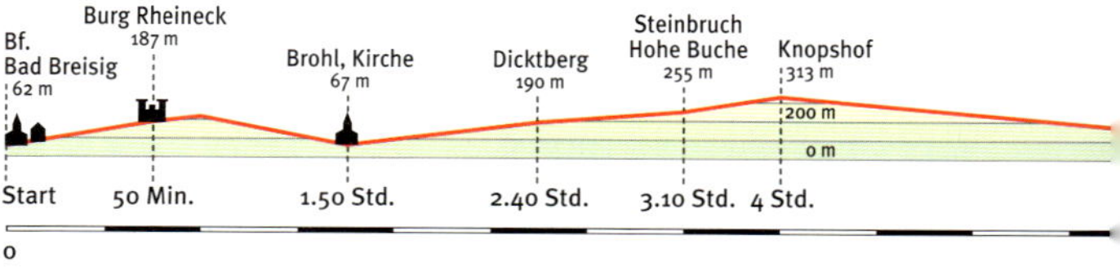

Burg Rheineck

wenden wir uns nach rechts und folgen dann dem linken Pfad durch einen Graben und einen alten Hohlweg, die wohl auch als Steinbruch dienten, und dann über felsige Stufen hinauf. Dort geht es über einen Pfad in einer Rechtswendung hinauf zu einem Aussichtspunkt mit Fahnenmast auf der **Reuterslei** (1. Std.).

Von hier überblicken wir **Burg Rheineck.** Sie wurde wohl um 1100 von den Pfalzgrafen erbaut und kam später an die Kölner Erzbischöfe; 1689 wurde sie von den Franzosen zerstört. Zum ältesten Teil gehört der wuchtige Bergfried des 12. Jh.s mit Buckelquadern im Sockel. Der um 1200 errichtete romanische Teil mit der achteckigen Torkapelle wurde 1832–36 von Johann Claudius von Lassaulx wiederaufgebaut.

Wir gehen zur Rheinseite zurück und nach rechts bergab, an der folgenden Gabelung links im steilen Hang bis nach **Brohl** weiter. Dort folgen wir der Straße »Im Sauerhals« bergab und halten uns an einer Gabelung rechts. Der Straße »Im Lammertal« folgen wir weiter, queren die Lützinger Straße und gehen in der Bergstraße bergauf, dann oberhalb des Ortskerns bis zur Burgstraße. Ihr folgen wir ein Stück weit hinauf zum **Schloss Augustaburg.** Der Baukomplex wurde 1888–91 auf dem Boden der 1325 erwähnten Burg Brohleck weitgehend neu errichtet.

Wir gehen zurück bis zur Josef-Leusch-Straße und wenden uns nach links zur neogotischen kath. **Pfarrkirche St. Johannes der Täufer** von 1888–91 (1.50 Std.).

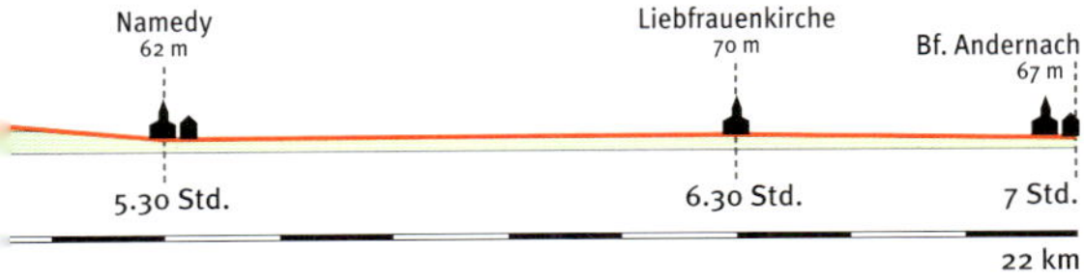

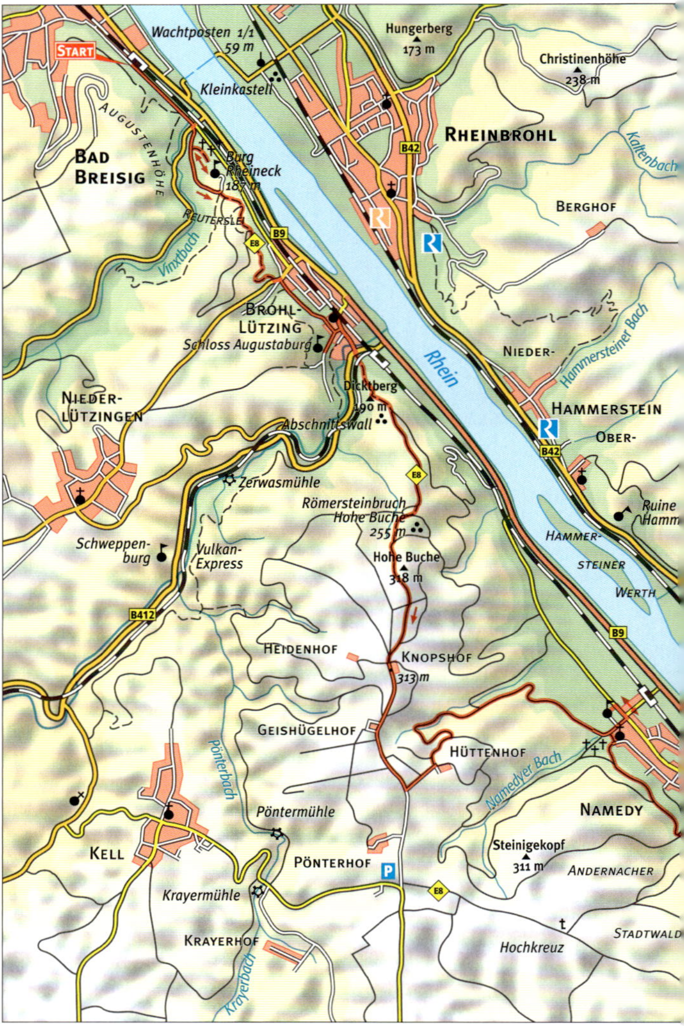

Auf der Josef-Leusch-Straße gehen wir dann zurück, an einem Platz vorbei. Jenseits des **Brohlbachs** halten wir uns rechts. Hinter den Betriebshallen der Brohltalbahn gehen wir links in der Straße »Am Dicktberg« weiter, über einen unbeschrankten Bahnübergang am Betriebsgelände der Brohltalbahn. Die heute für Touristen betriebene Kleinbahn erschließt auch den Phonolith-Steinbruch im Brohltal, vorbei an der Tönissteiner Mineralquelle. Vor einem Haus führt uns ein steiler, felsi-

ger Pfad in Serpentinen bergauf. Vorbei an einer **Schutzhütte** auf halber Höhe geht es recht alpin auf dem Felsen und einer in den Fels gehauenen Treppe mit Drahtseilsicherung hinauf auf den **Dicktberg** (2.40 Std.). Von hier schweift der Blick über Brohl, Schloss Arenfels – dahinter Erpeler Ley und Siebengebirge mit Drachenfels und Petersberg –, Rheinbrohl und die Rheinbrohler Lay mit der Kriegerkapelle.

Im Wald geht es fast eben weiter. Nach 200 m passieren wir dort die beiden Wälle und Gräben einer keltischen **Wehranlage** aus dem 6. Jh. v. Chr. Die aus Erde, Steinen von der Hohen Buche und Holz ausgebauten Wälle schützten ein Areal von 2 ha, das dank der Lage auf einem Felssporn gut zu verteidigen war.

Wir gehen geradeaus bis zum **Alkerhof.** Auf der Lichtung biegen wir zum Hof ab, gehen nach rechts an ihm vorbei, im Wald auf einer Kreuzung geradeaus. Der Weg führt uns in einer scharfen Linkskurve bald zu der hohen Wand eines Tuffsteinbruchs. Rechts davon schlängelt sich ein Pfad durch den Steinbruch an der **Hohen Buche** (3.10 Std.), einem erloschenen Vulkan am Rand der Eifel. Tafeln des **Vulkanparks** erklären anschaulich die Steinbruchgeschichte von etwa 50 n. Chr. bis 1811. Die Römer gewannen hier Steine für die Trierer Moselbrücke, im Mittelalter brach man Steine für Burg Hammerstein und die Andernacher Stadtmauer. Bearbeitungsspuren und unfertige Werkstücke aus Basalt, darunter ein nicht abgelöster mittelalterlicher Mühlstein, sind zu entdecken.

Der Pfad bringt uns am Ende zu einem Schotterweg am Fuß der Hohen Buche. Um sie gehen wir rechts herum, beim nächsten Abzweig und der nächsten Kreuzung geradeaus. Einem Querweg folgen wir kurz nach rechts, dann gleich wieder links und rechts am **Knopshof** vorbei (4 Std.). Über offenes Feld überblicken wir die sanft gewellten Äcker und Wälder der Vordereifel. Beim **Geishügelhof** steht ein für die Eifel typisches **Basaltkreuz** der Zeit um 1700, auf dem Engel das Blut des Gekreuzigten auffangen.

In Höhe des **Hüttenhofs** verlassen wir den Rheinhöhenweg nach links und folgen dem RBW-Zuweg und dem **Tönissteiner Weg** (T). Vor dem Hof gehen wir nach links in den Wald, dort nach 300 m wieder links, dann rechts des **Neuentalsbaches** bergab und ignorieren den nächsten Abzweig.

In **Namedy** können wir die kath. Pfarrkirche St. Bartholomäus besuchen (5.30 Std.). Die im 13. Jh. erbaute und 1521 veränderte Zisterzienserinnenkirche besitzt einen der frühesten gotischen Chöre am Mittelrhein und birgt u. a. streng ornamentale Glasmalereien des 13. Jh.s.

Von der Kirche gehen wir durch die Schlossstraße und nach links zur **Burg Namedy.** Die malerische Anlage inmitten eines Parks birgt im Kern die Wasserburg der Andernacher Patrizierfamilie Husmann, einen Bau des 13. Jh.s mit angesetztem Renaissanceflügel von 1555 links und 1706 veränderten Fenstern. Um 1900 erfuhr der Bau eine umfassende Erweiterung in Formen der Neorenaissance. Wir können ihn nur im Park umrunden; das Innere ist nur bei Veranstaltungen zugänglich.

Wir gehen zur Kirche zurück und gegenüber deren modernem Anbau über einen Garagenhof in den Wald hinauf (Markierung T). An den beiden nächsten Gabelungen halten wir uns geradeaus. In Höhe des Endes von Namedy fällt der Weg als Teerweg steil ab. Wir gehen hier rechts auf einem Waldweg weiter und nähern uns der aufgeständerten Bundesstraße 9.

Über Treppen gelangen wir hinunter zu einem Weg nach rechts Richtung **Andernach.** Durch eine Unterführung kommen wir zur Kölner Straße, die wir beim noch funktionsfähigen **Rheinkran** von 1554–59 queren. Am Rheinufer biegen wir hinter dem ersten Schiffsanleger nach rechts ab und gehen an einem Stück der Stadtbefestigung vorbei. Der wehrhafte, 56 m hohe **Runde Turm** von 1440–53 war auch ein Ausdruck des Selbstbewusstseins der Bürger. Wir biegen hier links ab und folgen dann nach rechts der Kirchstraße zur kath. **Pfarrkirche Mariä Himmelfahrt** (6.30 Std.). Das Anfang des 13. Jh.s erbaute Gotteshaus mit dem Relief des Lamms Gottes am Südportal ist ein hervorragendes Beispiel der rheinischen Spätromanik.

Wir gehen nun von der Kirchstraße durch Kirchgässchen und Marktgasse zum Markt, links in die Kramgasse, am **Rathaus** rechts in der Hochstraße weiter. Die klaren gotischen Formen der ev. **Christuskirche** (13. bis 15. Jh.) spiegeln ihre Vergangenheit als Franziskanerkirche. Der **Von-der-Leyensche Hof** (Ende 16. Jh.; Stadtmuseum) ist einer der wenigen Renaissancebauten am Mittelrhein.

Am Ende empfängt uns die **Burg** des Kölner Erzbischofs. Im 14. Jh. erbaut, war sie sowohl nach außen als auch zur Stadt hin wehrhaft. Die Andernacher zerstörten die Wasserburg 1359, um den Landesherrn abzuschütteln. Dieser baute sie ab 1367 aus. Nach der Zerstörung durch Frankreich 1689 ist vor allem die Stadtseite erhalten. Die Fassade des Palas rahmen der eckige mittelalterliche Bergfried und der runde Pulverturm von 1519 mit Schießscharten für Feuerwaffen.

An der Burg links vorbei gehen wir durch das Koblenzer Tor, nach rechts auf der Straße »Am Stadtgraben« entlang der Feldseite der Stadtmauer, schließlich nach links in die Bahnhofstraße und zum **Bahnhof** (7 Std.).

Militär und Romantik

Im Koblenzer Stadtwald von Koblenz nach Stolzenfels

Zwischen der preußischen Festung Koblenz und der preußischen Burgenromantik auf Schloss Stolzenfels erkunden wir die Geschichte der Wehrbauten von der keltischen Wallanlage über eine spätmittelalterliche Schanze bis zum Burgen- und Festungsbau.

DIE WANDERUNG IN KÜRZE

++ Anspruch

7 Std. Gehzeit

22 km Länge

Charakter: : Weite Waldwanderung mit einigen tüchtigen, aber nicht zu harten Steigungen

Wanderkarte: »Rheinsteig«. Topographische Freizeitkarte 1 : 50 000

Einkehrmöglichkeiten: Forsthaus Remstecken, Koblenz (Café Rheinanlagen/Pretzers Biergarten)

Anfahrt: Mit der **Bahn** aus Richtung Bonn oder Mainz bis Koblenz Hbf. Mit dem **Pkw** auf der B 9 bis Koblenz.

Öffnungszeiten: Schloss Stolzenfels April–Sept. 9–18, Jan.–März u. Okt./Nov. 9–17 Uhr; 1. Werktag der Woche geschl.

Vom **Hauptbahnhof** gehen wir zunächst zur Karthause: beim hinteren Ausgang die Treppen hinauf, über die Straße und über Stufen zu einem Weg rechts um ein Brückenwiderlager herum bergauf. Wir passieren den gelben **Kehlturm** von Fort Großfürst Constantin. Das Fort deckte auch die Simmerner Straße, an der wir nun entlanggehen, als Verbindung zur Feste Kaiser Alexander oben auf der Karthause.

Bei zwei 1912–14 errichteten Wohnbauten für verheiratete preußische Unteroffiziere biegen wir links in einen Pfad. Am Exerzierhaus der **Spitzberg-Kaserne** (1900–1902) vorbei und über einen Parkplatz erreichen wir **Fort Constantin,** 1822–28 an der Stelle eines Kartäuserklosters erbaut (10 Min.). Der eingeschossige Kasemattenbau mit den heute zu Fenstern erweiterten Geschützscharten und einem Graben davor umschließt einen weiten Hof, in dessen Rand die Kriegsbäckerei eingebaut ist.

Wir gehen auf den Parkplatz zurück, links am Exerzierhaus vorbei, und queren über einen Steg die Simmerner Straße. Links stehen weitere Bauten der Spitzberg-Kaserne, so ein Mannschaftshaus (1909/10). Geradeaus gehen wir am parkartigen **Hauptfriedhof** vorbei zum Hüberlingsweg hinauf. Nach wenigen Metern führt links ein Weg hinauf.

Vor uns erhebt sich das **Löwentor,** das Haupttor der Feste Kaiser Alexander (20 Min.). Gusseiserne Greife aus der Sayner Hütte bewachen die Zufahrt. Rechts schließen sich Reste einer Mauer und des Kernwerks der 1822 vollendeten Feste an. Wir folgen der Straße »Am Löwentor« nach rechts, die ab einer Kurve als Görtzstraße weiterläuft. Wir vermessen mit unseren Schritten die Kehle und die rechte Seite der riesigen Feste, die einst Rhein- und Moseltal und den Ausläufer des Hunsrücks beherrschte.

In der Zeppelinstraße, die etwa im Bereich des Südendes der Feste verläuft, gehen wir rechts weiter, folgen dann der Straße »Am Vogelschutzpark« nach links und der Zeisigstraße nach rechts, die bald zur Straße »Am Flugfeld« wird. Rechts gehen wir wenige Schritte »Auf dem Gockelsberg« weiter, dann links abbiegend auf dem Panoramaweg durch das Wohngebiet am Moselweißer Hang bis zu einem Parkplatz. An ihm vorbei kommen wir zu einem Schotterweg, der uns in den Koblenzer Stadtwald führt. Hier gehen wir rechts an langgezogenen **Schießbahnen** der preußischen Armee aus dem späten 19. Jh. vorbei. Wir folgen dem **Moselhöhenweg** (M).

Nach 300 m geht rechts der Ankerpfad zu einem **Nikolaus-Bildstock** aus Basalt von 1604 hinunter. Von dort hat man einen Blick über die Mosel nach Güls. Wir gehen an den Schießbahnen weiter entlang, nach deren Ende bergauf, an zwei Aussichtspunkten vorbei, immer auf der Moselseite des Waldes. Die quadratische **Schwedenschanze** (1.10 Std.) aus Wall und Graben sicherte ab etwa 1400 die Straße über den Hunsrück und die Mosel. Sie dürfte bereits mit Feuerwaffen bestückt gewesen sein.

Es geht auf dem gut ausgebauten Weg weiter hinauf. Eine **Schutzhütte** bietet uns den letzten Moselblick, links bis nach Winningen und rechts nach Güls, voraus in die Eifel hinein. An der nach 200 m folgenden Gabelung halten wir uns rechts. Bald geht es wieder bergauf; wir ignorieren die Abzweige unseres Weges. Nach längerer Steigung halten wir uns an der Gabelung vor dem **Layer Kopf** links (1.30 Std.). Wo der Moselhöhenweg bei einer Schutzhütte rechts weitergeht, wenden wir uns nach links. An einer kleinen Lichtung gehen wir links weiter durch ein dichtes Waldstück bis zum **Parkplatz** »Eichenplatz«. An seinem Ende führt ein Teerweg hinunter zum 1 km entfernten **Forsthaus Remstecken** und einem Wildgehege. Wir queren am Parkplatz die Hunsrückhöhenstraße mit einem Steg.

Wir folgen nun wieder dem **Moselhöhenweg.** 200 m hinter dem Steg gehen wir kurz nach rechts in Richtung eines gut durch Bäume getarnten ehemaligen Munitionsdepots der Bundeswehr. Links gehen zwei erdige Pfade ab. Wir nehmen den zweiten, schräg in den Wald. Im Aufsteigen durchqueren wir ein vorgeschichtliches **Grabhügelfeld.**

Im Schatten des Fernmeldeturms auf dem **Kühkopf** erreichen wir eine Schutzhütte und ein Bußkreuz

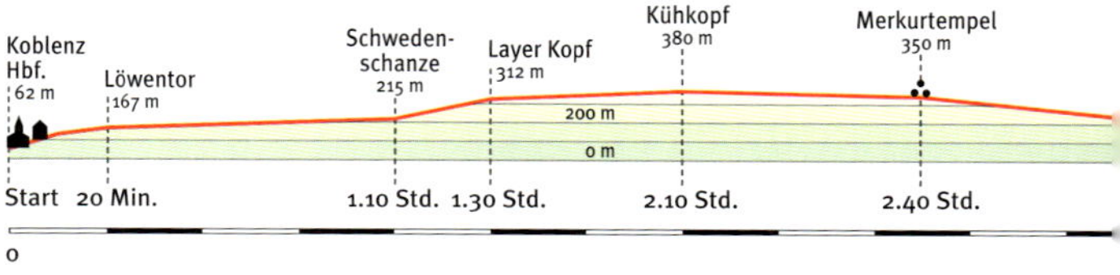

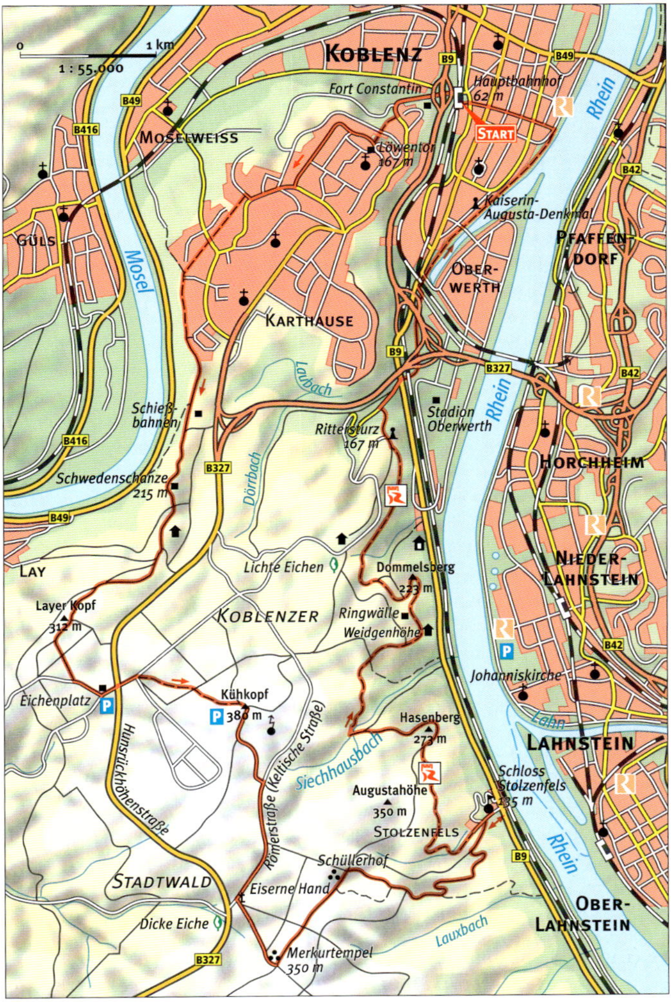
0
1 km
1 : 55.000
Koblenz
Fort Constantin
Hauptbahnhof 62 m
Start
Löwentor 167 m
Kaiserin-Augusta-Denkmal
Moselweiss
Güls
Mosel
Rhein
Pfaffendorf
Oberwerth
Karthause
Laubach
Schießbahnen
Stadion Oberwerth
Rittersturz 167 m
Horchheim
Schwedenschanze 215 m
Dörrbach
Lay
Lichte Eichen
Dommelsberg 223 m
Nieder-Lahnstein
Layer Kopf 312 m
Koblenzer
Ringwälle
Weidgenhöhe
Johanniskirche
Eichenplatz
Kühkopf 380 m
Hasenberg 273 m
Lahn
Lahnstein
Siechhausbach
Hunsrückhöhenstraße
Römerstraße (Keltische Straße)
Augustahöhe 350 m
Schloss Stolzenfels 135 m
Stolzenfels
Schüllerhof
Stadtwald
Eiserne Hand
Dicke Eiche
Merkurtempel 350 m
Lauxbach
Ober-Lahnstein
B9
B49
B416
B327
B42

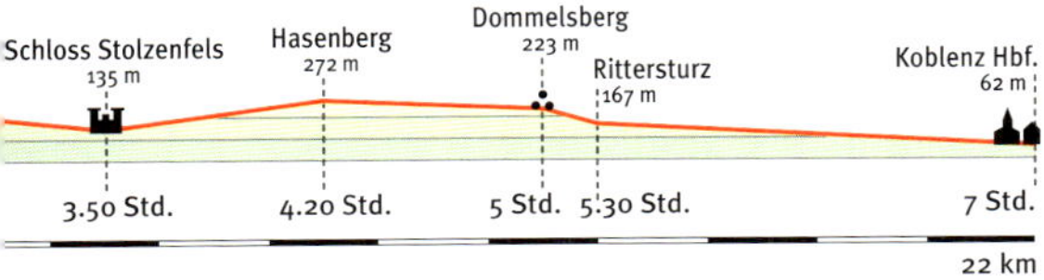
Schloss Stolzenfels
135 m
Hasenberg
272 m
Dommelsberg
223 m
Rittersturz
167 m
Koblenz Hbf.
62 m
3.50 Std.
4.20 Std.
5 Std.
5.30 Std.
7 Std.
22 km

(2.10 Std.). Wir blicken über die Karthause auf Koblenz – rechts die Feste Ehrenbreitstein – und weiter ins Koblenz-Neuwieder Becken. Über einen Parkplatz gehen wir auf einen Teerweg, hinab zur geteerten Römerstraße und dort nach rechts.

Nach 500 m passieren wir das um 1600 rechts aufgestellte **Bäckerkreuzchen,** das an einen hier zu Tode gekommenen Bäcker erinnert. Nahe der Hunsrückhöhenstraße erreichen wir die **Eiserne Hand,** einen kreuzförmigen Bildstock von 1677. Dahinter gehen wir links hinauf zum **Merkurtempel** (2.40 Std.); wir sehen links die Fundamente einer Treppenanlage inmitten einer Umfriedung und im Zentrum die Fundamente eines keltisch-römischen Umgangstempels aus dem 1. Jh.

Hinter dem Tempel wenden wir uns links und folgen dem **Pastorenpfad,** über den der Pfarrer von Stolzenfels früher seine Filialkirche in Waldesch auf dem kürzesten Weg erreichte. Nach etwa 1 km kommen wir zu einer Wegespinne. Der linke Weg führt uns auf einem Abstecher zum **Schüllerhof,** einem zum Teil freigelegten römischen Landgut. Obwohl die Höfe in diesem Gebiet schon im 3. Jh. wegen zunehmender Bodenerosion aufgegeben wurden, stand hier erst im Mittelalter wieder ein Hochwald.

Zurückgekehrt, gehen wir geradeaus über die Wegespinne. Wir sind auf dem um 1840 als Fahrweg zum Schloss Stolzenfels angelegten **Kaleschenweg** unterwegs. Nach einigen Windungen stoßen wir auf den **Rheinburgenweg,** dem wir nun bis nach Koblenz folgen. Mit ihm gehen wir nach rechts bergab. Der Weg windet sich weiter talwärts. An einer Kreuzung vollziehen wir eine scharfe Rechtskurve und gehen weiter bergab, nun dem **Gründgesbach** folgend.

Im Tal sehen wir zuerst die **Klause,** einen vom Tudorstil beeinflussten Baukomplex mit Zinnen und Türmchen, von dem preußischen Ingenieur-Major Carl Schnitzler 1842 vollendet. Die Zufahrt von Stolzenfels zum Schloss geht durch die Klause, nachdem sie einen englischen Landschaftspark passiert hat.

Schloss Stolzenfels kommt nun in unser Blickfeld. Die 1835–42 nach Plänen Karl Friedrich Schinkels ausgebaute Burg des Erzbistums Trier hat viel von ihrer mittelalterlichen Substanz behalten. Der Bergfried überwacht uns, wenn wir noch eine letzte große Kehre gehen. Der Pfad in der Kurve führt zum Turnierplatz. Schließlich gelangen wir über eine Zugbrücke in den vorderen **Schlosshof** (3.50 Std.). An ihn schließt sich die Kernburg mit den authentisch ausgestatteten Räumen des preußischen Königs an; im Hang ergänzt die neogotische Kapelle, von Carl Schnitzler entworfen, das romantische Bauwerk.

Friedrich Wilhelm IV. von Preußen, König ab 1840, ließ sich hier ein romantisches Refugium für Sommertage schaffen, das ihn mit einem romantischen Mittelalter und dem Glanz der deutschen Geschichte umgab. Vom Hof überblicken wir die Lahnmündung mit der Kapelle auf dem Allerheiligenberg, der Burg Lahneck und Lahnstein.

Vom Schloss gehen wir nach links, die scharfe Rechtskurve und dann parallel zum **Gründgesbach** bergauf. An der Kreuzung gehen wir nun nach rechts, über den Bach und jenseits in Serpentinen bergauf. In der zweiten Kurve gehen wir rechts weiter. Mit eher sanfter Steigung kommen wir im Rheinhang bis zur

Schutzhütte auf dem **Hasenberg** (4.20 Std.). Hier geht es nach rechts weiter. Wir kommen ins **Siechhaustal** hinunter, das wir hoch oben im Wald queren.

Nach etwa 1,2 km treffen wir auf eine breiter ausgebaute Kurve, von der rechts ein Pfad weggeht. Wir folgen ihm zur **Weidgenhöhe** hinunter, von deren Schutzhütte wir den Rhein von Ehrenbreitstein bis zur Marksburg überblicken. Schloss Stolzenfels steht rechts von uns auf halber Höhe im Wald.

Der Weg geht vor der Hütte links weiter und führt nun über den **Dommelsberg** mit den Resten von vier Wällen und Gräben (5 Std.). Die ersten Bauten dieser befestigten keltischen Höhensiedlung entstanden um 1000 v. Chr., die letzten bis zum 5. Jh. v. Chr.

Hinter der zweiten Anhöhe geht es rechts zu einer Schutzhütte mit Aussicht. Wir wenden uns nach links und folgen unserem Weg konsequent bis zum tief eingeschnittenen **Königsbachtal,** das wir queren. Kurz danach verlassen wir den Weg und gehen rechts auf einem Pfad weiter zum **Rittersturz** (5.30 Std.). Ein Denkmal erinnert daran, dass die Ministerpräsidenten der Länder 1948 im Hotel Rittersturz die Gründung der Bundesrepublik Deutschland besprachen.

Über den Parkplatz und eine Teerstraße gehen wir wieder waldeinwärts. Nach 20 m nehmen wir den Pfad rechts steil ins **Laubachtal.** Ein Geländeeinschnitt lässt noch die Trasse der Standseilbahn erkennen, die Touristen auf den Rittersturz brachte. Auf einer Teerstraße im Laubachtal angelangt, gehen wir an einem Luftschutzbunker vorbei nach rechts. Wir überqueren die Bundesstraße 9 und setzen unseren Weg durch eine Bahnunterführung fort. Dahinter gehen wir links über eine Holzbrücke, nahe von Sporthalle und Stadion **Oberwerth.** Wir bewegen uns zwischen den Ständern der Hochstraße an der Südbrücke bis zur Jahnstraße, an der sich noch ein Luftschutzbunker befindet, gehen durch die Bahnunterführung, queren auch die Sebastian-Bach-Straße und gehen nach 20 m halbrechts weiter. Wir sind bald auf einer Allee am Rheinufer stromabwärts unterwegs.

Mit dem **Kaiserin-Augusta-Denkmal** würdigte die Stadt Koblenz 1896 die deutsche Kaiserin, die ihr die Kaiserin-Augusta-Anlagen schenkte, einen Landschaftspark am Rheinufer, der sich in modernen Formen erhalten hat. Eine **Büste** ehrt Peter Josef Lenné, der 1856–61 die Rheinanlagen plante.

Am »Café Rheinanlagen« erinnert ein Stein an den 14. Juli 1870, den Tag vor der Mobilmachung zum Deutsch-Französischen Krieg. Hier verlassen wir auf geradem Weg den Rhein und den Rheinburgenweg. Zwischen Mainzer Straße, Kurfürstenstraße und Südallee begegnen uns reiche Fassaden aus der Zeit der Stadterweiterung ab dem Fall der Stadtbefestigung 1890, darunter das stattliche Haus **Markenbildchenweg** 13 von 1894/95, in dem der Koblenzer Mediziner und Heimatforscher Fritz Michel (1877–1966) lebte. Nach Querung der Hohenzollernstraße sind wir rasch am Koblenzer **Hauptbahnhof** (7 Std.).

Tour 30

Im Bopparder Hamm

Von Rhens nach Boppard

Bei dieser Tour geht es durch eine der besten Weinlagen am Mittelrhein, den Bopparder Hamm, und auf die waldigen Höhen am Rand des Hunsrücks. Am Weg liegen die Stadtmauer von Rhens, die römische Wasserleitung bei Brey und barocke Fachwerkhäuser.

DIE WANDERUNG IN KÜRZE

+++ Anspruch

6 Std. Gehzeit

21 km Länge

Charakter: Lange Streckenwanderung mit einigen Steigungen; wegen der Weinbergslage an heißen Tagen nicht zu empfehlen, am Ende alpiner Abstieg oder Sesselliftfahrt

Wanderkarte: »Rheinsteig«. Topographische Freizeitkarte 1 : 50 000

Einkehrmöglichkeiten: »Alter Posthof« in Ober-Spay, Gedeonseck, Boppard

Anfahrt: Mit der **Bahn** aus Richtung Koblenz oder Mainz bis Rhens; zurück ab Boppard. Mit dem **Pkw** auf der B 9 bis Rhens; zurück mit der Bahn.

Vom **Bahnhof Rhens** gehen wir zunächst zum **Scharfen Turm,** dem stattlichen Eckturm der um 1400 angelegten, weitgehend erhaltenen Stadtbefestigung.

Der Rheinburgenweg ist von hier bis zum Jakobsberg im Rahmen des »Kulturwegs Brey – Spay – Jakobsberg« beschildert, dem wir in Teilen folgen. Wir gehen zunächst rheinabwärts, vorbei an einem malerischen Ensemble von Fachwerkbauten aus dem 16. und 18. Jh., und durch das Rheintor in den Ort, unter der Bahnstrecke hindurch und hinauf zum **Alten Rathaus** (Mitte 16. Jh.), einem der schönsten Fachwerkbauten am Mittelrhein.

Wir folgen der Hochstraße nach links durch das Kirchtor zur **kath. Pfarrkirche St. Theresia,** einem neospätgotischen Bau von 1906–08. Von der Kirche gehen wir hinauf zum Friedhof mit der **alten kath. Pfarrkirche St. Dionysius.** Sie vereint einen spätromanischen Turm aus dem frühen 13. Jh. und einen gotischen Chor aus dem frühen 16. Jh. und birgt

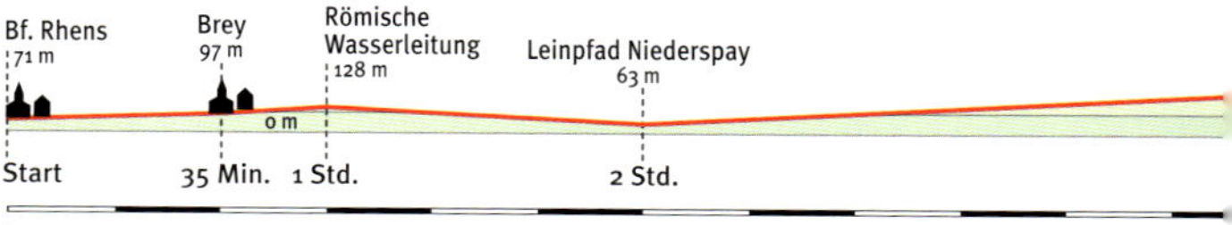

eine hübsche barocke Ausstattung. Auf die Südseite ist der hl. Christophorus gemalt, einer der 14 Nothelfer und Patron des Verkehrs.

Unser Weg führt hinauf bis zu einem Friedhofstor, ab dem wir im Friedhof nach links gehen, um dann mit einer Brücke die Bundesstraße 9 zu überqueren; dahinter geht es links im Jakobsberger Weg weiter. Es bieten sich nun immer wieder Blicke auf die Marksburg. Bei einem Gedenkstein für die Dreifaltigkeitskapelle gehen wir links im Bornpfad weiter, in dessen Verlängerung wir zum **Sauerbrunnen** kommen. Von hier geht es hinauf nach **Brey** (35 Min.).

Auf der Römerstraße bleiben wir bis zur Straße »Auf der Brück«, wo wir nach rechts in den Mühlweg einbiegen. Hinter dem Sportplatz gehen wir links weiter zum Wald und hinauf zur **römischen Wasserleitung** aus dem 2./3. Jh., die einen Gutshof bei Brey versorgte (1 Std.). Bei einem freigelegten Stück stehen wir auf dem Grund des Stollens, in dem die Leitung als abgedeckte Rinne verlief. Ein Waldpfad bringt uns an Einstiegsschächten der Leitung hinauf zu einem Schotterweg und dann auf die geteerte Rheingoldstraße, der wir nach links durch einen Hohlweg nach Brey folgen. Über den Ackerweg verlassen wir den Ort nach rechts.

Zwischen alten Streuobstwiesen und Weiden kommen wir nach **Spay,** unterqueren B 9 und Bahnstrecke und gehen am Friedhof und der 1670 erbauten alten Kirche St. Lambert vorbei und nach links durch die Alte Fischergasse hinunter bis auf den Leinpfad am **Rheinufer** (2 Std.). Nun wandern wir flussaufwärts. Das Spayer Rheinufer zeigt uns ab hier schöne barocke Fassaden mit Sichtfachwerk. Am Ende von Nieder-Spay kommen wir durch das Betriebsgelände der **Schottel-Werft,** die Schiffsantriebe produziert.

Ab dem 1731/32 erbauten **Haus »In der Lilgen«** (Lilie) begleiten uns auch in Ober-Spay barocke Fachwerkbauten. Das Haus war Eigentum eines Halfen, eines Halbbauern, der neben der Landwirtschaft noch treidelte: Mit seinen Pferden zog er auf dem Leinpfad Schiffe stromaufwärts.

Kurz hinter dem **Schiffsanleger** von Ober-Spay verlassen wir den RBW nach rechts, gehen an der nächsten Kreuzung rechts und am »Alten Posthof« nach links auf die Mainzer Straße. Wir biegen, nun wieder dem RBW folgend, bereits in die zweite Straße hinter der **kath. Kirche** rechts ab, unterqueren Bahnstrecke und B 9 und folgen dem Teerweg nach links.

An der Wegegabelung am rekultivierten **Weinberg »In der Zech«** gehen wir nach rechts am Weinberg entlang in den Wald hinauf. Wir sind auf dem **Ellingsweg,** einer typischen römischen Straße, die auf kürzestem Weg aus dem Tal hinausführt und zum Teil in den Felsen geschrotet

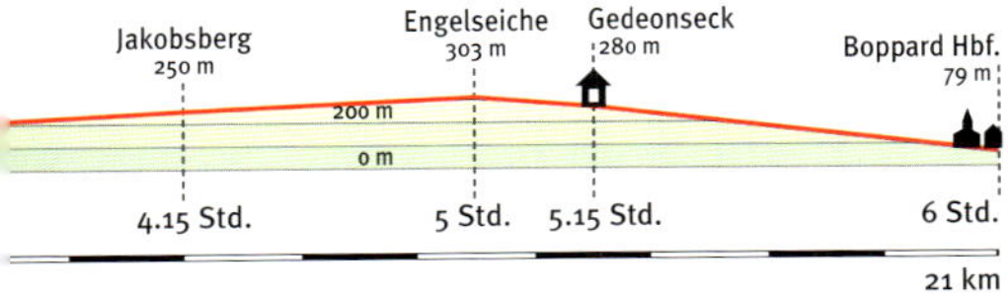

wurde. Trockenmauern verweisen darauf, dass dieser Weg bis in jüngere Zeit noch als Weinbergsweg von Bedeutung war.

Weiter oben geht unser Blick über den Rhein nach Osterspai mit der alten Wasserburg, einem Bruchsteinturm mit Fachwerkanbau, und zum malerisch auf die Höhe gesetzten Schloss Liebeneck. Bald überblicken wir auch den **Bopparder Hamm.** »Hamm« bedeutet »Flussschleife« oder »Ufer«. Wir sind hier in der größten zusammenhängenden Rebfläche zwischen Bingen und Bonn unterwegs. In Boppard wurde schon im Jahr 643 und in Spay im Jahr 874 Wein angebaut. Dank der reinen Südlage findet der Wein hier optimale Bedingungen. Riesling mit 80 % und Spätburgunder sind die wichtigsten Rebsorten.

Hoch oben im Bopparder Hamm wandern wir bis zu einem quer verlaufenden Schotterweg. Diesem folgen wir nach links. Gebüsch und Trockenrasen begleiten uns; bald liegen unter uns auch Weinberge. Unser Weg mündet auf einen Teerweg, dem wir geradeaus bergauf folgen. Beim folgenden Abzweig gehen wir wieder geradeaus und an der folgenden Gabelung rechts weiter.

Wir queren bald darauf eine große **Teerfläche** mit mehreren Abzweigen. An ihrem Ende gehen wir an einer Gabelung rechts weiter, zunächst bergab; am nächsten Abzweig geradeaus weiter. Der Weg steigt allmählich an und führt uns ins **Petersbachtal** hinein. Etwa 100 m nach einer scharfen Rechtskurve geht rechts ein Schotterpfad Richtung Jakobsberg ab, dem wir in den Wald folgen. An der Gabelung bei einem markanten Felsen gehen wir scharf rechts, dann auf einem breiteren Weg weiter bergauf, an einer

Gabelung bei einem weiteren Felsenstück links weiter.

Bald sind wir am Rand des Hotels **Klostergut Jakobsberg** (4.15 Std.). Wir gehen bis zur Einfahrt des Hotels und der Kapelle hinauf und wenden uns dann nach links Richtung Boppard. Dem folgenden Querweg gehen wir nach links nach. Er führt im Wald als gut ausgebauter Schotterweg weiter, dessen Abzweige wir zu-

nächst ignorieren. Etwa 300 m hinter dem Abzweig zum Jugendzeltplatz Rhens folgen wir einem Querweg nach links Richtung Gedeonseck.

Auf dem breiten, gut ausgebauten Schotterweg gehen wir konsequent weiter, zunächst bergab und vorbei am **Aussichtspunkt Friedrichsruhe,** dann wieder sanft bergauf. Etwa 600 m nach dem letzten Abbiegen treffen wir auf eine Gabelung, auf der wir nach rechts auf dem besser ausgebauten Schotterweg weitergehen. Etwa 250 m weiter geht in einer Kurve des Weges links ein zum Teil felsiger Pfad bergab bis zu einem Schotterweg, dem wir nach links Richtung Gedeonseck und Boppard folgen.

Nach etwa 100 m passieren wir den links gelegenen Pfad zum **Klet-**

tersteig im Bopparder Hamm; diese alpine Alternative des Rheinburgen-Wanderwegs Richtung Boppard ist nur geübten und trittsicheren Bergwanderern zu empfehlen. Wir gehen auf unserem Schotterweg weiter zur **Engelseiche** (5 Std.), an dieser links vorbei auf einem felsigen Pfad hinauf und dann wieder steil hinunter zu einem Schotterweg, auf dem es nach links an einer Mountainbike-Strecke vorbei weitergeht.

Der Weg führt uns am **Vierseenblick** vorbei. Auf einer Querstraße gehen wir nach links und nach wenigen Schritten rechts auf einem Schotterweg weiter, der bald als ansteigender Waldpfad parallel zur Teerstraße zum **Gedeonseck** (5.15 Std.) weiterläuft. Am Restaurant auf dem Gedeonseck überblicken wir noch einmal den Bopparder Hamm, darüber den Jakobsberg, sehen hinüber nach Filsen und nach rechts schon auf Boppard sowie weiter rheinaufwärts zu den »feindlichen Brüdern« über Kamp-Bornhofen.

Hinunter nach Boppard gibt es zwei Möglichkeiten. Die bequemere ist die **Sesselbahn** vom Gedeonseck ins Mühltal hinab. Wer einen alpinen Abstieg bevorzugt, geht, vom Restaurant auf den Schotterweg zurückgekehrt, nach links weiter und bald auf einem Pfad an einem Sendemast vorbei. Es geht nun auf felsigem Pfad zu einer Schutzhütte auf einem Felsgrat und ab da unter der Sesselbahn entlang steil bergab. Im unteren Bereich unseres Pfades mündet der Klettersteig durch den Bopparder Hamm. Wir gehen hinunter bis zur Straße **Mühltal,** nach links bis zur B 9, die wir beim Zebrastreifen etwas weiter rechts queren. Nun gehen wir im Kreuzweg bis zur Rheinallee und rheinaufwärts bis zu einem Bruchsteintor. Ab hier bringt uns die Bahnhofstraße direkt zum **Bahnhof Boppard** (6 Std.).

Im Bopparder Hamm

Spätromanik und frühe Gotik

Von Boppard nach Hirzenach

Die romanische Kirche und das Kastell von Boppard und die Hirzenacher Propsteikirche mit ihrem gotischen Chor rahmen diese Tour. Über Streuobstwiesen, Wälder und alpine Passagen geht es hoch oberhalb des Rheins entlang, die feindlichen Brüder fest im Blick.

DIE WANDERUNG IN KÜRZE

+++ Anspruch

4 Std. Gehzeit

13 km Länge

Charakter: Alpine Passagen wechseln mit weiten eher ebenen Strecken; vorwiegend in offenerem Gelände

Wanderkarte: »Rheinsteig«. Topographische Freizeitkarte 1 : 50 000

Einkehrmöglichkeiten: Boppard, Hirzenach; unterwegs keine

Anfahrt: Mit der **Bahn** aus Richtung Koblenz oder Mainz bis Boppard; zurück ab Hirzenach. Mit dem **Pkw** auf der B 9 bis Boppard oder von der B 42 mit der Fähre nach Boppard; zurück mit der Bahn.

Öffnungszeiten: Stadtmuseum Boppard (Burg) April–Okt. Di–So u. feiertags 10–12.30 u. 13.30 bis 17 Uhr

Aus dem **Hauptbahnhof Boppard** gehen wir zur Heerstraße und nach rechts bis zur Karmeliterstraße, der wir zum Rhein folgen. Hier berühren wir das ab 1728 in barocken Formen neu erbaute ehemalige **Karmeliterkloster Unserer Lieben Frau** (vor 1265 gegründet). Die gotische Kirche wurde im frühen 14. Jh. erbaut und 1439–44 um ein Schiff erweitert.

Am Rheinufer halten wir uns rechts. Nach Passieren des Hotels Bellevue gehen wir durch das Kronentor der nach 1327 ausgebauten Stadtbefestigung zur ehemaligen **Stiftskirche St. Severus** hinauf. Der vielgestaltige Bau des frühen 13. Jh.s geht auf eine Kirche des 5. Jh.s zurück und ist ein Höhepunkt des spätromanischen Kirchenbaus am Mittelrhein.

Wir gehen an der Rheinseite der Kirche in der Eltzerhofstraße und dann nach links durch das Lilientor wieder zum Rhein und nach rechts zur **kurfürstlichen Burg.** Der kastellartige, im Barock umgestaltete Bau wird von dem stattlichen Bergfried beherrscht. Bei aller Wehrhaftigkeit war er auch bewohnbar. Erhalten ist hier die Ausmalung der Kapelle aus der Zeit des Erzbischofs Kuno von Falkenstein (1362–88).

Durch die Burgstraße geht es weiter in die Stadt hinein. Die mächtigen Mauerreste links in der Bebauung gehören zur Befestigung des um 50 n. Chr. gegründeten römischen Baudobriga (Boppard) aus dem 4. Jh. In der Fußgängerzone Oberstraße gehen wir nach rechts bis zum Marktplatz, hier nach links in

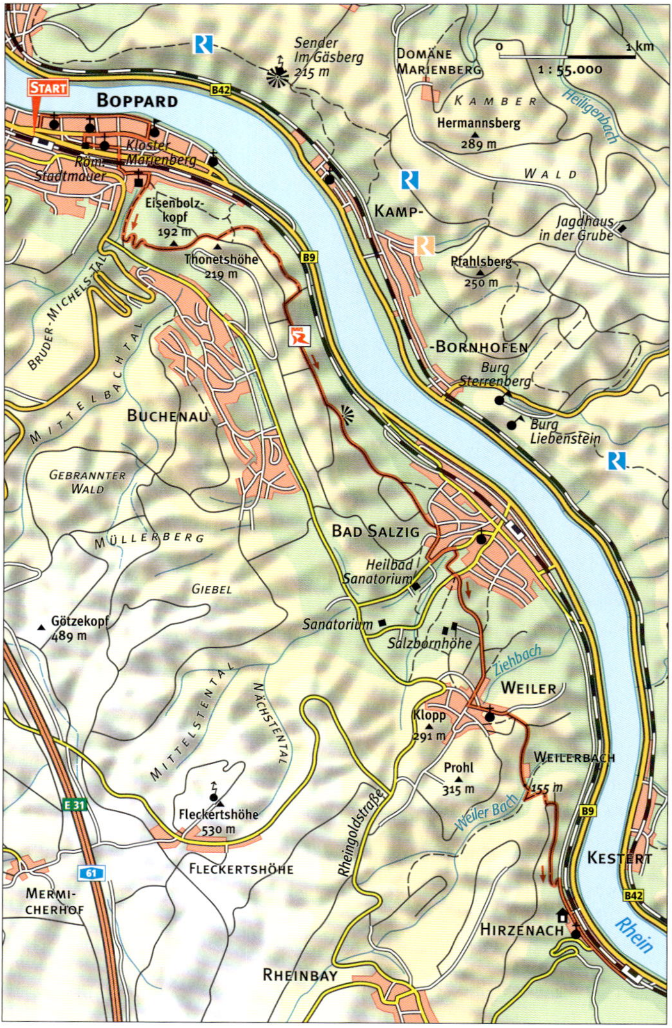
START
Boppard
B42
Kloster Marienberg
Röm. Stadtmauer
Eisenbolz-kopf
192 m
Thonetshöhe
219 m
Sender Im Gäsberg
215 m
Domäne Marienberg
Kamber
Hermannsberg
289 m
Wald
Heiligenbach
0
1 km
1 : 55.000
Kamp-
-Bornhofen
Jagdhaus in der Grube
Pfahlsberg
250 m
Burg Sterrenberg
Burg Liebenstein
B9
Bruder-Michels-Tal
Mittelbachtal
Buchenau
Gebrannter Wald
Müllerberg
Giebel
Götzekopf
489 m
Bad Salzig
Heilbad Sanatorium
Sanatorium
Salzbornhöhe
Ziehbach
Weiler
Klopp
291 m
Prohl
315 m
Weilerbach
155 m
Weiler Bach
Mittelstental
Nächstental
Fleckertshöhe
530 m
Fleckertshöhe
Rheingoldstraße
E 31
61
Mermi-cherhof
Kestert
B42
Rhein
Hirzenach
Rheinbay

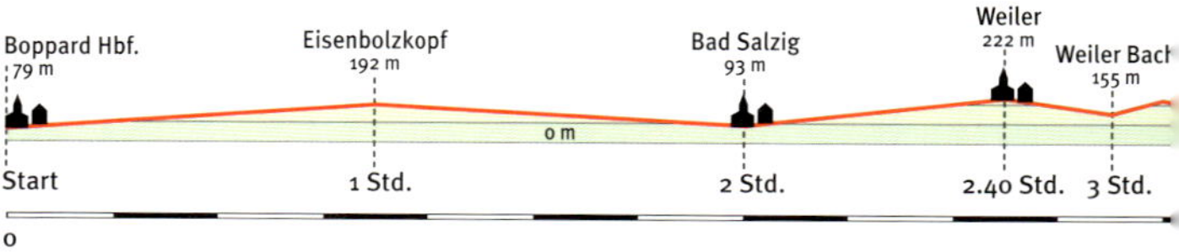
Boppard Hbf.
79 m
Eisenbolzkopf
192 m
Bad Salzig
93 m
Weiler
222 m
Weiler Bach
155 m
0 m
Start
1 Std.
2 Std.
2.40 Std.
3 Std.
0

die Kirchgasse, an deren Ende nach rechts durch den **»Römerpark«.** Hier stehen Reste des Zeug-, Kauf- und Tanzhauses des 15. Jh.s, die bei zwei wuchtigen Türmen an die römische Kastellmauer angelehnt sind. Wir durchqueren die Kastellmauer und gehen nach einer Unterführung links Treppen hinauf, dann links an der neoromanischen **ev. Christuskirche** (1850–52) vorbei. Links erblicken wir einen weiteren Kastellturm. Nach Passage des mittelalterlichen Binger Tores folgen wir der Straße »Am Casino« nach rechts und unterqueren Bundesstraße 9 und Bahn.

Dahinter sehen wir rechts das 1123 gegründete ehemalige **Benediktinerinnenkloster Marienberg** mit seinem imposanten barocken Bau von 1739–53. An der Gabelung gehen wir hier nach links in die Parkstraße – ab jetzt befinden wir uns auf dem **Rheinburgenweg** – und nach einigen Metern nach rechts in die Straße »Am Marienbergpark«. Von hier führt uns ein Weg durch ein Bachtal und bald am Park des Klosters vorbei.

Kurz vor der Kreisstraße 118 folgen wir einem Pfad nach links bergauf, der uns in vielen Windungen steil auf den felsigen **Eisenbolzkopf** hinaufführt (1 Std.). Unter uns sehen wir Teile von Boppard und dahinter den Bopparder Hamm. An der **Schutzhütte** gehen wir links vorbei und folgen dem Schotterweg vorbei an Gärten und Weiden. Auf der Kreuzung bei einem Gehöft wenden wir uns nach links. Wir sind jetzt zwischen Streuobstwiesen nahe an der Hangkante unterwegs; unser Blick geht auch auf die Höhen der rechten Rheinseite hinüber.

Bei einem **Strommast** biegen wir links ab und gehen auf einem grasbewachsenen Weg hinab, auf dem folgenden Querpfad nach rechts, am **Aussichtspunkt Thonetshöhe** vorbei, zwischen dem bewaldeten Hang links und den Äckern und Streuobstwiesen rechts. Vom Aussichtspunkt »Steinerner Mann« auf der **Altlei** blicken wir rechts auf Bad Salzig und voraus auf Kamp-Bornhofen und die »feindlichen Brüder«, Burg Sterrenberg mit dem weißen Bergfried und Burg Liebenstein.

Der Weg bringt uns noch näher an den steilen Hang und trifft nach 350 m auf einen Schotterweg, auf dem wir nach links weitergehen, nun auf offenem Feld mit Obstbäumen. Nach ein paar Minuten erschließen sich die feindlichen Brüder vom **»Burgenblick«** aus noch besser. An der nächsten Gabelung halten wir uns geradeaus. Etwa 1 km nach der Altlei nehmen wir links einen steilen Schotterpfad bergab Richtung Bad Salzig, im Wald und dicht am Schieferfelsen vorbei, dessen Schichten hier fast senkrecht stehen. Wir gehen nach 200 m links an einem Aussichtspunkt auf einem Felsvorsprung vorbei. Trockenmauern erinnern an frühere Versuche, selbst in dieser schwierigen Ostlage noch Wein anzubauen.

Nahe Bad Salzig sind wir auf einem Grasweg zwischen verwilderten Streuobstwiesen unterwegs. An einer Gabelung halten wir uns geradeaus. Der folgende Querweg führt uns nach rechts. Dem Rand von **Bad Salzig** folgen wir nach rechts bis zu einem Schotterweg in den Ort

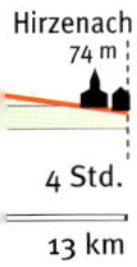

(2 Std.). Hier gelangen wir durch den Wehrweg zur Salzbornstraße (L 212). Am Kurpark entlang gehen wir bergab, vorbei an der Statue von Hauptmann Theodor Hoffmann (1845 bis 1929), dem Gründer des hiesigen Heilbades. An der Brücke tritt das Heilwasser der **Leonorenquelle** in einem Pavillon zutage.

Dahinter führt uns rechts der Straße ein Pfad hinauf zu einer Kreuzung, wo wir den zweiten Weg rechts nehmen. An der folgenden Gabelung gehen wir links weiter, stets bergauf, und ignorieren in einer Linkskurve den Abzweig. Am **Friedhof** vorbei kommen wir zu einem Teerweg, gehen wenige Schritte nach rechts, biegen dann links ab und halten uns auf der folgenden Kreuzung geradeaus. An Wohnhäusern, dann einem Wasserbehälter und dem Sportplatz vorbei führt uns der Teerweg weiter bergauf. Durch Wald und Streuobstwiesen kommen wir zu einem **Marienbildstock** und zum Sportplatz von Weiler.

In **Weiler** (2.40 Std.) gehen wir konsequent bergauf, folgen dann der Straße »Zur Kleeburg« nach links bis zur Straße »Zur Peterskirche«, die uns nach links zur kath. Pfarrkirche St. Peter in Ketten (13. Jh.) bringt.

An der folgenden Wegekreuzung halten wir uns geradeaus. Ein Schotterweg führt uns bergab. Nach 200 m folgen wir bei einem Strommast dem rechten Weg vorbei an einer Schutzhütte und an aufgelassenen Weinbergen ins Tal des **Weiler Bachs.** Bei der alten Mühle queren wir den Bach (3 Std.), gehen 200 m nach rechts und steigen dann links auf dem **Eselspfad** steil hinauf, im oberen Teil über Felsen. Auf der Höhe gehen wir nach rechts. Auf einen Querweg gelangt, gabelt sich der Rheinburgenweg. Rechts geht es auf den Höhen weiter. Wir nehmen aber den linken Weg nach Hirzenach hinunter. Auf einer Wiese biegen wir sofort rechts ab und kommen an einer **Schutzhütte** vorbei bald wieder in den Wald. Nach 300 m gehen wir nach links hinab auf einem Grasweg, der uns erste Blicke nach Hirzenach gewährt. Dorthin gelangen wir nun auf steilem, gewundenem Weg über alte Weinbergsmauern. Geländer sichern die schmalen Stiegen.

In **Hirzenach** folgen wir der Rheinstraße nach rechts. Im Zentrum empfängt uns das glanzvolle Ensemble der kath. Pfarrkirche St. Bartholomäus und der ehemaligen **Propstei** der Abtei Siegburg. Die nach 1100 für die Propstei erbaute Kirche zeigt einen frühgotischen Chor (um 1250), einen der frühesten in Deutschland. Der Turm wurde um 1220/30 spätromanisch aufgestockt. Der Propsteigarten aus dem späten 18. Jh. ist in seiner Mischung aus Nutz-, Wein- und Ziergarten rekonstruiert. Links der Kirche steht die alte Pfarrkirche, im 17. Jh. zu einem Wohnhaus umgebaut.

In der Propsteistraße gehen wir zur Propstei hinauf und wenden uns vor dem Friedhof nach links.

Ein Seiteneingang führt uns in die Kirche, deren klar gegliedertes flachgedecktes Schiff uns ins 12. Jh. versetzt; der Chor bildet einen lebendigen Kontrast dazu,

Über den Friedhof gehen wir halblinks zur Kirchstraße hinauf, der wir nach links bergab folgen, vorbei auch an der frühgotischen Vorhalle der Kirche, bis zur Rheinstraße. Ihr folgen wir nach rechts zum **Bahnhof** (4 Std.).

Umkämpfte Befestigungen

Von St. Goar/Burg Rheinfels nach Oberwesel
Von der Ruine der Feste Rheinfels geht die an Ausblicken reiche Tour über die Höhen gegenüber der Loreley. Über den Skulpturenpark und das »Günderode-Haus« aus der Serie »Heimat 3« wandern wir nach Oberwesel und über dessen umfangreich erhaltene Stadtmauer.

DIE WANDERUNG IN KÜRZE

++ Anspruch

4.30 Std. Gehzeit

13 km Länge

Charakter: Anfangs starke Steigungen, dann eher gemächliche Wege, zeitweise im Wald, lange durch offenes Gelände

Wanderkarte: »Rheinsteig«. Topographische Freizeitkarte 1 : 50 000

Einkehrmöglichkeiten: Loreleyblick, Oberwesel (z. B. »Günderode-Haus«)

Anfahrt: Mit der **Bahn** bis St. Goar; zurück ab Oberwesel. Mit dem **Pkw** über die B 9 bis St. Goar; zurück mit der Bahn.

Öffnungszeiten: Burg Rheinfels Mitte März– Okt. 9–18, Ende Okt.–1. Sonntag im Nov. 9–17, im Winter bei schnee- und eisfreier Witterung Sa/So 11–17 Uhr

Aus dem **Bahnhof St. Goar** gehen wir nach rechts zur **Stiftskirche** (11./15. Jh.), an ihrer Südseite bis zur Bundesstraße 9, davor nach links in die **Heerstraße.** Am Ende der Fußgängerzone geht es nach links mit der Markierung des **Rheinburgenweges** (RBW) weiter. Es empfiehlt sich hier, zuerst geradeaus vorzugehen und die neogotische kath. **Pfarrkirche St. Goar** zu besuchen.

Zum RBW zurückgekehrt, gehen wir am Ende der Fußgängerzone zur Eisenbahnunterführung hinauf und dahinter nach rechts, an der Bahnstrecke entlang. Die Feste Rheinfels ist unser erstes Ziel. An einer Gabelung wenden wir uns nach links zur **Jugendherberge** hinauf; über eine Metalltreppe dahinter kommen wir zu einem Fußweg, der uns in Serpentinen zur Kreisstraße 100 bringt. Ihr folgen wir nach rechts, vorbei an der alten Zufahrt vom Ort zur Burg.

Die Holzbrücke über der Straße nimmt Bezug auf die alte Verbindung vom Kern der Burg rechts von uns zum Außenwerk »Noli me tangere« links, über das man die weitläufigen Wehranlagen hoch oben bei Biebernheim erreichte. Vom Parkplatz erreichen wir nach rechts den Zugang zur **Feste Rheinfels,** die wir etwas erkunden können (30 Min.).

Auf die Straße zurückgekehrt, wenden wir uns nach rechts hinauf nach Biebernheim. Die uns begleitenden Mauern verbanden den Kern der Feste mit den Wehranlagen bei Biebernheim. Kurz vor dem Ort lohnt es sich, auf dem RBW einen kurzen **Abstecher** nach rechts zu machen, hinunter in einen Graben und zu Kasematten der Feste. Dann folgen wir

weiter der Kreisstraße 100 nach **Biebernheim** (50 Min.). Nach der zweiten Kurve queren wir die Straße, um auf einem Schotterweg Richtung **Naturlehrpfad** weiterzugehen. Am Waldrand halten wir uns rechts auf einem Pfad, der bald Mauerresten der Feste folgt. Ein Aussichtspunkt lässt uns nach 100 m auf die Feste Rheinfels, nach St. Goar und hinüber nach St. Goarshausen blicken. 50 m weiter wandern wir an der Gabelung nach links auf einem Pfad bergab weiter, ebenso bei der nächsten Gabelung, bis zu einem Schotterweg, dem wir nach rechts folgen, nun auf dem **Rheinburgen-Wanderweg.** Wir gehen durch den »Reusche-Park« mit seinen Klettergeräten hindurch. Die Mauerreste und ein stark zerstörtes Tor sicherten eine Zufahrt vom Tal hinauf zur Feste Rheinfels. Oberhalb von **Bahnhof** und Stiftskirche geht es über Stufen und Serpentinen hinab bis zu einer **Treppenanlage** (1.20 Std.), der wir nach rechts hinauf folgen. Wir passieren weitere Reste der Feste und überqueren einen in den Felsen gehauenen Graben mit einem Wasserfall des **Lohbachs.** Weiter oben verlassen wir die Treppe nach links und folgen einem gewundenen Pfad nach oben bis zur Schutzhütte am **Uhlenhorst** mit Aussicht auf St. Goar, Feste Rheinfels und weiter zur Burg Maus sowie uns direkt gegenüber St. Goarshausen mit Burg Katz (1.35 Min.).

Nach einem kurzen Sück nach rechts auf einem Teerweg wenden wir uns gleich nach links Richtung Oberwesel. Der grasbewachsene Weg führt uns auf Felder. Nach einer Senke folgen wir einem Querweg nach links, um dann ab der **Bank,** einer imposanten Felsformation, der Kante des mit Bäumen bewachsenen steilen Rheinhangs weiter stromaufwärts zu folgen. Wir überblicken die Niederterrasse hier auf dem Hunsrück

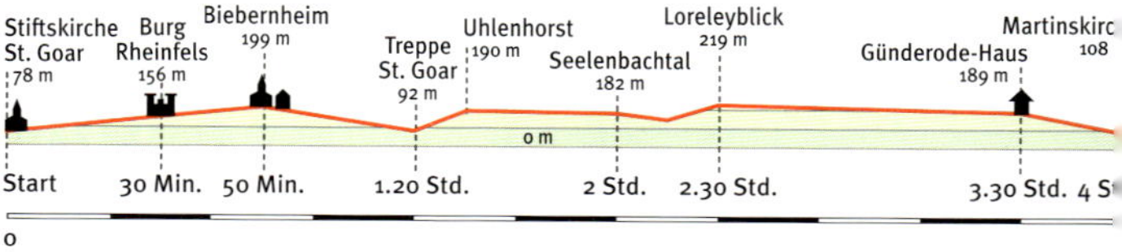

ebenso wie den Rand des Taunus auf der anderen Rheinseite, sehen auch später wieder Burg Katz, die weiten Weinbergsbrachen der rechten Rheinseite und schließlich die Loreley. Nach einer Schutzhütte mit Loreleyblick gehen wir im Wald ein Stück weit ins **Seelenbachtal** (2 Std.) und hinter einem Strommast über Serpentinen hinab. Auf der anderen Bachseite geht es schräg hinauf bis zu einem naturbelassenen Weg, dem wir nach links folgen, an der Kante des Rheinhangs weiter, vorbei an Trockenmauern schon lange aufgelassener Wingerte.

Im **Galgenbachtal,** das wir mit einem Steg überqueren (2.15 Std.), fällt das Wasser über die fast senkrecht stehenden Schieferplatten. Wieder aufgestiegen, gehen wir an einer Gabelung links weiter bis zum **Loreleyblick** (2.30 Std.). Wir blicken auf den sagenumwobenen Felsen hin-über, dessen Passieren noch heute höchste Aufmerksamkeit von den Schiffern verlangt. Wir queren den Aussichtsplatz und gehen durch den Laubengang hindurch bis zu einem Teerweg, der uns nach links an der Talkante weiterführt. Bei einer scharfen Rechtskurve nach Urbar gehen wir auf einem grasbewachsenen Weg geradeaus weiter, über Trockenrasen und dann am Waldrand entlang. Im Wald führt uns ein Pfad bergab in ein kleines Bachtal, hinter dem es links weitergeht, immer noch über Trockenrasen. Etwa 50 m hinter dem Bachtal gehen wir auf einem grasbewachsenen Querweg nach links weiter, immer an der Hangkante entlang. In der Ferne sehen wir voraus bereits Martinskirche und Stadtmauer von Oberwesel. Nahe dem **Kammereck** treffen wir auf die Kurve eines Schotterweges, der wir nach rechts bergauf folgen.

Burg Rheinfels

An einer Kreuzung bei einer alten Eiche nehmen wir den ersten Abzweig nach links bergab. Am folgenden Aussichtspunkt mit Schutzhütte überblicken wir Oberwesel. Von hier gelangt man zum **Oelsbergsteig,** einer Alternative zum RBW für im Klettern Geübte durch die teilweise wiederbelebte Weinlage Oelsberg. Wir bleiben freilich auf dem bequemen RBW. Wenige Schritte nach der Hütte geht von unserem Schotterweg rechts ein Pfad hinauf zu einem Schotterweg, dem wir nach links folgen, nun oberhalb der **Weinberge.**

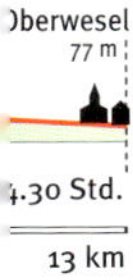

Unser Weg führt uns nach Passieren eines Bildstocks durch den **Skulpturenpark.** Verschiedene Künstler haben ihre Arbeiten hier in den Dialog mit der Landschaft gesetzt. Nach 300 m gehen wir an einer Gabelung rechts weiter. Voraus sehen wir rechts im Hang das Fachwerk des »Günderode-Hauses«, unseres nächsten Zieles, und gegenüber Oberwesel den massigen Hang des Roßsteins. Bald geht es an einem Abzweig geradeaus bergab weiter. Wir queren den **Meerbach** und bald darauf die **Kreisstraße 95,** folgen ihr ein paar Schritte bergauf und gehen nach links auf einem Schotterweg weiter, dem wir konsequent in den Wald folgen. Nach umzäunten Grundstücken gehen wir an einer Gabelung links weiter. Dem naturbelassenen Weg zwischen Wiesen folgen wir geradeaus; an der nächsten Gabelung gehen wir links weiter, bis wir wieder die Kreisstraße 95 erreichen.

Diese querend, erreichen wir zunächst links das Ende des **Oelsbergsteiges** und dann das **»Günderode-Haus«** auf dem Sieben-Jungfrauen-Blick (3.30 Std.). Für Edgar Reitz' Fernsehserie »Heimat 3« von 2004 wurde das Hunsrücker Fachwerkhaus mit Nebengebäude hierher übertragen. Wie die Filmfiguren Hermann Simon und seine Frau Clarissa können wir heute aus dem Garten und vom Restaurant den Blick über Oberwesel und den Rhein schweifen lassen.

Der RBW führt am Haus vorbei und dann als Teerweg durch die Weinberge nach **Oberwesel** hinab, zunächst ins Neubaugebiet Auf Fasel. Hier gehen wir an einer Gabelung links weiter und folgen konsequent der Wohnstraße bergab. An einer Gabelung in Höhe Martinskirche gehen wir links weiter. Nach einer längeren Kurve treffen wir auf einen gepflasterten Weg, dem wir bergab folgen. Wir queren eine Straße und stehen vor einem Teil der **Stadtmauer** mit Schalenturm (3.45 Std.). Rechts daneben gehen wir hinab und nutzen ein Stück mittelalterlichen Weg, der mitsamt Wagenspuren in den Fels gearbeitet ist.

An einer Straßengabelung gehen wir nach rechts (der RBW geht hier nach links weiter) und durch das Kölner Tor steil bergauf. Ein kleiner Abstecher führt rechts die Treppe hinauf zur wehrhaften spätgotischen **Martinskirche** (4 Std.). Sie birgt eine Reihe Wandgemälde, darunter einen großen Christophorus. An der Kirche vorbei gehen wir zum oberen Ausgang des Friedhofs, über die Straße und links auf einem Pfad weiter. Wir blicken nun auf die Stadtmauer am Michelfeld mit ihren mächtigen Türmen und dem Graben.

Wir gehen wieder zur Kölnerturmgasse hinunter, die wir queren, um auf der **Koblenzer Straße** nach links zu gehen und dann nach rechts durch die Straße **Am Ochsenturm** (1356). Nun folgen wir der **Stadtmauer** (13./14. Jh.), zuerst am Katzenturm vorbei. An einer Kreuzung nehmen wir den RBW wieder auf und besteigen die Stadtmauer. Vom Steingassenturm können wir dabei noch einmal einen Rundumblick auf Oberwesel werfen. Wir passieren Wernerkapelle, Hospitalturm und Marktplatz, bis wir vor dem Schaartor über eine schmale Stadtmauertreppe hinuntersteigen. Wir queren die Straße und gehen in der Unterstraße weiter. Vor dem neogotisch ausgebauten **Haagsturm** gehen wir rechts in der Deutsche-Hof-Gasse weiter, dann auf der Liebfrauenstraße nach links bis zur **Liebfrauenkirche** (14. Jh.), hinunter Richtung Zehnertor und nach rechts zum **Bahnhof** (4.30 Std.).

Mittelalterliche Städte

Von Oberwesel nach Bacharach

Oberwesel und Bacharach, die ihr mittelalterliches Bild bewahrt haben, verbindet diese Wanderung über die Schönburg und über Weinberge und Äcker auf den Höhen. Sie bietet grandiose Blicke auf diese Städte und hinunter nach Kaub mit dem Pfalzgrafenstein.

DIE WANDERUNG IN KÜRZE

++ Anspruch

4.30 Std. Gehzeit

13 km Länge

Charakter: Alpiner Beginn, danach gemäßigte Steigungen und weite ebene Stücke

Wanderkarte: »Rheinsteig«. Topographische Freizeitkarte 1 : 50 000

Einkehrmöglichkeiten: Oberwesel, Bacharach; unterwegs keine

Anfahrt: Mit der **Bahn** aus Richtung Koblenz oder Mainz bis Oberwesel; zurück ab Bacharach. Mit dem **Pkw** auf der B 9 bis Oberwesel; zurück mit der Bahn.

Öffnungszeiten: Liebfrauenkirche Oberwesel in den Sommermonaten Mo–Sa 10–12 und 14–17, So 14–17 Uhr

Vom **Bahnhof Oberwesel** an folgen wir der Markierung des **Rheinburgenwegs.** Wir gehen zur gotischen **Liebfrauenkirche** hinüber; rechts an ihr vorbei gelangen wir in der Kirchstraße nach wenigen Metern zum Fußweg zur **Elfenley,** der links abgeht. Etwas weiter oben durchschreiten wir bei einem Trafo-Häuschen links ein hölzernes Tor. Auf einem gestuften Felsenrücken führt uns der erstmals 1345 erwähnte felsige Pfad zur Schönburg hinauf. Unterwegs bieten sich grandiose Blicke auf Oberwesel; Liebfrauen-kirche und Martinskirche bilden die Glanzpunkte an den Enden des von der Stadtmauer umschlossenen Städtchens.

Die **Schönburg** erreichen wir über den Torweg (30 Min.). Unvermittelt ragt bald über uns der Hohe Mantel auf, eine mächtige Schildmauer, die wohl der Trierer Erzbischof Balduin bis 1350 bauen ließ. Ein kleines Tor führt uns am rheinseitigen Ende hindurch. Die erstmals 1149 genannte Ganerbenburg aus drei Baugruppen mit Bergfrieden hatte bis zu 95 Mitbesitzer! Der partielle Ausbau der 1689 zerstörten Burg begann 1885 mit dem Amerikaner Oakley Rhinelander. Der von ihm wiederaufgebaute südliche Palas zeigt heute eine Rekonstruktion der mittelalterlichen Farbigkeit.

Nachdem wir von der Flaggenwiese noch einmal den Blick über Oberwesel genossen haben, überqueren wir den Burggraben und gehen am **Jugendgästehaus** vorbei bis zur **Kreisstraße 90** hinauf. Wir folgen ihr nach links und gehen in der Kurve rechts auf einen Teerweg. Durch be-

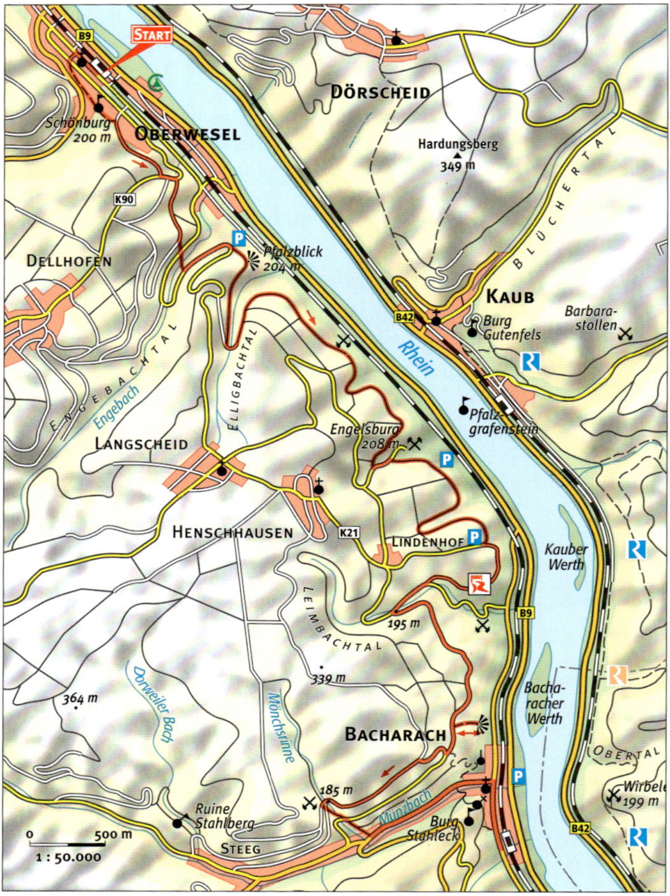

stockte und zahlreiche verbuschte bis bewaldete ehemalige Wingerte gelangen wir ins **Engebachtal** hinab (1 Std.). Nahe einer Weide folgen wir einer Teerstraße nach links. Im Tal wandern wir auf der **Kreisstraße 89** nach rechts bergauf bis zur Rheinseite. Hier gehen wir nach links zum

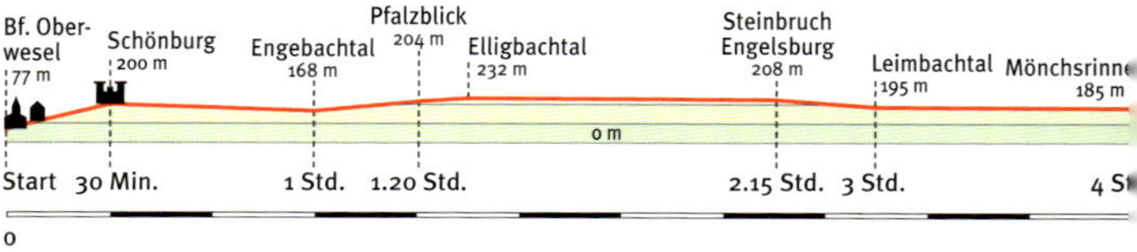

Pfalzblick weiter (1.20 Std.). Wir überblicken von der Schutzhütte aus Kaub mit der schiffsartigen Burg Pfalzgrafenstein im Rhein und Burg Gutenfels auf der Höhe, die zusammen den Rhein und den Zoll des Pfalzgrafen bei Rhein sicherten. Ab Neujahr 1814 war dies auch das Zentrum von Feldmarschall Blüchers Rheinübergang (s. Tour 26).

Der Weg bringt uns langsam ins **Elligbachtal** hinunter (1.30 Std.). Wie im Zeitraffer erwandern wir hier Stadien des Verfalls der Weinberge: vom aktiven Weinbau zu verwilderten Rebhängen und weiter zu verbuschten und am Ende bewaldeten ehemaligen Weinbergen. Nach einer kurzen Steigung gehen wir an einer Gabelung nach links weiter. In einer weiten Linkskurve queren wir den Bach und nähern uns wieder der Rheinseite. An den beiden folgenden Gabelungen halten wir uns jeweils links bergab.

Auf der Rheinseite sind wir dann über eine weite Strecke zwischen dem bewaldeten Hang und Wiesen unterwegs. Die Bäume geben immer wieder den Blick zum Rhein frei. Nach etwa 500 m gehen wir links auf einem Teerweg und bald auf einem Schotterweg hinunter zur **Grillhütte »Sauzahn«.** Wir stehen hier Burg Gutenfels auf Augenhöhe gegenüber. Von der Hütte aus wandern wir in einem Bogen durch ein kleines Tal. An einer Gabelung halten wir uns geradeaus. Der Weg führt uns bald weiter an der Hangkante entlang. Hier führen etwas versteckte Stufen links zu einem weiteren schönen Blick auf Kaub.

Bald erreichen wir den Abzweig zur Engelsburg mit der **Schiefergrube Rhein** gegenüber Kaub (2.15 Std.). Die Spitzen von Blüchers Armee marschierten in den ersten Stunden des 1. Januar 1814 nach Überquerung des Rheins über die Engelsburg hier herauf und bis nach Henschhausen (rechts von uns), um einen Brückenkopf gegen die französischen Truppen zu schaffen. Am Rhein stießen die Vorhuten unterdessen bis Oberwesel und Bacharach vor.

Wir umrunden den Steinbruch nach rechts auf einem grasbewachsenen Weg zwischen dem Rheinhang und Äckern. Wenn der Waldsaum nach 100 m nach links wegbiegt, folgen wir ihm am Wiesenrain entlang und am Ende des Gebüschs

Liebfrauenkirche, Oberwesel

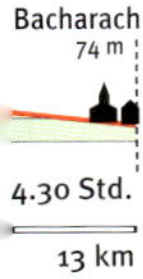

nach links durch eine Senke, in der wir einen Gewässerstreifen links herum umgehen. Wir queren die geteerte Zufahrt zur Grube und gehen auf einem Wiesenweg weiter, entlang der Hangkante und am Blücherblick vorbei.

Hinter einem alten **Walnussbaum** wenden wir uns nach links Richtung Lindenhof und gehen bei der Kreuzung neben fünf einzeln stehenden Bäumen nach links. Wir durchschreiten eine Senke und wenden uns dann erneut nach links, um bald wieder dicht am Rheinhang entlangzugehen. Im Rhein sehen wir das Bacharacher Werth mit seinem Weingarten. Wir ignorieren die Abzweige rechts von uns und gehen auf einem Teerweg schließlich oberhalb von Weinbergen ins **Leimbachtal** hinunter (3 Std.). Dem Teerweg folgen wir hier geradeaus, vorbei an imposanten Schieferfelsen. Im Tal folgen wir ein Stück weit der **Kreisstraße 21** bergauf. An einer Gabelung weit oben im Tal queren wir sie und gehen im Wald auf einem Teerweg bergauf bis zu einer Ackerfläche. Hier folgen wir der Rechtskurve des Weges, der uns nun durch Äcker und Weiden führt. Dazwischen durchqueren wir auf der Höhe auch Wingerte. Einem geteerten Querweg folgen wir nach links. Vor dem letzten Weinberg vor dem Hang des Steeger Tals führt links ein Schotterweg zu einem tiefer gelegenen **Aussichtspunkt,** der einen grandiosen Blick über Bacharach bietet. Die Stadtmauertürme, die Peterskirche und die Ruine der Wernerkapelle liegen uns zu Füßen, und Burg Stahleck schaut zu uns herüber.

Zum Teerweg zurückgekehrt, wandern wir links weiter, an der nächsten Gabelung nach rechts bergauf und bald weit oben im Hang ins dicht mit Reben bestockte **Steeger Tal** hinein. An der nächsten Kreuzung gehen wir links bergab weiter und erreichen bald einen großen Steinbruch sowie am Taleinschnitt der **Mönchsrinne** (4 Std.) die riesige Abraumhalde der Schiefergrube am Mönchholzkopf. Hier verlassen wir den RBW und gehen scharf links auf dem ersten Weg hinab.

Auf dem folgenden Teerweg gehen wir nach rechts weiter bergab, an Schuppen vorbei, biegen dann links ab und gelangen in der nächsten Kurve über einen Pfad nach rechts weiter in die Mönchsrinne hinunter bis zu einem Teerweg nach **Nauheim.** Dort gehen wir zur **Blücherstraße** (L 224), über die der Feldmarschall am 2. Januar 1814 durch das Steeger Tal nach Rheinböllen auf dem Hunsrück ritt. Wir folgen ihr aber nach links und treffen bald auf das **Holztor** der etwa 1344–1400 erbauten Stadtbefestigung von **Bacharach.** Sie setzt sich rechts im Malerwinkel und über den Liebesturm fast bis zur Burg Stahleck fort.

Wir gehen geradeaus zur ev. **Pfarrkirche St. Peter,** einem kompakten, in seiner Vielfalt malerisch wirkenden romanischen Gotteshaus aus der Zeit um 1230/40, dahinter rechts vorbei, und passieren in der Oberstraße den weitgehend im 16. Jh. entstandenen **Posthof** und die 1758 erbaute **kath. Josefskapelle** sowie das 1470 erbaute Haus Oberstraße 5, das der Familie des Franz von Sickingen gehörte. Wir kommen so geradewegs zum **Bahnhof Bacharach** (4.30 Std.).

Wein und Burgen im Steeger Tal

Von Bacharach nach Steeg

Von Burg Stahleck über die Römerstraße bis zur Burgruine Stahlberg erkundet diese Burgenwanderung das Steeger Tal mit seinen von der Sonne verwöhnten Wingerten.

DIE WANDERUNG IN KÜRZE

++ Anspruch

4 Std. Gehzeit

12 km Länge

Charakter: Am Beginn starker Anstieg über Burg Stahleck und anspruchsvoller Abstieg, danach moderate Wege, vorwiegend durch Weinberge

Wanderkarte: »Rheinsteig«. Topographische Freizeitkarte 1 : 50 000

Einkehrmöglichkeiten: Steeg (Blüchertal), Bacharach (Posthof)

Anfahrt: Mit der **Bahn** aus Richtung Koblenz oder Mainz bis Bacharach. Mit dem **Pkw** auf der B 9 bis Bacharach.

Aus dem **Bahnhof Bacharach** biegen wir nach rechts in den Stadtkern ein. Mit Stadtmauer und Fachwerkbauten hat Bacharach trotz zweier Stadtbrände noch viel von seiner alten Substanz bewahrt.

Wir passieren die 1758 in die Häuserzeile eingebaute **kath. Josefskapelle** und den **Posthof.** Der alte Pfarrhof, der ab 1770 die Post aufnahm, wurde weitgehend 1593/94 um einen mittelalterlichen Kern erbaut und wuchs aus mehreren Häusern zu einem malerischen Ensemble zusammen.

Daneben glänzt die **ev. Pfarrkirche St. Peter** in spätromanischen Formen der Zeit um 1240. Sie pflegt überkommene Formen und nähert sich nur zaghaft der Gotik, die dann im 15. Jh. den Turm als Steigerung anbaute. Das Innere der Emporenbasilika strahlt in seiner spätromanischen Ausmalung.

Nun folgen wir dem **Rheinburgenweg** über die Treppe zwischen Kirche und Posthof zur **Wernerkapelle** hinauf. 1689 bei der Sprengung der Burg Stahleck zerstört, ist sie wohl die schönste Ruine am Mittelrhein. 1289 bis nach 1430 erbaut, barg die Kapelle das Grab Werners von Oberwesel. Der Tod des Jungen im Jahr 1287 wurde grundlos als jüdischer Ritualmord angesehen; die Kirche hatte Mühe, die folgenden Judenpogrome zu beenden. Werner wurde besonders im Raum Oberwesel/Bacharach verehrt, doch die katholische Kirche hat ihn nie heilig gesprochen. Heinrich Heine nimmt in seiner Erzählung »Der Rabbi von Bacherach« auf die Geschehnisse um Werner Bezug.

Von der Kapelle gehen wir über eine Holztreppe und einen felsigen Waldweg zur Burg Stahleck hinauf. In einer Kurve haben wir einen ersten Blick gen Süden auf den Rhein. Gegenüber sehen wir Lorch mit seiner gotischen Kirche und dem Wehrturm Nollig auf der Höhe. Nahe dem Lorcher Werth regulieren zahlreiche Buhnen den Rhein. Vom Weinbau auf der Lorcher Seite zeugen noch Trokkenmauern im verbuschten Hang.

Über den alten, torgesicherten Zugang kommen wir zur **Burg Stahleck** (20 Min.). Wir betreten sie durch die weitgehend rekonstruierte hohe Schildmauer des 14. Jh.s mit ihrem Graben. Der Pfalzgraf bei Rhein sicherte mit Burg Stahleck als zentraler Burg ab dem frühen 12. Jahrhundert sein Gebiet. 1214 erbten die Wittelsbacher die Pfalzgrafschaft und hatten sie bis 1806 inne. Den Dreißigjährigen Krieg überstand die Burg beschädigt, doch 1689 zerstörten die Franzosen sie völlig. Der Rest wurde um 1850 weitgehend eingeebnet. Die **Jugendherberge** rings um den Hof schuf Ernst Stahl 1925–35. Ihm gelang eine stimmige Neuschöpfung, die wunderbar in die Landschaft passt, auch mit dem 1967 wieder aufgebauten Bergfried.

Wir verlassen die Burg durch das Haupttor, nehmen hinter dem Graben den felsigen Pfad links, halten uns bei einer Kreuzung links und kommen so auf ein schützendes **Vorwerk** aus der Zeit um 1600 mit weiter Aussicht.

Von hier gehen wir geradeaus zur **Kreisstraße 24** und verlassen für eine Weile den RBW. Wir gehen die Straße bergauf. Wenige Schritte nach der zweiten Kurve führt ein Pfad durch einen Felseinschnitt. Hier betreten wir ein Stück **römische Straße,** das in den Fels geschrotet ist (1 Std.). Die direkte Anbindung des Rheins an die Höhenstraßen hat 10,6 % Steigung. Wagenspuren sind noch im Fels zu sehen.

Weiter oben halten wir uns bei einem Buswendeplatz halbrechts und folgen dem Wegweiser »Römerstraße« auf eine Schotterstraße. Nach der zweiten scharfen Kurve nehmen wir den naturbelassenen Weg rechts in den Wald hinein. Bei der Wegegabelung nach dem alten Steinbruch gehen wir rechts einen naturbelassenen Weg hinunter, an der nächsten Gabelung nach rechts und gleich wieder links in Richtung Senderturm. An diesem vorbei treffen wir auf eine Schutzhütte am **Kühlberg** hoch über dem Steeger Tal.

Ein gewundener steiniger Pfad führt uns zu einem breiteren Wanderweg mit der Markierung des RBW hinunter, dem wir nach links folgen. Wir bewegen uns im Südhang des Steeger Tals. Den Wald nutzten z. B. die Bacharacher Lohgerber in Form der Niederwaldwirtschaft. Der sonnige Nordhang ist als Weinberg ideal.

Bei einer Weggabelung an einem markanten Felsen halten wir uns links, gehen um ein Seitental herum

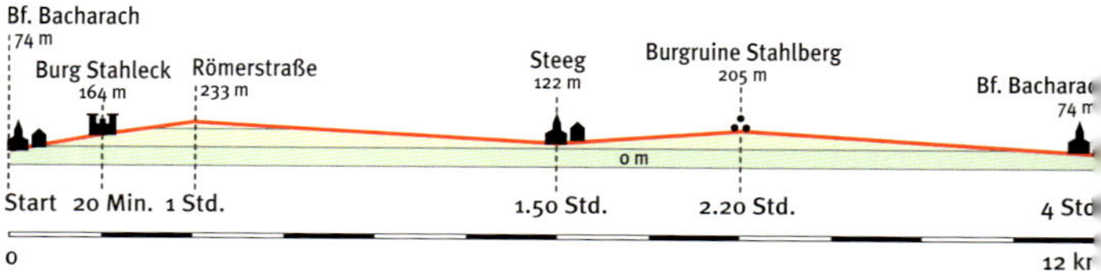

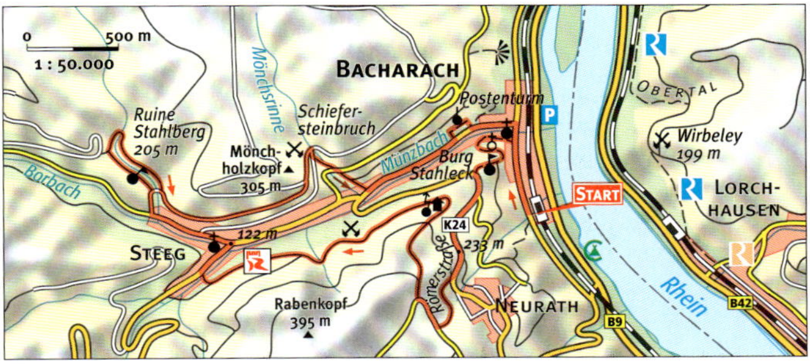

und bei der nächsten Gabelung an einem Zaun geradeaus. Von einem **Gehege** für Rot- und Damwild sehen wir im Tal schon die Kirche von Steeg und im Hintergrund Burg Stahlberg.

Kurz hinter dem Ende des rechten Wildgeheges verlassen wir den RBW und folgen dem Pfad rechts nach **Steeg** hinunter (1.50 Std.). Auf der **Blücherstraße** kam General Blücher mit seinem Generalstab nach dem Rheinübergang bei Kaub am 2. Januar 1814 durch Steeg.

Wir folgen der Blücherstraße nach rechts zur **ev. Pfarrkirche St. Anna. Der Bau aus** dem frühen 14. Jh. besitzt einen für den Mittelrhein typischen Turm mit Ecktürmchen. Seine gotische Ausmalung zeigt unter anderem ein Weltgericht. Eine Inschrift erinnert an die Tötung von Gottesdienstbesuchern durch spanische Soldaten im Jahr 1645. Nachts durchschwirren Fledermäuse das Steeger Tal: Der Dachstuhl der Kirche beherbergt die größte Population des Großen Mausohrs am Mittelrhein.

Wir gehen links um die Kirche herum in die **Borbachstraße.** Fachwerkhäuser des 16.–18. Jh.s prägen den Ort. An der Straßengabelung unweit des ältesten Fachwerkhauses von 1533 biegen wir rechts ab und folgen dem RBW ins **Dorweiler Tal.**

Bei der Kreuzung am Waldrand halten wir uns links, überqueren den Bach und stehen bald vor **Burg Stahlberg** (2.20 Std.). Halsgraben, Schildmauer und Bergfried deckten ihr Inneres zur Feindseite. Im hinteren Teil steht ein erhöhter eckiger Turm, davor sind links noch größere Mauerreste des Palas erhalten. Die Burg wurde bis um 1166 zur Sicherung des kölnischen Besitzes erbaut. Ab 1243 war der Pfalzgraf Lehnsmann auf dieser Burg. 1632 wurde sie wohl von den Schweden zerstört.

Wir gehen zum Bach zurück, über die Kreuzung und hinauf in die **Weinberge,** die bis Steeg brach liegen. In den Weinbergen im Steeger Tal hat die Flurbereinigung die für die Steilhänge am Rhein typischen kleinen Parzellen zu gut zu bearbeitenden großen Rebflächen zusammengefasst. Über das Tal sehen wir die Burgruine mit ihrer eindrucksvoll hohen Wehrmauer. Weinberge begleiten uns nun bis Bacharach. In der Ferne sehen wir bald Burg Stahleck und Bacharach.

Wir kommen an einem Abzweig vorbei in das Tal der **Mönchsrinne.** Der Schiefer im Hang ist der Abraum der alten Dachschiefergrube am Mönchholzkopf. Wir verlassen den RBW und nehmen den zweiten Weg

Burg Stahlberg

ins Tal hinunter. Auf dem folgenden Teerweg gehen wir nach rechts weiter bergab, an Schuppen vorbei, biegen dann nach links ab und gehen in der nächsten Kurve über einen Pfad nach rechts weiter ins Tal hinunter. In Nauheim stoßen wir wieder auf die **Blücherstraße.**

Ihr folgen wir nach links bis zum Malerwinkel, einem besonders geschlossenen Stück der 1344–1400 erbauten Bacharacher Stadtmauer. Vor dem Holztor gehen wir links hinauf. Ein Pfad führt uns zum **Postenturm,** dessen rekonstruierter Putz inmitten der Weinberge leuchtet. Er diente ab 1899 als Wasserturm und ist seit 2005 ein Aussichtsturm.

Wir gehen unterhalb des Turms weiter, queren eine Mauer und gehen über einen Pfad nach links weiter. Durch eine Gasse am Rand von **Bacharach** kommen wir auf einen kleinen Platz mit **Brunnen.** Hier gehen wir nach rechts um die Ecke, schlüpfen gleich links in den schmalen Durchgang zwischen zwei Fachwerkhäusern und kommen nach **»Klein-Venedig«.** Wir queren hier den dicht um- und überbauten Münzbach.

Zwischen Häusern hindurch kommen wir in die **Oberstraße,** der wir nach links folgen. Links von uns steht nun das 1558 und 1713 erbaute **»Alte Haus«,** das schönste Fachwerkhaus im Ort.

Daran vorbei gehen wir in die **Fleischstraße.** Am **Münztor** gehen wir links hinauf und folgen dem Wehrgang der Stadtmauer, der wie in Kaub und Oberwesel als Hochwassersteg die Wohnhäuser erschließt, nach rechts. Beim Markttor gehen wir die Treppe hinunter und geradewegs zur Oberstraße zurück. Ihr folgen wir nach links wieder bis zum **Bahnhof Bacharach** (4 Std.).

Viermal Burgenromantik

Von Niederheimbach nach Trechtingshausen

Diese Tour erschließt mit vier wiederaufgebauten Burgen und dem Siebenburgenblick die Burgenlandschaft an der Grenze des Erzbistums Mainz. Sie führt durch den Soonwald mit seinem alten Baumbestand und das tief in den Fels geschnittene Morgenbachtal.

DIE WANDERUNG IN KÜRZE

+++ Anspruch

5.30 Std. Gehzeit

18 km Länge

Charakter: Steile Passagen und der felsige Eselspfad machen die ansonsten eher moderate Waldwanderung anspruchsvoller.

Wanderkarte: »Rheinsteig«. Topographische Freizeitkarte 1 : 50 000

Einkehrmöglichkeiten: Burgschenke Burg Sooneck, Gasthaus Waldfrieden (Gerhardshof), Burgschenke Burg Rheinstein

Anfahrt: Mit der **Bahn** bis Niederheimbach; zurück ab Trechtingshausen. Mit dem **Pkw** auf der B 9 bis Niederheimbach; zurück mit der Bahn.

Öffnungszeiten: Burg Sooneck 1. Werktag in der Woche geschl.; April–Sept. 9–18, Okt./Nov. u. Jan.–März 9–17 Uhr; **Burg Rheinstein** 15. März–15. Nov. tgl. 9.30–17.30, 16. Nov.–14. März So 10–17, Mo–Do 9.30–17 Uhr

Am **Bahnhof Niederheimbach** queren wir die Bundesstraße 9 und gehen nach links bis zur kath. **Pfarrkirche Mariä Himmelfahrt.** Die 1913–15 an einen spätromanischen Turm angeschlossene Kirche ist in neogotischen Formen malerisch angelegt. Aus der Kirche gehen wir geradeaus in die Straße Hinterbach und folgen an der Gabelung dem **Kuhweg** links hinauf, einem alten Wirtschaftsweg, der den Ort mit den Wingerten und den Feldern auf der Höhe verband. Am Weg sind Märchenszenen plastisch dargestellt. Bis zum Morgenbachtal sind wir nun auf dem **Rheinburgenweg** unterwegs. Wir unterqueren die Brücke zur **Heimburg** und gehen an dieser entlang. Der Mainzer Erzbischof ließ die Burg 1294–1305 bauen, um den Pfalzgrafen bei Rhein daran zu hindern, von Burg Reichenstein aus seinen Besitz rund um Bacharach auszudehnen. 1344 erhielt der Erzbischof aber selbst Burg Reichenstein; die Heimburg nahm noch ein Untergericht auf, verfiel aber seit dem 16. Jh. Sie ist die letzte Burg, die am Mittelrhein wieder aufgebaut wurde, vor allem ab 1920 durch den Unternehmer Hugo Stinnes, der einiges hinzufügte. Der Kern mit den beiden Rundtürmen ist wenig verändert.

Die **Ernst-Heilmann-Straße** gehen wir rechts hinauf, nach wenigen Metern auf einem Schotterweg links weiter. Bei einem Sendemast halten wir uns links und kommen wieder in den Ort. An der nächsten Gabelung gehen wir geradeaus in den **Märchenhainweg** hinunter, dann nach rechts in die **Löwenheller Straße** und aus dem Ort. Bei einem Weinberg halten wir uns geradeaus, um dann bald am **Erschbach** entlang bergauf zu gehen. Nach Querung des Bachs nähern wir uns nach links wieder der Rheinseite und wandern dann durch Weinberge bis zur Zufahrtsstraße von Burg Sooneck, die wir schon vor uns im Hang sehen.

Die Teerstraße bringt uns bergauf in den Wald und dort, über den Besucherparkplatz hinweg, geradewegs zur **Burg Sooneck** (1 Std.). Kaiser Rudolf von Habsburg zerstörte sie 1282, weil die Vögte der Abtei Kornelimünster von hier auf Raubzüge gingen. Ab 1344 baute der Mainzer Erzbischof eine neue Burg. 1689 zerstört, wurde sie 1843–61 von König Friedrich Wilhelm IV. von Preußen und seinen Brüdern wiederaufgebaut. Architekt war der Ingenieur-Major Carl Schnitzler, der sein Metier beim Bau der Festung Koblenz gelernt hatte. Die wehrhafte Jagdburg hat viel von der alten Substanz bewahrt, vor allem die eng an den Bergfried gefügte turmartige Kernburg. Garten und Aussichtspunkte laden zum Genuss der Landschaft ein, in die freilich der nahe Steinbruch tief eingreift.

Von der Burg gehen wir den Teerweg zurück und biegen kurz vor dem Besucherparkplatz links ab Richtung Siebenburgenblick. Ein gewundener Waldweg, dessen Abzweige wir ignorieren, bringt uns zum hölzernen **Siebenburgenblick-Turm** auf der Höhe (1.35 Std.). Auf unserer Rheinseite sehen wir unter uns Burg Sooneck und nach links die Heimburg, Burgruine Fürstenberg und Burg Stahleck über Bacharach, dann auf der anderen Rheinseite links den Turm Nollig über Lorch und tiefer im Taunus die Sauerburg, vor der sich Burg Waldeck im Wald verbirgt; die Kammerburg weiter rechts im Wispertal ist schwer auszumachen.

Vom Turm geht es weiter bergauf bis zu einem Wegekreuz. Nach links treten wir in einen einzigartigen Wald ein: Der **Soonwald** wird sehr schonend bewirtschaftet und birgt viele prächtige alte Bäume, im weiteren Verlauf des Weges vor allem Eichen und Buchen. Hier im Hang, nahe dem Steinbruch von Trechtingshausen, ziehen sich zudem weite Blockschutthalden hin, Flächen abgespaltener Felsbrocken.

Bei den **Kölschen Wiesen,** in deren Nähe stattliche Eichen stehen, biegen wir rechts ab (2 Std.). Wir folgen jetzt den Wegweisern zum Gerhardshof. An der nächsten Gabelung halten wir uns links, um die Wiesen zu umrunden, nach 600 m an einer Kreuzung mit Ruheplatz geradeaus, nun bis zum Gerhardshof der mit einem grünen Punkt markierten Route folgend: Nach 200 m gehen wir an einer

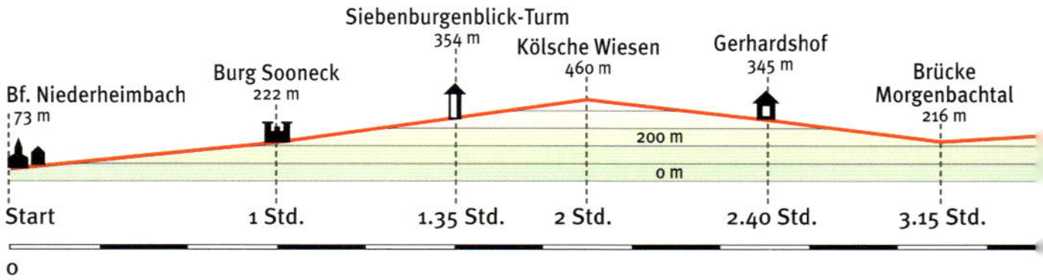

Gabelung links bergab weiter, an der folgenden geradeaus, ebenso bei einer Gabelung unweit eines Brunnens. Rechts von uns ist im Wald schon eine große Wiese zu sehen. Die nächste Gabelung führt uns dann nach rechts, die folgende geradeaus und die dritte nach rechts auf das Gelände des **Gerhardshofes** (2.40 Std.).

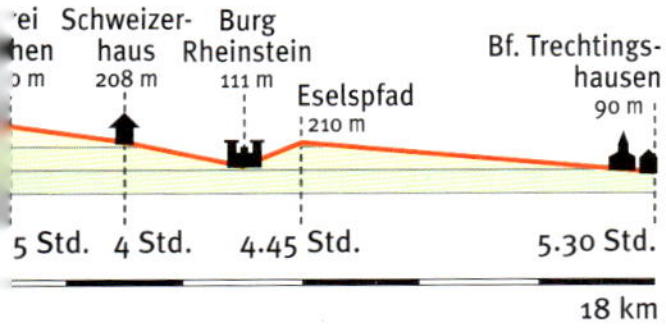

Hier gehen wir mit dem **RBW** links am Gasthaus vorbei, eine Rechtskurve und links auf einem grasbewachsenen Weg bergab. Am Waldrand wandern wir auf dem quer verlaufenden Weg nach links weiter. Wir sind hier im tief in den Fels geschnittenen Tal des **Aderbachs.** Blockschutthalden und Felsen begleiten uns. Wir passieren die Mündung des Aderbachs in den Morgenbach tiefer ins **Morgenbachtal** hinein, das wegen seiner Felsen am Unterlauf bei Kletterern sehr beliebt ist.

Den Morgenbach queren wir über eine Steinbrücke (3.15 Std.). Hier folgen wir einige Zeit dem **Rheinhöhen-Verbindungsweg** (RV) nach rechts am Morgenbach hinauf. Bald nach der Mündung des Aderbaches weitet sich das Tal etwas. Bei einer Schutzhütte wenden wir uns nach links hinauf, nun auf dem **Rheinhöhenweg** (R). Auf einem Höhenkamm gehen wir an der Kreuzung **Drei Eichen** – nur eine alte Eiche steht noch da – in der Nähe von Hügelgräbern geradeaus bergab weiter (3.45 Std.). Die nächsten Abzweige ignorieren wir. Nahe von Wiesen erinnert links ein neogotisches Denkmal mit dem preußischen Adler daran, dass Friedrich Prinz von Preußen 1830 den Faitzberger Hof kaufte und hier einen Eichenwald anlegen ließ. Wir gehen geradeaus weiter zum **Schweizerhaus** (4 Std.). Friedrich von Preußen ließ es 1842–44 anstelle des Faitzberger Hofs im Schweizer Stil als Jagd- und Gästehaus für Burg Rheinstein errichten. Auf schroffem Fels gegenüber Assmannshausen gelegen, setzt es einen malerischen Akzent. Im 9. Jh. ergänzte das Idyll der hier betriebenen Landwirtschaft und des Weinbaus unterhalb des Felsens die romantische Burg. Wir blicken von hier nach Bingen mit dem Mäuseturm und nach Assmannshausen hinüber.

Das Tor zum Schweizerhaus im Rücken, gehen wir rechts hinunter, nun wieder auf dem **RBW.** Der felsige **Eselspfad** zur Burg Rheinstein führt uns dicht am Felsen stetig bergab. Am Pfad erwartet uns ein turmartiger **Aussichtspunkt** auf einem vorspringenden Felsen. Er bietet einen besonderen Blick auf die Burg und bezeugt das romantische Bemühen, Burg und Landschaft aus immer neuen Blickwinkeln erleben zu können. Wir sehen hier Burg Rheinstein, wie sie sich auf einen schroffen Felsen klammert.

Der Pfad führt zunächst an der Burg vorbei, dann geht es aber geradeaus und bald in Windungen zum Burgtor hinunter (4.30 Std.). **Burg Rheinstein** eröffnete den Wiederaufbau der Burgen am Rhein. Als Faitzberg (Vogtsberg) wurde sie wohl um 1300 zur Sicherung des Mainzer Territoriums erbaut. Wilhelm Kuhn baute sie nach Plänen Schinkels und Lassaulx' 1825–29 für Prinz Friedrich Ludwig von Preußen aus, den Kommandeur der 14. preußischen Division in Düsseldorf. Das turmartige Burghaus wurde neogotisch erweitert und um malerische Zubauten ergänzt, darunter die reich gestaltete Kapelle, die Grablege des Bauherrn. Wenn Friedrich die Burg als Sommerfrische und Jagdsitz nutzte, trug das Personal mittelalterliche Gewänder.

Burg Sooneck

Wir gehen vom Burgtor wieder nach links hinauf und dann rechts

den zum Teil felsigen **Eselspfad** steil hinauf (4.45 Std.). Einem Querweg auf der Höhe folgen wir nach rechts. An den beiden nächsten Gabelungen halten wir uns rechts. Nun geht es wieder auf einem Pfad bergab. Weiter unten ermöglicht ein Felsvorsprung einen Blick auf **Burg Reichenstein,** zwar um 1200 begründet, doch eine weitgehende Neuschöpfung in neogotischen Formen von 1899–1902, ein neues Mittelalter mit Zinnen und Erkern unter Missachtung der alten Bausubstanz. Bauherr war Baron Nikolaus von Kirsch-Puricelli, der die Eisenhütte in Rheinböllen im Hunsrück betrieb.

Der Eselspfad bringt uns ins Morgenbachtal. Hier gehen wir über Treppen hinunter, dann nach rechts nach **Trechtingshausen.** Über uns ragt Burg Reichenstein auf. Wir sehen nun eine Schildmauer mit Ecktürmen, die noch sichtbar an die mittelalterliche Burg erinnert.

Wir queren bald die Bundesstraße 9 und den Bahnübergang. Dahinter lohnt sich ein **Abstecher** nach rechts, am Campingplatz vorbei, zur **Clemenskapelle** aus dem frühen 13. Jh. Sie ist das südlichste Zeugnis der vom Niederrhein geprägten Ausbildung der mittelrheinischen Spätromanik. Chor, Vierung und Außenwände sind reich gegliedert. Die alte Pfarrkirche inmitten des Friedhofs setzt unmittelbar am Rheinufer einen besonderen Akzent.

Von der Kapelle gehen wir zwischen Weingärten Richtung Ort zurück, in dem uns ein Weg nach links zum **Bahnhof** bringt (5.30 Std.).

Register

Abbildungsnachweis

Titelbild: Blick auf das Rheintal bei Kaub mit Burg Gutenfels und dem Pfalzgrafenstein im Rhein

Manfred Böckling, Koblenz: S. 6, 8, 14, 20, 24, 29, 30, 35, 44, 47, 59, 63, 66, 69, 76, 90, 92/93, 103, 108, 114, 122, 127, 131, 135, 138, 141, 154, 161, 165, 170, 174/175
H. P. Merten, Kastel-Staadt: Titelbild, S. 1, 10, 12, 80, 85, 97

Karten und Höhenprofile: DuMont Reisekartografie, Puchheim
© MAIRDUMONT, Ostfildern

Der Autor dankt seinen Eltern für ihre Unterstützung bei der Arbeit an diesem Buch, besonders seinem Vater, der ihn bei vielen Touren begleitet und seine Erfahrung als Wanderführer eingebracht hat.

Impressum

Über den Autor: Manfred Böckling, 1970 in Montabaur geboren, studierte Germanistik und Kunstgeschichte in Bonn. Seit seiner Jugend sind ihm durch Wanderungen der Rhein und die Rheinburgen vertraut. Seine kunst- und kulturhistorischen Führungen stellen Wehr- und Sakralbauten in Koblenz und am Mittelrhein vor. Darüber hinaus engagiert er sich im Rheinischen Verein für Denkmalpflege und Landschaftsschutz. In Forschungen, Vorträgen und Publikationen befasst er sich mit der preußischen Festung Koblenz und Ehrenbreitstein, Goethes Rheinreise 1774, Koblenzer Kirchen und der St.-Cyriakus-Kirche in Mendig.

2., aktualisierte Auflage 2008

Grafisches Konzept: Groschwitz, Hamburg
Druck: Rasch, Bramsche
Buchbinderische Verarbeitung: Bramscher Buchbinder Betriebe